绿色消费的嵌入式监管：路径与机制研究

龙如银　著

本书系国家社会科学基金重大项目（19ZDA107）、国家社会科学基金重点项目（18AZD014）研究成果

科学出版社

北　京

内 容 简 介

改变消费模式、不断推动消费方式绿色化，将是我国长期的发展思路、发展方向和发展着力点。本书立足于中国社会管理的历史和现实情况，全面梳理了绿色消费 3.0 概念的新内涵和新特征，以为我国绿色消费的发展提供理论基础。在此基础上，本书深入研究了监管体系结构，建立了一个“监管有据、运行高效、情感认同、激励有效”的绿色消费监管体系以及绿色消费 3.0 监管理论模型。本书通过重点剖析绿色消费内涵维度、影响因素、现实需求、演进趋势和实践现状，揭示了绿色消费 3.0 在当今时代特征下的内涵与监管现状、存在的关键问题及其根源，并梳理了绿色消费 3.0 的理论基础和监管现状。

本书旨在为政策研究人员、政府及相关部门设计、推行和实施绿色消费监管政策提供思路和实施路径。

图书在版编目（CIP）数据

绿色消费的嵌入式监管：路径与机制研究/龙如银著. -- 北京：科学出版社，2025. 6. -- ISBN 978-7-03-082090-7

Ⅰ. D669.3

中国国家版本馆CIP数据核字第20250N7H14号

责任编辑：魏 祎 / 责任校对：王晓茜

责任印制：张 伟 / 封面设计：有道设计

科 学 出 版 社 出版

北京东黄城根北街 16 号

邮政编码：100717

http://www.sciencep.com

固安县铭成印刷有限公司印刷

科学出版社发行 各地新华书店经销

*

2025 年 6 月第 一 版 开本：720×1000 1/16

2025 年 6 月第一次印刷 印张：14

字数：280 000

定价：156.00 元

（如有印装质量问题，我社负责调换）

目　　录

第1章 导　论

1.1 研究背景

1.1.1 消费领域的节能减排研究成为重要课题

国际社会对能源和碳排放的关注点大多停留在工业生产领域，但随着居民消费领域消费水平的不断增长，由其引发的能源消费正在逐步增加[1]。在发达国家，如美国和英国，居民消费领域的能源消费量早在20世纪90年代便超过了产业部门的能源消费量，成为碳排放最重要的增长点，自2000年起碳排放甚至超过总排放量的70%[2, 3]。一些研究人员认为，美国和英国若要达成2050年的碳减排目标，居民消费领域的能源消费必须有所降低，但从两国长期发展的经验看，居民消费领域碳排放的比重仍旧呈现出持续增长的趋势[4]。在发展中国家，居民能源消费的比例虽然较小（包括直接能源消费和间接能源消费），但生活水平的提高导致能源需求逐渐增加，从而创造了碳排放增长的新来源，由此带来的环境污染问题将会更为突出[5]。

基于我国庞大的人口基数（2022年末全国人口约14.12亿），随着居民经济水平的提高和消费结构的升级，居民碳排放逐渐成为能源消费的重要来源。如图1-1所示，从2000年到2022年，能源消费总量大致呈现出稳步上升的趋势，增长了近3倍。同时，生活能源消费比例总体呈现上升的趋势。处于能源消费终端环节的居民，其消费行为直接影响生活能源消费和碳排放的规模，是工业、建筑业、交通运输和服务业等产业能源消费和碳排放的主要来源[6]。但长期以来，我国能源政策大多集中在工业生产领域，居民消费领域在较大程度上被忽视。随着工业生产领域能源政策的持续推进，其节能的边际效益将逐步递减。因此，居民消费领域的节能减排和工业生产领域同等重要，不可偏废。

近年来，国际社会开始反思“重生产，轻消费”的局限性，意识到生产技术的进步并不能降低能源消费总量，开始关注消费行为的引导和消费模式的变革[7, 8]。当前，欧美的发达国家和地区逐步将节能减排的战略重点从生产侧管理（production side management）转向需求侧管理（demand side management），旨在提倡可持续的消费形态和生产形态，能源需求侧管理已经成为解决碳排放问题的一个重要途径[9]。联合国政府间气候变化专门委员会（Intergovernmental Panel on Climate Change，IPCC）于2001年正式提出改变居民消费模式可能是减缓气候变暖的有效途径之一。因此我国应不断推动消费方式绿色化，让绿色消费成为居民的主动选择。在推动

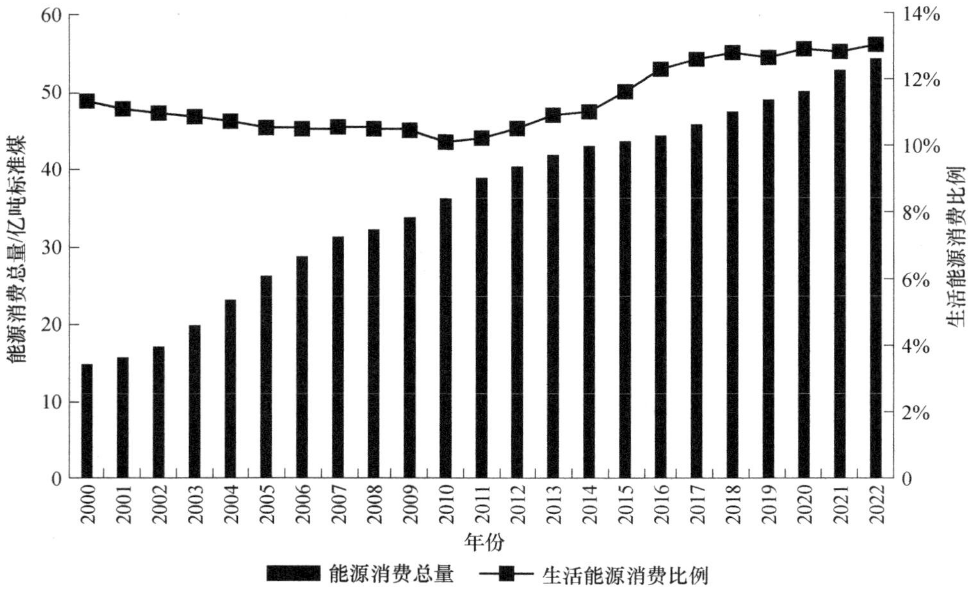

图 1-1　我国居民生活能源消费情况（2000—2022 年）

绿色低碳发展的大背景下，各国政府积极号召从根本上改变现有消费商品及服务的方式，实现可持续、包容和持久的经济增长，让现有的经济模式“绿色”起来，呼吁以“绿色经济”为全社会共识，以绿色消费为重点，推动绿色转型，培育绿色消费价值观。

当前，我国已进入消费需求持续增长、消费拉动经济作用明显增强的重要阶段。习近平总书记在主持中共中央政治局第四十一次集体学习时强调，“推动形成绿色发展方式和生活方式是贯彻新发展理念的必然要求”“生态文明建设同每个人息息相关，每个人都应该做践行者、推动者”①。虽然供给侧生产商在环境方面的技术研发和经济政策对我国的绿色发展至关重要，但如果需求侧消费者的消费模式未发生相应的变化，供给侧的努力必然会被需求侧的不可持续消费所抵消，从而无法从根本上保证经济、社会和环境的绿色发展[10]。因此，形成绿色发展方式和生活方式不仅需要供给侧持续发力，也需要需求侧持续拉动。只有推动需求侧消费绿色产品（green product，GP），实行能源消费的总量控制，才能避免绿色消费的反弹效应[11]。综上所述，改变消费模式，不断推动消费方式绿色化，将是我国长期的发展思路、发展方向和发展着力点，对推动中国生态文明建设迈上新台阶、实现经济社会绿色发展至关重要。

① 《习近平主持中共中央政治局第四十一次集体学习》，https://www.gov.cn/xinwen/2017-05/27/content_5197606.htm，2024年11月6日。

1.1.2 我国绿色消费现状和发展困境亟待破解

1999 年，国家环境保护总局（现生态环境部）等多个部门共同开展了以“开辟绿色通道、培育绿色市场、提倡绿色消费”为主要内容的“三绿工程”，开始推动绿色消费进入居民生活，倡导绿色的生产和消费模式，逐步建立绿色消费市场。20 多年来，绿色消费在国家政府的大力倡导下得到了迅速发展。《2017 年中国居民消费发展报告》指出：当前我国绿色消费呈现出“绿色产品不断丰富”“绿色产品市场规模不断扩大”“绿色产品消费生态环境效益逐步呈现”的特点，绿色消费市场具有巨大的成长空间和发展潜力，消费者的绿色消费倾向显著提升。

当今，移动互联网等技术迅猛发展，全社会形成了密切的资源要素共享关系，在一定程度上推动了消费者消费方式的变革。近年来，以淘宝、京东商城和苏宁易购为主的企业电子商务平台逐渐成为消费者绿色消费的主要渠道，互联网正在成为绿色消费领域新的主战场。伴随“互联网+”时代的到来，我国绿色消费处于快速发展时期，具体体现在消费观念和消费市场需求快速变化、消费者的消费行为向低碳化和绿色化转变上。虽然我国消费者的绿色消费意识不断增强，但其在实践中践行绿色消费的成效依然不是很显著，消费者主动购买绿色产品的意愿并未得到质的提升，消费者的不可持续消费模式仍旧普遍。此外，消费者在绿色消费行为上往往表现出言行不一致的现象，消费者“有所为”的心理并未使消费者购买实际产品，即“有所不为”。一些研究人员将这种现象称作为“态度-行为差距”[12, 13]，消费者对绿色消费还仅仅是浅层和短暂的知晓，绿色消费理念还未深入人心，公众绿色消费行为还有较大提升空间。

为了解决绿色消费发展的瓶颈问题，政府部门高度重视，并做了大量的宣传工作，在政策上为从生产到消费的全产业链主体直接或间接地提供财政优惠、补助和奖励，并出台了一系列绿色标准（如绿色食品标志、中国能效标识和绿色产品标识等），开展了一系列绿色消费实践（如促销高效节能家电、推广新能源汽车和强制垃圾分类等），顺应了国内消费升级的趋势。然而，外部的经济激励政策只能在短期内对绿色消费产生促进效应，一旦失去补助，居民也将停止进行绿色消费[14]。并且，我国绿色消费仍存在市场效率不高的问题，绿色市场尚未形成[15]，绿色消费在发展过程中依旧存在绿色产品市场欺骗、绿色产品溢价、企业生产风险高和基础设施不完善等障碍[16-19]，这在一定程度上导致消费者对绿色消费听之任之。有学者指出造成这些障碍的重要原因是当前我国缺乏对绿色消费市场的监管[20]。我国现有的监管政策，绝大多数是针对企业的监管政策，核心思想是深化供给侧结构性改革，针对公众的监管政策较少，特别是针对绿色消费的监管体系尚不完善，而公众作为绿色消费的主力军，是绿色生产最直接的市场驱动力。因此，破解绿色消费监管困境迫在眉睫。

几十年来，国际社会在绿色消费监管方面进行了大量的尝试，并取得了较好的监管效果。例如，德国、加拿大和俄罗斯等国家通过具体的经济、生态和行政等机制，形成了绿色产品生态标签制度；日本则在生产和消费两个领域颁布了一系列较为完整的绿色消费相关法律法规，以法律形式明确各主体（政府、生产主体、消费主体和第三方机构）在绿色消费过程中的执行事项，成为世界绿色消费法律标准制度相对完善的国家。我国的绿色消费实践起步较晚，当前与绿色消费监管相关的政策文件在执行层面的效力尚显不足，以“法律法规”形式呈现的文件不多。在政策实践过程中，媒体的宣传导向以及政府引导居民自我约束控制的方式，具有很强的自发性及不确定性，导致居民绿色消费的巨大潜力尚未被有效地挖掘出来。并且，政府政策存在表面性和浅层性的问题，这在很大程度上限制了绿色消费监管相关层面的执行效果，未能对我国碳减排目标的实现和新时代生态文明的建设形成有效支撑[21]。

1.1.3　绿色消费升级迫在眉睫，监管体系的构建成为关键突破口

在物联网、云计算、移动互联网和人工智能迅猛发展的背景下，我国绿色消费相关领域将会构建起全新的应用生态，它涉及前端生产和终端消费等关系复杂的主体，主体间资源将会得到最优化配置，进而推动生产方式和消费方式的变革，绿色消费将会呈现出新内涵、新特征、新需求、新方式、新模式和新结构。在未来绿色消费的整个系统中，缺乏任何一方主体的配合都会对绿色消费造成较大影响。要打破目前我国绿色消费的困境以推动绿色消费升级，需要政府、生产端和消费端共同参与，共同构建适合当前发展阶段的绿色消费监管体系。

从社会建设的视角看，推动绿色消费属于社会管理的范畴。社会管理的基本手段是社会规范体系，体现在刚性管理和柔性管理两个方面。其中刚性管理包括法律、法规和政策等硬规范的运用，体现在政府通过制定和推行国家环保法律法规等来实施对各类主体绿色消费行为的强制性监督上，这种管理也被称作秩序监管。一般来说，强制性的监管能够明确生产端和消费端的权利和义务，充分发挥市场机制的调节效应[22]，从而顺利推行绿色消费。柔性管理体现为道德、价值等软规范的运用，具体表现为政府通过构建价值传导与信任体系，培育生产企业、市场运营主体以及消费者等多元主体对绿色消费理念的情感认同。

一般来说，消费者的绿色消费行为在给自身带来利益（如舒适的体验和健康的生活）的同时，还会给其他消费者、社会和生态环境带来较高的效益（如减少经济活动的负外部性），但同时也会给自己带来新的成本（如支付更昂贵的费用和花费额外的时间），因此，绿色消费行为的心理机制必然不同于其他消费行为。绿色消费行为特有的心理机制将会使价格的影响大幅度下降，而情感心理因素的影响将会增强。因此，随着绿色消费的进一步升级，柔性监管的地位和作用越来越突出，这种管理也被称作情感监管。具体来说，在绿色消费领域，情感监管主要是指政府通过价值与信任等体系的建设来促使生产企业、市场运营主体以及消费者等各类主体绿色消费理念的情感认同，对各类主体自觉主动地实施绿色消费行为进行激励性监督与管理。目前我国推行绿色消费仍存在诸多障碍，基于秩序监管和情感监管的理

念，探求绿色消费升级的理论、模式、路径、政策及监管机制将为我国推行绿色消费提供新思路。

我国是世界上最大的发展中国家，处于快速的经济发展阶段，在环境意识、绿色理念和生活方式等方面均有其特殊性，这也是我国国情的具体呈现。由此可见，立足于中国社会管理的历史和现实情况，探索绿色消费监管体系是当前推动消费方式绿色化的可选路径。基于以上背景，本书构建绿色消费3.0新内涵，实现与未来绿色消费目标系统性要求之间的对接与匹配，进而建立完善的、系统的、科学的绿色消费3.0监管体系，为推行绿色消费实践提供了有效借鉴。

1.2 研究意义

1.2.1 理论意义

第一，传统的绿色消费仅重视生产端绿色产品的生产，消费者往往被消极被动地对待，这属于低层次的绿色消费模式。当今，移动互联网等技术迅猛发展，全社会形成了密切的资源要素共享关系（如共享出行、共享空间、远程会议和集约式消费等），这在一定程度上推动了社会系统创新和消费方式的变革，在此过程中，消费者成为绿色消费的核心推动力。随着这一系列变革的持续推进与深化，最终更高层次的绿色消费模式应运而生，也就是本书提出的绿色消费3.0概念。本书全面梳理了绿色消费3.0概念的新内涵和新特征，为我国绿色消费的发展提供了理论基础。

第二，本书紧扣绿色消费3.0时代背景，将生产端和消费端作为全过程、整体性监管对象统一纳入研究框架，深入研究监管体系结构，建立一个“监管有据、运行高效、情感认同、激励有效”的绿色消费监管体系，进一步丰富了绿色消费监管研究领域的理论成果，这也是对公共事务治理的相关理论的重要拓展。

第三，本书基于绿色消费监管现状，紧扣绿色消费3.0时代背景，构建了绿色消费3.0监管体系，描绘了绿色消费3.0监管机制的主体、结构与关系，形成了中国绿色消费3.0监管的基本思路。当前我国对于监管机制的研究尚未形成统一的理论模型，因此，本书所构建的绿色消费3.0监管理论模型将为其他行为方式领域的政策监管机制研究提供理论借鉴。

1.2.2 实践意义

第一，本书在系统梳理绿色消费理论内涵及历史沿革的基础上，重点剖析绿色消费的内涵维度、影响因素、现实需求、演进趋势和实践现状，揭示绿色消费3.0在当今时代特征下的内涵与监管现状、存在的关键问题及其根源，有助于分析绿色消费的关键影响因素，明晰绿色消费升级的障碍与难点。

第二，本书通过梳理绿色消费3.0的理论基础和监管现状，构建了绿色消费3.0

监管体系的整体框架，提出了绿色消费 3.0 监管体系的内涵和理论，探讨了我国绿色消费 3.0 监管体系的运行机制和保障体制，设计了绿色消费 3.0 监管体系，为政府及相关部门设计、推行和实施绿色消费监管政策提供了思路和实施路径。

第三，监管的目的是推动个体绿色消费态度向相应行为转化。本书通过剖析生产端和消费端的被监管特征，将不同的监管方式纳入产品生产和消费的全过程，从而通过监管逐步推动我国消费者绿色消费态度向相应行为转化。习近平在党的二十大报告中指出“加快发展方式绿色转型”“完善支持绿色发展的财税、金融、投资、价格政策和标准体系，发展绿色低碳产业，健全资源环境要素市场化配置体系，加快节能降碳先进技术研发和推广应用，倡导绿色消费，推动形成绿色低碳的生产方式和生活方式”[①]。完善和强化保障绿色发展的护绿制度，无疑是当前的一项紧迫任务。因此，本书将以系统的、科学的研究为推行绿色消费监管政策的制定提供有效的借鉴。

① 《习近平：高举中国特色社会主义伟大旗帜 为全面建设社会主义现代化国家而团结奋斗——在中国共产党第二十次全国代表大会上的报告》，https://www.gov.cn/xinwen/2022-10/25/content_5721685.htm，2024 年 12 月 23 日。

第2章　绿色消费研究的历史沿革与演进趋势

2.1　绿色消费的内涵

2.1.1　绿色消费的由来和发展

工业革命增强了人们改造自然的能力，西方资本主义国家开始无节制地开采自然资源，高度依赖“高耗能、高消费、高污染”的粗放型发展模式，大力宣传“消费至上”“消费越多越幸福”的消费观念，加剧了全球性的资源损耗和环境危机。尤其是进入20世纪30年代以后，环境污染事件层出不穷，社会经济系统的稳定运转与公众的身心健康受到了严重威胁，环境保护浪潮兴起。

绿色在英文中用“green”表示，指的是自然的本真状态，在当代绿色更是被赋予了特殊的含义[23]。消费从最初带有“用尽”“耗费”意思的贬义词逐渐发展至中性的经济学概念[24]，现代经济的发展又使其具有符号的含义[25, 26]。随着工业文明的不断发展，商品经济发展到了空前的程度与规模，尤其是营销的不断发展，极大地刺激了人们的消费欲望与需求，最终导致过度消费。这种消费模式破坏了自然界的生态平衡，在此时代背景下，绿色消费的观念逐渐进入人们的视野。

Polanyi（波拉尼）在1994年首次提出“生态消费观”，并认为消费异化是西方社会面临生态危机的根本原因。到了20世纪60年代，环境保护运动的多次爆发使得绿色消费的观念逐渐渗透到社会中。1963年国际消费者联盟组织（International Organization of Consumers Unions，IOCU）首次提出绿色消费的概念，并指出消费者应该履行“环保义务”，承担“环境责任”。1981年，美国农业科学家 Lester R. Brown（莱斯特·R. 布朗）出版了 *Building A Sustainable Society*（《建设一个可持续发展的社会》）一书，提出了人口稳定、保护生态系统和开发再生能源的可持续发展蓝图，并明确提出了“可持续”概念。20世纪80年代以来，可持续发展在全球范围内变得越来越重要，1983年成立了世界环境与发展委员会（World Commission on Environment and Development，WCED）以团结各国致力于解决不可持续发展问题[27]。自那时以来，随着环境的持续恶化、人们对全球变暖认识的提高以及对保护环境关切的日益增加，许多国家已经制定并正在完善应对气候变化的战略。大多数国家都在支持实现可持续发展目标的运动，其中包括绿色消费运动，这些运动为确保可持续发展提供了总体战略部署[28]。20世纪80年代末，英国首次掀起绿色消费者运动，随后以绿色产品为主导的绿色革命相继爆发，引发了社会各界对绿色概念的关注。

1988 年英国研究人员 John（约翰）和 Julia（朱利亚）联合出版了《绿色消费者指南：从香波到香槟——为更美好的环境而购物》，旨在对消费者的绿色消费实践进行指导，极大地启发和推动了人们的绿色觉悟及绿色热情，绿色消费逐渐成为一种新的消费时尚。从此，绿色消费逐渐受到各国政府的高度重视，人们也逐渐开始实践绿色消费。在此背景下，1991 年国际消费者联盟组织通过了《绿色消费主义决议案》，倡导生态意识和绿色消费理念，呼吁全球消费者在选择产品和服务的过程中关注生态问题。

1994 年，联合国环境规划署（United Nations Environment Programme，UNEP）发布了《可持续消费的政策因素》，进一步明确了绿色消费的内涵，指出绿色消费的目的是在不断提高生活质量的同时，减少生产和消费的负面影响。也就是说，它的目的是提供服务和产品，以满足社会的基本需要，提高生活质量，同时尽量减少使用自然资源和有毒物质以及在服务或产品生命周期中产生的废物和污染物，不损害后代的需要[29]。

2015 年，联合国正式发布《变革我们的世界：2030 年可持续发展议程》，号召全世界从根本上改变现有消费商品及服务的方式，实现可持续、包容和持久的经济增长，让现有的经济模式绿色起来。该纲领性文件将可持续发展定义成一个全球基准，并明确为 17 个可持续发展目标和 169 个具体目标。在可持续发展目标中，绿色消费问题在四个目标领域有所涉及，包括确保健康的生活方式（目标 3）、环境可持续管理（目标 6）、建立可持续现代能源（目标 7）和采用可持续的消费和生产模式（目标 12），呼吁各国采取行动，为实现长期的可持续发展目标而努力。

2.1.2　绿色消费的概念内涵

绿色消费在发展的过程中，逐渐受到了广泛的关注，已经成为当今社会经济发展的重要主题[30, 31]。如表 2-1 所示，绿色消费作为一种新的消费理念，很多学者也将它称作可持续消费（sustainable consumption）、低碳消费（low carbon consumption）、亲环境消费（pro-environment consumption）、生态消费（ecological consumption）、循环消费（recycling consumption）、环境责任消费（environmentally responsible consumption）、社会责任消费（socially responsible consumption）、协同消费（collaborative consumption）和环境友好型消费（environmentally friendly consumption）等。不同的国家、组织或学者因视角不同，对绿色消费概念的理解也不同，绿色消费概念尽管在名称上有所不同，但这些概念都强调消费者在消费活动中采取实际行动来消除或减少消费环节中的非绿色行为模式对生态环境造成的破坏。

表 2-1 绿色消费相关概念汇总

编号	概念	参考文献	定义
1	可持续消费	[32]	满足当代人消费需求的同时不对后代人满足其消费发展需要的能力构成危害的消费行为
2	低碳消费	[33]	有助于减少二氧化碳排放的消费行为
3	亲环境消费	[34]	能够提高资源使用效率以及保护生态环境系统的消费行为
4	生态消费	[35]	符合物质发展水平，满足人的消费需求的同时不会对生态环境造成危害的消费行为
5	循环消费	[36]	以资源的高效利用和环境的最少污染为核心，以资源循环利用为特征的消费行为
6	环境责任消费	[37]	致力于减少环境影响，为环境保护工作做出贡献，并且在消费活动中不破坏环境的消费行为
7	社会责任消费	[38]	消费活动中自觉抵制直接或间接危害社会可持续消费和生产的消费行为
8	协同消费	[39]	在满足特定消费需求的前提下，以有偿性和互利性为特征的资源消费行为
9	环境友好型消费	[40]	致力于减少自然资源使用或促进自然资源的可持续利用的消费行为

相比于普通消费，绿色消费要求消费者尽可能地降低由消费导致的隐性环境污染[41]。由于生产技术、设备、原材料的再投入，一般来说，绿色产品的价格要高于普通产品（common product，CP），消费者践行绿色购买行为还需支付绿色溢价[42]。另外，绿色消费还需要消费者摒弃消费主义倾向，重新培养绿色行为习惯，如优先购买节能产品、践行“光盘行动”等。由于习惯是无意识的、自觉的，消费者需要进行思想上的重新认识和行为上的自我控制才能改变行为习惯，因此引导消费者进行绿色消费是存在困难的。就环境效益而言，一方面，绿色消费产生的“环境红利”为全社会共享，而非个人独享；另一方面，个体绿色消费产生的“环境红利”无法有效提升环境质量，还需要全体社会成员的集体参与[43]。消费者不仅需要权衡个人利益与社会利益，还要具备较高的绿色感知力。综上，绿色消费以环境改善为目的，需要消费者从行为和消费思想上同时改变。

绿色消费的内涵和外延如图2-1所示。国际社会将其行为概括为5R①，这意味着绿色消费不仅包括绿色产品的购买和使用[44]，还包括资源的回收利用[45]，能源的有效使用和对生存环境、物种的保护等[46, 47]，是一种具有健康（助推生态效益）、恒温（减少温室气体排放）、经济（减少资源消耗）、安全（减少消费结果对生存环境的危害）、可持续（保护后代的消费能力）、新领域（研发低碳技术）特点的消费方式[48-52]。因此，

① 5R为reduce（减少污染），reevaluate（环保选购），reuse（重复利用），recycle（循环再生），rescue（保护自然）。

本书研究的绿色消费行为具体包括绿色购买行为、节约资源行为、循环利用行为（包括分类回收）和保护生态环境行为。

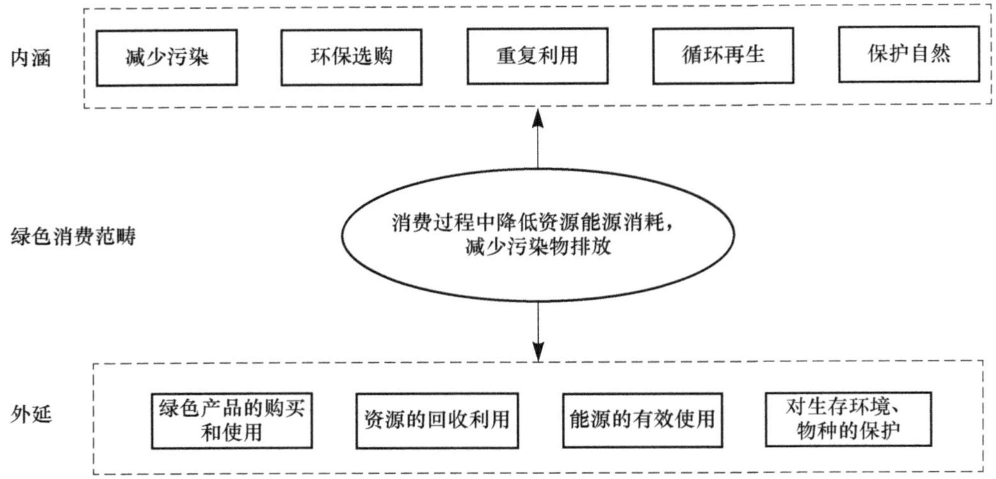

图 2-1　绿色消费的内涵和外延

因此，本书对绿色消费概念的定义如下：绿色消费是个体在日常活动中购买和使用绿色产品、有效使用能源、回收利用资源以及在消费活动中保护环境和物种的消费行为模式，具体表现为选购节能高效的产品和服务、合理处置废弃物、降低消费对环境和物种的破坏、减少浪费等。

2.2　绿色消费的影响因素研究

通过对国内外研究进行总结归纳，本书发现现有研究认为对绿色消费产生影响的因素主要包括以下几个：人口统计因素、个体心理因素、外部干预因素、社会因素、企业与市场因素。

2.2.1　人口统计因素

早期许多研究人员围绕人口统计因素试图甄别绿色消费群体，其中涉及性别[53]、年龄[54]、种族[55]、婚姻状况[56]、职业[57]、受教育程度[58]、收入、家庭成员构成[59]、社会地位[60]等。虽然消费者人口统计因素对绿色消费具有一定影响，但因素的影响各不相同[61]。有研究表明，最“绿”的消费者往往是“受过高等教育[62]、年龄较大[63]、收入较高[64]并且有着自由主义导向的妇女[65]”。而那些被认为最不“绿”的人群往往是“年轻的[66]、不关心政治的、教育水平较低的男性[67]”。因而从性别分类来看，与男性相比，女性的绿色消费水平更高，很多研究均证实了这一结论，女性会更多地参与私人领域的绿色消费行为[68]。在年龄上，年长的人更愿意购买本土绿色农产品、更愿意循环利用商品[63]。在陈慧敏的研究中，还特别指出了婚姻状况对绿色消费会有所影响[55]。

依据社会阶层理论，社会地位较高、经济状况较好的消费主体具备经济优势和文化优势，更有意愿和能力承担绿色消费的经济成本和时间成本[60]。一般研究倾向于使用教育和收入作为社会经济地位的评价指标。与社会阶层理论的设想一致，教育通常与绿色消费呈正相关关系，但王丹丹的研究结果显示两者之间的关系并不显著[62]。收入对绿色消费的影响还有待深入研究，Israel 和 Levinson 对绿色商品选择进行研究发现，收入与绿色商品选择呈正相关关系，即家庭收入越高，个体更愿意选择绿色商品[64]。Straughan 和 Roberts 的研究表明收入高低与公众绿色消费行为之间并不存在一致性关系[69]。Tanner 等也发现高收入群体与绿色消费潜在群体没有显著相关关系[70]。这些结论揭示了消费者人口统计因素对绿色消费具有一定影响，影响各不相同，但仍受到其他因素的影响[61]，因而许多学者转从消费者的其他角度探究影响绿色消费的因素。

随着对绿色消费研究的深入，学者往往会得出相互矛盾的结论。有研究表明学历的高低、年龄的大小与居民能源消费行为之间并没有一致的关系[71]。对人口统计因素进行分析有助于企业确认目标顾客定位[72]，这些研究表明，单单分析人口统计因素，对消费者绿色消费行为的解释力不足，并不能得出非常有价值的结论[73]。因此，学者开始纳入其他影响因素对绿色消费行为进行分析，其中个体心理因素是绿色消费影响因素中最受欢迎的一类因素。

2.2.2　个体心理因素

个体心理因素的分析主要涉及了个体价值观[74]、环境态度[75, 76]、印象管理动机[77]、绿色消费知识[78, 79]、绿色消费认知[80]、环境知识[81]、主观规范、自我效能感[82]、感知行为有效性[83]和环境责任感[84]等变量。现有研究表明持有绿色消费态度的消费者[85]、拥有更多环保知识的消费者[86]、具有绿色认知的消费者和环境责任感越强的消费者[87]更倾向于发生绿色购买行为。

（1）态度。态度是预测和解释个体行为意向的重要变量[88]。在绿色消费行为影响因素的研究中，很多学者分析并证实了个体绿色消费态度与其绿色消费行为之间的正向作用关系。例如，Hossain 等采用 PLS-SEM（partial least squares structural equation modeling，偏最小二乘法结构方程模型），基于孟加拉国 1510 名受访者数据，发现对绿色家电持有善意态度的消费者更倾向于购买节能产品、践行绿色消费行为[89]。Homer 和 Kahle 的研究将消费者购买绿色产品的态度分为营养价值高、添加剂少两种，结果表明，这两种态度对消费者购买行为具有很强的解释力[90]。Lee 提出，消费者对环保问题和绿色食品的态度与其绿色消费行为之间存在显著正相关关系[91]。

但目前也有学者认为绿色消费态度与绿色消费行为之间呈微弱作用关系[92-94]。

Hines 等对 128 篇文章进行了元分析，认为相对于一般环境态度，特定环境行为态度对环境责任行为的预测效力更明显[95]。Schwepker 和 Cornwell 也同样指出，具体环境的态度对特定环境行为具有更强的预测解释能力[96]。随着研究的深入，有学者发现消费者态度和其行为之间并非总是具有一致关系[97-99]。具体而言，受对他人的信任、群体身份、行为预期以及感知效力的影响，个体绿色消费态度不一定能转化为相应的消费行为，两者之间存在偏差。Stern 认为，个体能力与资源的有限性（文化水平、财产状况、社会地位）、绿色产品价格偏高和种类较少、便利的配套基础设施匮乏等因素均会导致绿色消费态度与实际行为的不一致[100]。Moraes 等的研究表明绿色消费“态度-行为”缺口的成因在于个人习惯与社会规范[101]。

（2）环境责任感。环境责任感是个体对基于环境所带来福利的充分认识而积极践行亲环境行为的责任和道德的认知，表现为个体对亲环境行为的积极态度取向，具有激发、鼓舞个体亲环境行为的积极作用[102]。Hines 等认为环境责任感与个人亲环境行为具有很强的相关性[95]。Miniero 等认为个体环境责任感一定程度上可以提升其绿色购买意愿[103]；盛光华和葛万达提出了基于负责任的环境行为模型与感知价值理论，指出环境责任感会驱动消费者自觉履行环保职责，践行绿色消费行为[104]。

（3）感知效力。感知效力是指消费者对自身行为有助于解决环境问题的自信程度[105]，是区分绿色消费者和非绿色消费者的重要心理变量。若政府强化输出消费者“随手可做”的绿色行为（使用环保袋）可以对环境保护产生重要影响这一理念，则消费者的环境感知效力将得以增强，从而可以驱使其彰显环境友好型的态度和做出绿色消费的决策[106]。Kang 等指出，消费者的感知效力水平越高，越愿意主动购买绿色产品[107]。

（4）自我认知。由于不擅长从记忆中提取环境信息来诊断自我形象，人们往往认为自己不是绿色消费者。积极的自我认知有助于增强消费者的环保态度和环保责任，促进消费者选择更多的绿色产品[106]。类似概念还有环保自我认同，环保自我认同是个体对将自己视为环保人士的认同程度。具有环保自我认同感的个体会积极对待环境问题，趋向于将保护生态环境视为自身责任，高度认同绿色的价值理念和消费习惯[108]。

（5）环境关心。盛光华等发现环境关心对绿色消费意愿具有显著的正向促进作用，且环境态度、主观规范和感知行为控制等因素会发挥关键的中介效应[109]。

（6）道德认同与自我担当。消费者所内化的道德消费自我标准认为自己应该进行可持续的、环境友好的消费行为。道德认同是个体对自己的道德特征所持有的认知图式。吴波的研究表明激发出道德认同的个体更容易恪守道德标准和提升自我担当，并且道德认同会通过自我担当的中介作用正向推动消费者的绿色消费行为[110]，Peloza 等认为激发出自我担当的个体更容易认可天然产品、践行绿色消费[77]。

近年来，为消除消费者态度-行为差距，国内外诸多学者对另一种心理因素——绿色情感进行了深入研究。绿色情感是个体对环境问题或环境行为是否满足自己的需要而产生的态度体验。由于情感的作用越来越受到关注，情感的卷入对绿色消费行为也将产生重要影响[111]。王建明和吴龙昌对影响绿色消费行为的情感变量进行了剖析，结果肯定了情感对绿色消费行为的重要驱动作用[112]。消费者绿色消费情感的挖掘成为当今绿色消费的发展新趋势。

2.2.3 外部干预因素

经济激励政策、信息传播政策、外部干预政策对消费者的碳减排行为都会产生正向的影响[113]。经济刺激通常是指进行经济上的奖惩，绿色消费的强弱往往受到经济刺激的影响。所以，消费品价格的高低和额外的经济奖惩往往成为影响绿色消费的重要因素。信息刺激则是指通过增加消费者对绿色消费方面的知识，反馈自身绿色消费情况，或者提供关于他人行为的社会规范信息等来刺激绿色消费。现有研究表明，向消费者呈现绿色消费的相关信息会对绿色消费行为产生影响[114]，然而，当传播、社会影响和人类决策的相关理论被运用到信息中时，信息刺激的正向效应会更大。Wu 和 Chen 发现，经济刺激（向消费者发放经济奖励）和信息刺激（向消费者科普绿色知识）均能够推动消费者进行绿色消费，且信息刺激的影响力更为明显、持久。此外，并非所有的信息刺激都会对消费者绿色行为产生影响，应对信息内容的可读性、信息应用场景的契合度等加以重视[115]。由于社会规范是影响消费者绿色消费的重要因素，因此很多宣传诉求都是利用社会规范的说服力来影响消费者，特别是描述性规范诉求。Allcott 利用 Opower 公司向 60 万个家庭呈送了自身与邻居能源使用量对比情况的描述性规范信息，研究证实这一计划促使样本家庭能源消耗量整体降低 2%[116]。另外，张丹丹发现，不同类型的社会规范信息对消费者绿色消费行为的影响存在异质性，其中，积极表述方式的描述性规范信息影响力最明显，消极表述方式的命令性规范信息影响力其次，消极表述方式的描述性规范信息影响力最小[117]。国家所制定的规章制度也是影响绿色消费的重要因素，在潘俐的研究中，指明了有效的具体政策和措施能够唤醒公众的环保意识，抑制环境污染行为，为环境执法监管奠定了强有力的基础[118]。具体地，Li 等的研究中重点剖析了个体碳交易政策对电动车绿色消费行为的影响，彰显了新政策的实验效果[119]。

2.2.4 社会因素

社会因素主要包括经济发展水平、社会价值观、消费观念、消费风俗习惯、地区环境规制强度、地区环境质量、地位动机、权力感知、身份动机等。Videras 等通过研究表明，人均收入和房产价值高的地区通常都会提供较为便利的垃圾回收条件[120]。在发达国家，社区中绿色消费的便捷化条件可减少社区居民的时间和精力消耗[121]，有助于强化绿色消费行为[122]。社会价值观更能表明消费者的消费倾向，并能以此为基础对企业的消费群体加以区分[123]。消费观念和消费风俗习惯也是消费行为的重要影响因素。一系列研究都表明，环境保护倾向越强的地区，人们越会积极地参与绿色消费[124]。有些学者主张居民的生活体验影响环境行为，生活方式是影响绿色消费行为的重要变量。符国群主张生活方式这一变量会影响消费者的生活和消费等，与消费者的外部行为有着密切联系，生活方式能直接作用于消费行为[125]。

（1）地位动机。购买绿色产品是一种利他行为，消费者需要为绿色产品支付环境溢价，但所产生的环境效益由全社会共享。因此，购买者会被赋予“奉献”“无私”等社会地位特征。Griskevicius 等发现高社会地位的消费者更愿意将绿色产品纳入其消费选择，并表现出“炫耀性绿色消费”的特点，倾向于公开或高价购买绿色产品[126]。van der Wal 等统计了大型连锁便利店（社会地位较高）和小型食杂店（社会地位较低）的消费者对包装袋偏好的差异，发现莅临高社会地位商店的消费者的绿色消费意识较为强烈，更趋向于选择环保袋[127]。这证实了地位激励对绿色消费的促进作用，同时也说明了不同类型的地位激励对绿色消费的促进作用可能存在差异。

（2）权力感知。权力感知是消费者个体对权力的感知，它与个体的经济地位有关。吴波等发现处于高权力状态的消费者重视自我需求，倾向于选择利己诉求的商品，处于低权力状态的消费者重视他人需求，倾向于选择利他诉求的商品，激发个体自我担当后，高权力者与低权力者对利他诉求的偏好会处于同一水平[128]。

（3）身份动机。绿色消费将因消费者性别而异。一般来说，女性的自我超越价值观更强，而男性的自我提升价值观更强，侧重点的不同会形成绿色消费差异。Pinto 等依据身份动机理论，证实个体身份动机能够显著消除由性别导致的绿色消费水平差异，也就是说，当消费者个体身份显著时，女性的绿色消费水平会较高，当消费者社会身份（认为自己仅是群体的一部分）显著时，一定程度上男性和女性的绿色消费水平会处于同一水平[129]。身份动机影响绿色消费差异的另一种解释是“绿色即女性化”的刻板印象的存在，Brough 等的研究发现，所有试验者一致认为“女性气质”与“绿色环保”两个概念密切联系，且都秉持“环保之人更为女性化”的刻板印象。若男性消费群体的性别认同遭受威胁，则男性消费群体参加绿色环保行动的意愿会大幅度降低；反之，若男性消费群体的性别认同得到强化，则男性的绿色消费倾向会显著增强[130]。

2.2.5　企业与市场因素

（1）绿色产品广告。王耀辉研究了绿色认知水平对广告诉求（理性诉求或感性诉求）、产品呈现方式（产品图片或使用场景图片）影响个体绿色购买意愿的调节作用，结果发现，理性诉求与产品图片相匹配时，绿色认知水平较高个体的绿色购买意愿显著增强；感性诉求与使用场景图片相匹配时，绿色认知水平较低个体的绿色购买意愿显著增强[131]。Wang 等研究了绿色产品类型与拟人化广告形象对个体绿色消费行为的影响，结果表明，利己利益的绿色产品采用类人拟人化广告形象能正向推动消费者践行绿色消费行为，利他利益的绿色产品采用动物拟人化广告形象更容易推动消费者践行绿色消费行为，并且温暖型的动物拟人化广告形象的推动作用更显著[132]。Yang 等发现，与绿色诉求相比，绿色授权广告在提高消费者绿色效能和购买倾向等方面的表现更为优异，并且在供应商规模大、资源多的情景下，绿色授权广告的提升作用更明显[133]。

（2）生态标签。企业的营销努力，尤其是绿色标签及认证是促进绿色消费的关键因素。大部分绿色标签通过提供产品成分、生产方法、生产过程的能效和产品潜在的使用期限来影响消费者的选择。然而，有研究发现在某些情况下，绿色标签可以刺激额外的消费，这就冲击了绿色消费选择的环保收益。也有研究否定了绿色标签正向促进绿色消费的观点。“漂绿”现象，即绿色产品的环境效益描述模糊或缺乏标志认证时，会引起消费者的质疑。Chao 进行了一项实验，测试贴上“雨林联盟认证”（Rainforest Alliance Certification，RAC）标签的咖啡杯对消费者回收行为的影响，结果表明，接触带有 RAC 标签的消费者倾向于将纸杯投掷到可回收箱而非垃圾箱，生态标签显著增强了消费者的回收意识[134]。Turri 认为，有生态标签的产品能促进消费者的购买意愿以及对公司环境关心的正向评价，当危害环境的产品（杀虫剂）有生态标签时，消费者更会正向地评价公司的环境关心程度[135]。Wang 等将生态标签划分为单一图标的生态标签（single presentation of eco-label information，SPEI）、添加功能描述性文本的生态标签（functional joint presentation of eco-label information）（简称功能性 JPEI）、添加情感描述性文本的生态标签（emotional joint presentation of eco-label information）（简称情感性 JPEI）三种。比对不同类型的生态标签对消费者绿色消费意愿的影响，结果表明，与 SPEI 相比，情感性 JPEI 对消费者的绿色认知及消费意愿的正向促进作用更加显著，并且，对低质量消费占消费结构主体的个体而言，功能性 JPEI 更能激发其绿色消费意愿，对高质量消费占消费结构主体的个体而言，情感性 JPEI 更能激发其绿色消费意愿[136]。

（3）产品种类。差异化的产品用来满足消费者多样化的需求，消费者的购买偏好与行为取向也会受到绿色产品种类和特征的影响。Luchs 等的研究证实，消费者通常将较高的产品伦理性与温和属性相关联，将较低的产品伦理性与强度属性相关联，因此消费者更加偏好温和属性的绿色产品以及强度属性的非绿色产品[137]。Borin 等发现相比于具有积极环境信息的产品（对环境影响进行公平和明确的解释），消费者对具有消极环境信息的产品的认可度明显偏低，且这一差距在易损耗产品上更加凸显[138]。Sheth 等认为绿色产品质量确实是制约绿色消费发展的一个重要因素，只有具备良好的功能属性、可持续性的绿色产品才能推动消费者进行更多的绿色消费，而较差特质的绿色产品有可能进一步加剧个体绿色消费意识–行为的不一致性[139]。

（4）产品绿色程度。绿色产品所具有的绿色程度会受到属性的影响。Gershoff 和 Frels 提出，当个体面对绿色程度一致的产品时，消费者会更加偏好核心属性属于绿色信息的产品[140]。当绿色产品带来的“环境红利”无法被直观衡量时，个体积极的绿色消费意识就难以有效转化为实际的绿色消费行为。

（5）产品属性。产品属性也会影响消费者的绿色消费行为。Schuitema Geertje 和 de Groot 的研究证实，当个体的生物价值观较强时，绿色产品属性（环境危害性小）对消费者绿色消费行为的影响更加显著；当个体的生物价值观较弱时，利己产品属性（价格低廉、熟悉或知名品牌）对消费者绿色消费行为的影响更加显著[141]。

2.3 绿色消费的演进趋势研究

为深入了解绿色消费的演进趋势，需要对现有研究成果进行梳理。时至今日，绿色消费研究涵盖了多种学科和主题，这些学科和主题大多是零散的[31]。因此，把握和梳理大量不同学科和主题的文献，了解国内外各个研究流派的知识基础[142]，识别关键文献，从复杂而丰富的文献中提取隐藏的、结构性的客观规律[143, 144]，特别是从时间序列的角度总结绿色消费的演变过程和发展趋势，是本书的出发点。全球绿色消费不仅呈现出相似的特征，如绿色消费的环境价值相似[145]、对绿色消费的关注和兴趣相似，也呈现出特定的国家和地区特征，如国家文化、实践现状和政府监管力度不同[146]。为了深入了解绿色消费不同文献主体之间的异同，需要进行比较研究。本书选择中国作为主要研究对象，对国际和中国的绿色消费研究进行比较。之所以选择中国，主要是因为中国作为世界上最大的发展中国家，潜在绿色消费者数量多，当前正处于消费需求持续增长、消费拉动经济作用明显增强的重要阶段，绿色消费表现出了巨大的成长空间和发展潜力。因此，了解不同国家和地区绿色消费的演进趋势，有助于更充分地把握绿色消费相关研究。

2.3.1 数据收集和分析方法

1. 数据收集

为了收集绿色消费研究领域已发表的论文，本书进行了系统的文献检索，建立了可重复的检索记录，并分四个步骤进行严格的文献检索。

（1）准备工作。演进趋势综述应当对该主题的概念以及潜在领域有充分的理解。因此，我们对主流的数据库进行了试验性的文献搜索，收集了有关绿色消费研究的代表性论文，以丰富我们对绿色消费领域的理解。

（2）在前期文献检索的基础上，确定合适的文献检索数据库。本书所用数据来自 WoS（Web of Science，科学网）核心合集数据库和中国知网（China National Knowledge Infrastructure，CNKI），从中筛选出以国际为主题和以中国为主题的绿色消费相关文献。WoS 涵盖科学引文索引扩充（SCI-Expanded）和社会科学引文索引（Social Sciences Citation Index，SSCI）书目数据库，是理想的数据源和最常用的书目数据库[147]，与 Scopus（1995 年以后发表的论文）相比，WoS（1900 年至今）可以支持较长的引文分析时间，与 Google Scholar（谷歌学术）相比，WoS（1995 年以后发表的论文）可以提供更高质量、更有学术价值的数据。CNKI 包含中国最广泛、最新的期刊，涵盖中文社会科学引文索引（Chinese Social Sciences Citation Index，CSSCI）数据库，其代表性和适用性在中国已得到广泛认可。

（3）在 WoS 和 CNKI 数据库的“主题（标题/摘要/关键词）”字段下进行综合检索。借鉴以往研究和专家咨询，本书考虑了绿色消费相关概念的各种变体。此外，采用布尔运算符（OR/AND）和模糊搜索（*）来拓宽搜索范围。最终选用以下 WoS 检索代码：

TS=（“Green Consumption” OR “Green Behavio*r” OR “Sustainable Consumption” OR “Sustainable Behavio*r” OR “Low-Carbon Consumption” OR “Low-Carbon Behavio*r” OR “Pre-Environmental Consumption” OR “Pre-Environmental Behavio*r” OR “Recycling Consumption” OR “Recycling Behavio*r” OR “Ecological Consumption” OR “Eco-Friendly Consumption” OR “Socially Responsible Consumption” OR “Environmentally Responsible Consumption” OR “Environmentally Friendly Consumption” OR “Green Purchasing” OR “Green Marketing”）

Indexes=（SCI-Expanded, SSCI）

语种选择“English”（英语），文献类型为“article”（文章），文献检索区间设定为 1900—2023 年（WoS 数据库最早回溯到 1900 年）。其中，TS 表示出版物的主题，且在本次检索中，只使用期刊文章“Article”作为有效数据，因为通过同行评审，其文章质量较高，涵盖的信息更广泛与权威。

在 CNKI 数据库中，检索代码为 TS=（“绿色消费”或“绿色行为”或“可持续消费”或“可持续行为”或“低碳消费”或“低碳行为”或“亲环境消费”或“亲环境行为”或“回收消费”或“回收行为”或“生态消费”或“环保型消费”或“社会责任消费”或“环境责任消费”或“环境友好型消费”或“绿色购买/绿色采购”或“绿色营销”），文献类型为“期刊文献”，文献检索区间设定为 1915—2019 年（CNKI 数据库最早回溯到 1915 年）。

（4）通过提炼和剔除部分检索结果。文献检索的最后更新时间为 2023 年 11 月 23 日，数据在 CiteSpace 软件中进行去重处理，最终得到 WoS 数据库样本量为 5744，CNKI 数据库样本量为 5946。CiteSpace 是 Chen 团队开发的文献计量分析程序软件[148]。

2. *分析方法*

文献计量学是信息学的一个分支，可以定量地分析一切知识载体，是一种注重量化的综合性分析方法。文献计量分析结合了图形学和科学计量学，以不断发展的科学知识为研究对象，定量评价隐性知识结构，捕获科学发展规律，以通过深入理解现有文献，了解研究现状和趋势。文献计量分析有利于减少在进行文献分析时出现的主观影响，在一定程度上增强了分析结果的客观性。知识图谱是文献计量学领域的一种重要方法，能够直观展示科学领域的概念结构、知识结构和社会结构[149]。利用知识图谱，研究者可以通过网络分析和图谱算法对研究领域的知识结构进行映射，并对其属性进行研究。知识图谱已经在科学文献的可视化分析中得到了广泛的应用。

常用的知识图谱软件包括 CiteSpace、VOSviewer、Sci2、CoPalRed、IN-SPIRE、VanagePoint、Bibexel、UCINET 和 HistCite 等。表 2-2 描述了以上九款知识图谱软件的基本信息。其中，CiteSpace 着眼于分析科学文献中蕴含的潜在知识，是当前应用最广泛的知识图谱绘制工具。CiteSpace 具有以下优势：① CiteSpace 能够有效地处理来自流行的学术数据库和开放访问源的引文数据，并对引文的术语、摘要、参考文献、期刊等进行复杂网络分析；② CiteSpace 能够通过知识图谱所展示的网络结构有效地表征出该研究领域的信息图景，实现对该研究领域潜在演化机制的分析和发展前沿的探测，帮助研究者从某一领域复杂多样的文献中识别出该领域的关键文献、研究热点和研究前沿等问题；③ 假设网络结构的变化会反映科学知识结构的变化，而 CiteSpace 能够为研究这种重要变化提供一种直观有效的工具。因此，CiteSpace 能够有效地为研究者提供一个全新的研究视角，从而帮助研究者更好地理解从事的研究领域。本书借助 CiteSpace 软件分析绿色消费领域相关研究的知识基础、热点话题和研究趋势，并对绿色消费相关研究展开动态、多元的网络分析并绘制相应的知识图谱。

表 2-2　九款知识图谱软件的基本信息

软件名称	研究机构	开发人员	基础功能
CiteSpace	德雷克塞尔大学	陈超美	提供数据处理、网络模型建立、可视化交互和可视化设计等服务
VOSviewer	莱顿大学	尼斯・扬・范・埃克和卢多・沃尔特曼	提供标签视图、密度视图、聚类密度和散射视图四种可视化方案
Sci2	印第安纳大学布卢明顿分校		支持对微观、中观和宏观三个层面的数据进行基本统计，空间、主体与网络层面的分析和可视化
CoPalRed	格拉纳达大学	EC 研究团队	使用共词单元分析文献，包括结构分析、战略分析和动态分析
IN-SPIRE	美国太平洋西北国家实验室		提供 Galaxies 星空分布和 ThemeScape 地貌图两种可视化图谱
VanagePoint	美国搜索技术公司		从大量的机构数据中发现模式和关系，确定知识内容
Bibexel	于默奥大学		提供基础的文献计量学功能
UCINET	加利福尼亚大学欧文分校	史蒂夫・博加提、马丁・埃弗里特和林顿・弗里曼	提供社会网络分析，包括中心测度、子群体识别、角色分析、基本图论和基于排列的统计分析
HistCite	汤森路透公司	尤金・加菲尔德	能够用图示的方式展示某一领域不同文献之间的关系，制出一个领域的发展历史，定位出该领域的重要文献以及最新的重要文献

关键词是文献研究的中心内容，对某一领域文献的关键词进行词频分析，通过

提取表达文献核心内容的关键词频次分布和构建共现网络的方式，可以展现该研究领域热门的研究主题，即研究热点[150]。

Kleinberg 认为，关键词的重要性不仅取决于它们出现的频率，还取决于在给定时间段内频率变化的密度[151]。关键词的频率在一定时期内快速增加，反映了有可能成为新热点和新研究趋势的研究主题[152]。这些关键词被称为突发词，反映了科研兴趣和热点的突然增加[153]，在一定程度上代表了一个学科领域的研究前沿。因此，突发词的检测以及特定时间段内频率的快速变化揭示了研究趋势的不同方面。

2.3.2　文献计量分析

1. 国内外绿色消费研究脉络

一篇文献的关键词代表作者对该论文重点的凝练，通过提取文献的关键词并按频次大小表达研究热点，可以反映研究的核心观点。关键词共现图中节点大小表示关键词出现的频次；关键词聚类图呈现关键词之间的聚集情况，帮助厘清绿色消费领域的子领域；关键词时间线图将每个聚类的关键词排放在同一条时间轴的不同水平线上，关注聚类内部的相互关系；关键词时区图可以反映研究热点随时间的变化过程。

1）国际绿色消费研究脉络

在关键词共现和聚类图谱中，网络中有 839 个节点，1403 条连线，聚类模块值为 0.8106（＞0.3），平均轮廓值为 0.9124（＞0.5），说明聚类结果是合理的。"attitude"（态度）、"behavior"（行为）、"impact"（影响）和"determinant"（决定因素）是频次较高的关键词，意味着绿色消费领域的态度-行为差距和影响因素受到较大关注。关键词聚类图的前 20 个团簇，代表了该领域的热点话题。根据聚类标签和文献整理，可以将绿色消费研究归纳为两个主题：①研究理念和理论[#0 carbon footprint（#0 碳足迹），#4 green consumption（#4 绿色消费），#6 sustainable consumption（#6 可持续消费），#7 ethical consumption（#7 道德消费），#10 corporate social responsibility（#10 企业社会责任），#12 theory of planned behavior（#12 计划行为理论），#15 circular economy（#15 循环经济），#18 social practices（#18 社会实践）]。②研究对象[#1 employee green behavior（#1 员工绿色行为），#2 consumer behavior（#2 消费者行为），#3 household consumption（#3 家庭消费），#5 recycling behavior（#5 回收行为），#8 green supply chain（#8 绿色供应链），#9 green perceived quality（#9 绿色感知质量），#11 green marketing（#11 绿色营销），#13 green human resource management（#13 绿色人力资源管理），#14 green supply chain management（#14 绿色供应链管理），#16 waste management（#16 废物管理），#17 sustainable consumption and production（#17 可持续消费和生产），#19 developing countries（#19 发展中国家）]。

根据关键词时间线图可以分析每个聚类的历史成果。从研究理念和理论来看，

2011 年之前国际上关于绿色消费的研究多数是基于碳足迹、可持续消费和循环经济理念。Hertwich 和 Peters 的研究发现，全球范围内有 72%的温室气体排放与家庭消费相关，其中食品占据了 20%的排放量，尤其是在发展中国家，食品和服务的排放占比更高[154]。碳足迹是指个人、组织、产品或活动在其整个生命周期中产生的温室气体的排放量，生命周期评估法是该类研究中常用的方法。Ornetzeder 等从消费者视角，将生命周期评估法和投入产出分析结合，利用家庭消费模式的现有统计信息研究特定人群消费模式的可持续性[155]。此外，还有学者贯彻可持续消费和循环经济理念，研究了消费者对可持续行为的态度与购买行为意向之间的差距[156]、影响消费者可持续行为的决定因素[157]等内容。2011 年之后，学者除了对碳足迹保持关注，还在道德层面考察了企业社会责任对员工环保行为的影响[158]。同时，有学者使用计划行为理论和社会实践，从宏观层面对环境行为[159]和绿色营销战略[160, 161]进行分析；从微观层面对垃圾分类行为[162, 163]以及家庭节能行为[164]做了深入探讨。

从研究对象来看，在 2011 年之前国际绿色消费领域的研究重点是家庭消费、回收行为和绿色营销。在家庭消费研究中，绿色态度和行为差距是重点。在回收行为研究中，构建理论模型验证回收行为影响因素与意图之间的因果关系是重点。在绿色营销研究中，Chen 运用了联合分析的方法来构建普通客户与绿色客户之间的偏好关系，通过全面地考虑客户的偏好、生产商的产品战略以及政府实施的环境标准，管理和规范绿色产品的研发活动[165]。Chen 提出了绿色品牌形象、绿色满意度、绿色信任和绿色品牌资产的概念，并深入研究了绿色品牌资产与其他三大驱动要素之间的正向关系[166]。2011 年之后员工绿色行为、绿色供应链、绿色供应链管理、绿色感知质量、发展中国家的研究较多。绿色人力资源管理结构、领导的绿色属性、员工的自主绿色行为以及绿色营销策略都是关键内容[167]，计量模型和博弈是常用方法。Afsar 和 Umrani 填补了关于感知社会责任如何影响员工亲环境行为的研究缺口[158]。Robertson 和 Carleton 深入探讨了变革型领导模式如何影响员工的自愿性亲环境行为[168]。此外，Al-Swidi 和 Saleh 以发展中国家的绿色购买行为为研究对象，结合计划行为理论、价值–信念–规范理论和认知–情感–行为理论等，开发了综合模型以研究卡塔尔绿色消费行为的决定因素[169]。

根据关键词时区图可以分析绿色消费研究脉络，总结出“企业绿色观念–个体环保意识–社交媒体介入”的国际绿色消费研究三阶段演化过程。

第一阶段（1998—2007 年）：本阶段的多数研究从企业视角考虑，如绿色营销和绿色供应链管理。绿色营销视角和传统营销视角在定位方面存在最明显的差异。本阶段的文献认为需要通过不同的视角促进营销。一些学者研究了绿色消费者对广告和媒体偏好的态度[170]与绿色品牌定位[171]等内容。Chen 建议区别于传统营销的末端控制方法，在产品设计和开发阶段迎合消费者需求[165]。但本阶段绿色营销文献中很少讨论消费者的需求和愿望。Peattie 和 Crane 认为工业界专注于生产绿色产品，但这些产品不一定是消费者想要的产品[172]。总之，绿色营销研究初期更关注企业绿色生产，缺少对消费者绿色购买意愿的分析。

第二阶段（2008—2019 年）：提高和强化消费者的绿色环保意识成为这一阶段的主要研究焦点。关键词“intention”（意图）、“satisfaction”（满意）、“willingness”（意愿）和“norm”（规范）意味着学者开始从个体层面研究绿色消费。计划行为理论、消费价值理论和价值-信念-规范理论是分析消费者回收行为、绿色购买意愿和行为的常用理论。计划行为理论认为，个体行为由行为意图直接驱动，而意图受到态度、主观规范、感知行为控制三方面因素的影响。绝大多数的研究均指出，消费者的态度和感知行为控制对购买绿色产品的意愿或接受度产生了积极的影响[173, 174]，但主观准则不一定会影响绿色消费行为[175]。此外，学者在计划行为理论中融入了价值-信念-规范理论[176]、利他主义[177]以及道德规范[178, 179]等概念，丰富和扩展了绿色消费相关理论。

第三阶段（2020 年至今）：社交媒体的介入与绿色消费的关系是目前的核心研究。一方面，学者依然使用问卷或访谈收集数据，但研究内容是社交媒体环境对绿色消费行为的影响。Simeone 和 Scarpato 从食物选择、环境意识和消费者信息等方面解释社交媒体信息与可持续消费之间的多方面关系[180]。Li 等考察了新媒体环境和环境规制对企业绿色技术创新的影响[181]。Nekmahmud 等使用扩展计划行为理论，分析了社交媒体营销和社交媒体使用如何积极影响消费者的可持续消费行为[182]。另一方面，随着大数据和人工智能技术的发展，学者尝试使用文本挖掘方法从大量的文本、图片、音频和视频数据中提取有价值的信息。有学者基于微博或推特等社交媒体数据，使用深度学习方法对绿色消费[183]、反食品浪费[184]、垃圾分类[185]和环保政策[186]等网络信息进行了情感分析和主题建模。这类研究弥补了问卷和访谈方法在抽样和分析阶段涉及主观判断的缺陷。

2）中国绿色消费研究脉络

在关键词共现和聚类图谱中，网络中有 732 个节点，786 条连线，聚类模块值为 0.8533，平均轮廓值为 0.9536。低碳经济、绿色消费、循环经济、碳排放、影响因素等内容是绿色消费研究的核心关键词；从 2021 年开始，碳中和及碳达峰成为绿色消费研究的核心关键词。这种转变可能反映了中国学者对气候变化和碳减排目标的强烈关注，同时也折射了绿色消费领域在应对环境挑战和可持续发展方面的新趋势和需求。关键词聚类图的前 20 个团簇，代表了该领域的热点话题。根据聚类标签和文献整理，可以将绿色消费研究归纳为三个主题：① 研究理念（#0 碳达峰，#1 低碳，#2 循环经济，#3 低碳经济，#6 人与自然，#7 低碳消费，#8 低碳发展，#12 绿色消费，#13 消费升级，#15 绿色发展）。② 研究对象（#4 政府采购，#5 绿色营销，#9 大学生，#10 低碳旅游，#14 低碳农业，#16 绿色食品，#17 碳排放，#18 绿色壁垒）。③ 影响因素（#11 驱动因素，#19 影响因素）。

根据关键词时间线图可以分析每个聚类的历史成果。从研究理念来看，学者从 2005 年开始重视绿色可持续消费观念，并解析其发展过程中的问题和提出应对方法[187]。从 2005 年到 2008 年，循环经济、低碳经济、人与自然、低碳消费和低碳发展等观念深入人心。2009 年之后，绿色消费升级成为研究的切入点，原因可能是消费升级有促进消费观念和模式向可持续转变的能力。从研究对象来看，学者最早在 1998 年开展了绿色营销的研究[188]，认为薄弱的绿色消费意识和不健全的政策体系是导致中国企业与发达国家企业绿色营销形成差距的重要原因。从 2005 年开始，绿色消费研究对象更加多样化，包括政府采购、大学生、低碳旅游、低碳出行、低碳农业和绿色食品等[189, 190]。尤其是近三年，学者将绿色消费与“双碳”目标结合，对普惠金融[191]、垃圾分类[192]、快递包装[193]进行了深入分析。从影响因素来看，支付意愿（willingness to pay，WTP）[194]、政府监管[195]、社会规范[196]、个人规范[197]、社会认同[198]等外部干预、个体心理和社会因素驱动了绿色消费行为。

根据关键词时区图可以分析绿色消费研究脉络。本书将中国政府颁布的与绿色消费相关的重点政策和关键词频次相结合，总结出“绿色产业+绿色营销—政策导向+多元发展—‘双碳’+数字化”的中国绿色消费研究三阶段演化过程。

第一阶段（1998—2009 年）：绿色产业和绿色营销是本阶段的研究中心。一方面，本阶段着重研究企业产品（如化妆品、食品和中药）的绿色开发和营销[199, 200]。另一方面，绿色旅游也被学者频频提及。绿色旅游的目标是尽可能减少旅游活动对环境的负面影响，其中包括减少碳排放、保护自然资源以及促进生态平衡。张小林与孙玮通过文献调研、深入访谈和数据统计，对比了传统营销与绿色营销之间的区别，并进一步从“绿色观念、绿色管理、绿色产品”三个维度出发，提出了针对西部体育旅游产业的绿色营销策略[201]。总之，本阶段是绿色消费研究的初步发展期，多数学者使用文献资料、问卷或访谈数据构建绿色营销、绿色旅游、绿色包装概念模型，然后使用结构方程模型观察变量之间的统计关系或者博弈模型模拟者之间的互动和他们的策略选择。

第二阶段（2010—2020 年）：中国学者开始注重国家颁布的关于绿色消费的政策，包括发展战略性新兴产业、增加企业绿色产品和服务供给与推广绿色消费模式等。从研究对象来看，本阶段依然重视研究绿色旅游，但不是从营销角度切入，而是致力于构建低碳旅游评价指标体系[202, 203]。此外，还对低碳农业[204]、低碳社区[205]和低碳管理[206]做了相关分析。张建平等认为影响绿色消费的内部因素是绿色消费观念（态度、主观准则和感知行为），外部因素是公共政策（政策法规、宣传教育、激励机制）和绿色供给水平[207]。盛光华和高键将消费者创新性和环境态度作为中介变量，构建了生活方式（时尚意识、领导意识、价格意识、发展意识）和绿色消费意愿的理论模型，并使用结构方程模型验证假设[208]。总之，本阶段将税收、政府补贴、激励和监管政策作为重要的外部干预措施，将主观准则、认知和感知等作为心理参考因素，使用统计模型、演化博弈和层次分析法研究了绿色消费的影响因素、探讨了绿色消费行为响应，构建了与绿色消费相关的评价体系。

第三阶段（2021 年至今）：在当前“双碳”背景下，绿色消费研究显得越发重要[209]。消费端的减碳行为成为实现“双碳”目标的重要途径之一。特别值得注意的是，绿色消费作为消费端减碳的主要举措之一，具有重要的战略地位。在大数据、区块链、人工智能和物联网等数字技术蓬勃发展的时期，绿色消费监管也发生了重大变革。王建明和赵婧构建了“信息嵌入式监管工具–路径启动机制–心理决策机制–产生效果”的解释框架，并使用因果中介分析方法验证了该工具对线上绿色消费行为监管的作用[210]。此外，有学者以居民为研究目标，分析了面子观念对环境规制和绿色低碳生活行为的调节作用[211]、环境态度对环境价值观和绿色行为的中介作用[212]。总之，本阶段虽然与数字化相关，但研究只是在该背景下收集问卷数据并建立理论模型，缺少使用大数据和人工智能方法的研究。

2. 国内外绿色消费研究前沿

关键词突现分析可以反映某个阶段的研究趋势和前沿。

1）国际绿色消费研究前沿

图 2-2 展示了国际绿色消费领域的 30 个关键词。关键词绿色营销和参与的突现时间等于或超过 15 年，意味着绿色营销和消费者绿色参与行为是国际绿色消费领域长期的核心研究。在此期间，生命周期评估和投入产出分析是常用的方法。

在 2019 年之后，仅有共享经济和中介作用是突现关键词，表明此时的研究重点开始转向新兴经济模式和技术在绿色消费领域的作用。比如，Huang 等应用文本挖掘技术从微博绿色消费信息中发现混乱的共享经济阻碍了绿色消费推广[183]。Tan 等基于消费价值理论和利他主义–利己主义价值理论，分析了共享经济平台的消费价值如何影响绿色消费实践和可持续的转售行为[213]。总之，在数字时代下产生的新模式如何塑造和促进绿色消费行为将成为未来的研究方向之一。

2）中国绿色消费研究前沿

图 2-3 展示了中国绿色消费领域的 25 个关键词。关键词绿色营销的突现时间是 1998 年，突现持续到 2009 年才结束，说明绿色营销是早期绿色消费研究的重点。而在传统营销模式向绿色营销模式转变的过程中，需要解决绿色壁垒[214]，进行政策选择[215]。此外，绿色物流的突现周期包含在循环经济的突现周期中，说明循环经济理念为绿色物流提供了思想支撑，同时两者还具有相互作用的关系[216]。循环经济的理念推动了对资源的高效利用，而绿色物流的可持续运输和物流管理系统为实现这一理念提供了支持。而 2010 年至 2016 年，关键词突现频繁，包含低碳经济、低碳消费、节能减排、低碳旅游和生态文明，这表示该阶段的研究不稳定，持续有新话题出现。根据突现时间包含 2020 年且至今仍在突现期的关键词及其文献，本书总结出了三个绿色消费领域可能的研究方向。

第一，聚焦绿色消费研究的重点对象。由关键词绿色发展、绿色金融、农户和绿色创新可得知目前绿色消费的重点研究对象。从经济视角来看，绿色金融在推动经济蓬勃发展方面发挥着关键作用[189]。从企业发展角度来看，绿色创新可以提高企业的社会绩效，进而推动绿色发展[189]。此外，农业领域有巨大的固碳减排潜力[217]，

关键词	年份	强度	起始年份	结束年份
绿色营销	2000	37.53	2000	2015
参与	2000	10.06	2000	2018
绿色消费	2002	6.26	2002	2013
可持续消费	2002	40.67	2003	2013
工业生态学	2003	14.98	2003	2017
生命周期评估	2003	9.43	2003	2016
能源需求	2005	7.40	2005	2013
反弹效应	2005	6.68	2005	2015
回收行为	2000	6.48	2005	2011
家庭消费	2006	9.74	2006	2015
环保态度	2006	9.60	2006	2013
生态足迹	2006	7.80	2006	2014
公平贸易	2007	9.84	2007	2018
可持续消费和生产	2008	9.50	2008	2012
生态公民	2008	6.96	2008	2018
投入产出分析	2008	6.74	2008	2015
范例	2008	6.56	2008	2013
环境管理	2001	9.94	2009	2016
政策	2001	9.47	2009	2016
市场	2006	9.32	2009	2013
政治	2009	6.31	2009	2018
习惯	2010	12.89	2010	2016
需求	2010	7.19	2010	2017
生态范式	2011	8.15	2011	2015
治理	2011	7.27	2011	2018
道德消费	2011	9.14	2013	2019
动态	2013	7.13	2013	2018
机遇	2017	6.71	2017	2019
共享经济	2017	8.00	2019	2020
中介作用	2016	6.54	2021	2024

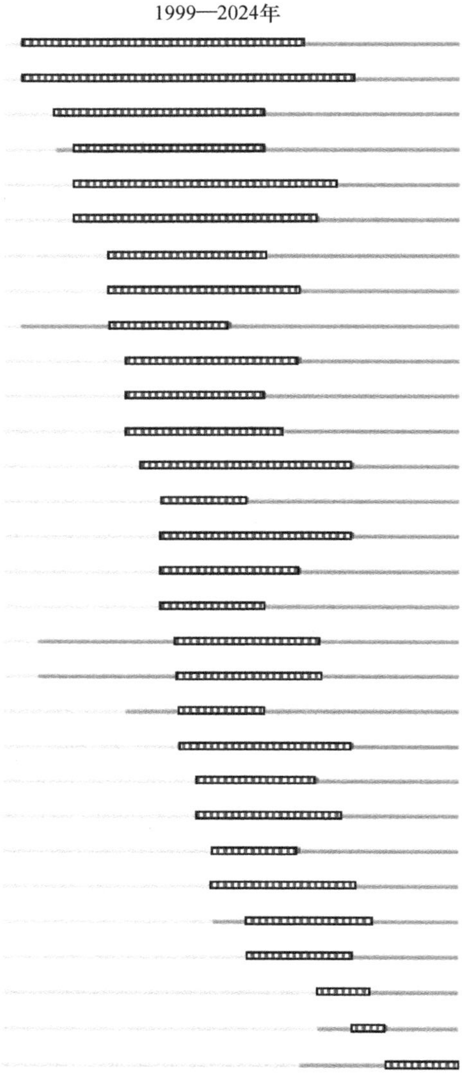

图 2-2　WoS 数据库绿色消费文献关键词突现分析

研究农户的环保行为和实践对于引领农业向低碳、环保转型有着显著的影响力。因此，金融和农业领域的绿色创新和绿色发展研究可能是需要持续关注的方面。

第二，运用更复杂的智能算法。关键词演化博弈和中介效应揭示了目前中国绿色消费领域常使用的方法。有关消费者绿色行为决策的理论构建和仿真始终是该领域的重点。目前相关研究已相对完善，结合了网络科学与复杂系统的理论来探讨绿色消费者如何影响新能源汽车的扩散[218]。未来可以运用更复杂的多智能体模型，考虑更多的因素和行为，探讨不同智能体之间的策略变化和影响。

关键词	年份	强度	起始年份	结束年份
绿色营销	1998	64.60	1998	2009
对策	1998	13.90	1998	2009
绿色壁垒	2002	11.80	2002	2008
循环经济	2005	54.98	2005	2009
消费	2005	9.81	2005	2009
绿色物流	2006	11.38	2006	2007
和谐社会	2006	9.26	2006	2008
绿色采购	2007	7.86	2007	2010
低碳经济	2007	122.92	2010	2013
低碳消费	2010	11.28	2010	2011
节能减排	2009	9.97	2010	2013
低碳旅游	2010	14.61	2011	2014
生态文明	2006	9.88	2013	2016
影响因素	2007	14.34	2014	2020
绿色发展	2012	30.23	2016	2023
演化博弈	2012	18.73	2017	2023
绿色金融	2017	9.68	2017	2023
碳减排	2012	12.94	2018	2023
环境规制	2018	12.79	2018	2023
绿色消费	2005	8.59	2018	2020
农户	2014	8.41	2018	2023
中介效应	2017	8.54	2019	2023
绿色创新	2020	7.93	2020	2023
碳中和	2021	32.89	2021	2023
碳达峰	2021	20.89	2021	2023

图 2-3　CNKI 数据库绿色消费文献关键词突现分析

第三，研究基于“双碳”背景的问题。该前沿由关键词碳中和与碳达峰体现。随着“双碳”目标的确立，涌现出了碳普惠、碳积分以及普惠金融等概念，吸引了学者的广泛关注和深入研究[219]。此外，“双碳”创新需要依赖科技，因此对数智化研究的迫切性也愈发凸显。

2.3.3　绿色消费 3.0 概念界定

通过对绿色消费研究趋势进行分析，本书总结了国际领域和中国领域绿色消费的演进历程，发现国内外绿色消费呈现相似的演进路径，即第一阶段都重视生产端的生产责任，第二阶段都重视政府政策的引领作用，第三阶段都开始探索消费者绿色情感的激发途径。本书将这三个阶段分别称作绿色消费 1.0、绿色消费 2.0 和绿色消费 3.0（图 2-4），且绿色消费 3.0 是当前国际社会发展的重点。

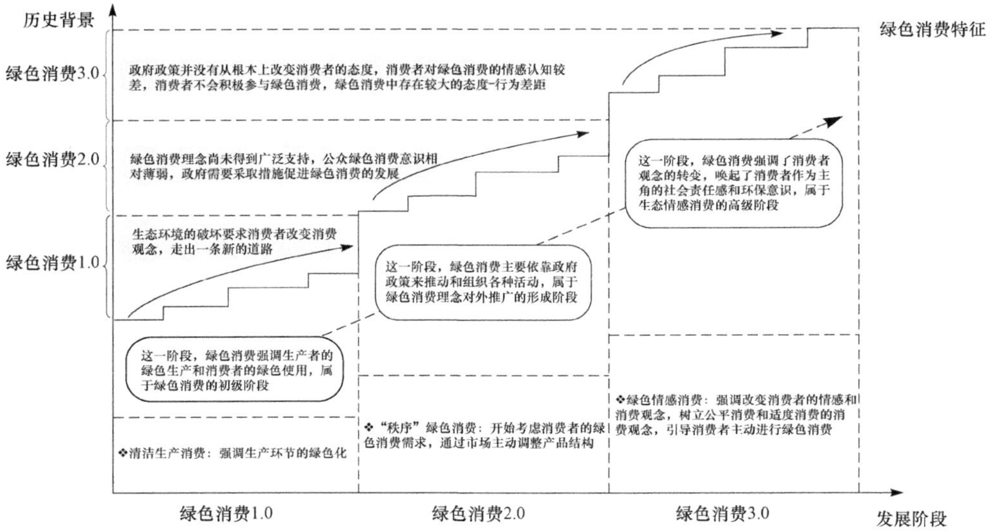

图 2-4　绿色消费演进历程

与绿色消费 1.0 和绿色消费 2.0 阶段相比，从消费理念视角看，绿色消费 3.0 升级主要体现在消费主体情感转变上。“互联网+”时代缩短了人们与产品之间的时空距离，全方位的数据交互和资源环境要素共享使得人们的生活方式发生了质的变革。人的情感需求日趋强烈，对美好环境的需求日益增强，在消费过程中也越趋向感性消费。这反应在消费者购买产品时满足其内心深处对环境的感性需求上，即对环境的需求越高，这种情感反应就越强烈。从消费主体视角看，绿色消费 3.0 升级主要体现在消费人群的扩散上。当前，在数字经济时代背景下，具有现实绿色消费意愿的消费人群以易于接受互联网技术的青年人为主，阿里研究院和阿里公益在联合发布的《2016 年度中国绿色消费者报告》显示 80 后的青年人是绿色消费的主要人群。随着互联网技术的广泛应用，绿色消费理念逐渐进入中高龄人群的生活，这些人群的被动消费模式逐步变为主动消费模式，由此形成了全社会绿色消费氛围。从消费客体视角看，绿色消费 3.0 升级主要体现在绿色消费模式的扩大上，绿色消费内容不再仅仅局限于绿色产品，除满足物质需求外，消费者对绿色服务的需求也增加了，绿色旅游、绿色金融等成为主要的消费内容，因此，绿色消费渗入了生活的每一个角落，融入了居民的日常生活中，绿色社区和绿色家居将成为未来的发展重点。从消费过程视角看，绿色消费 3.0 升级主要体现在消费行为模式的转变上，消费者应以主角身份参与产品的生产、交易和处置过程，并建立绿色市场，引领绿色产业链的发展。

情感是一种内化于心的态度体验，绿色消费 3.0 强调主体行为的改变是主动的。因此。绿色消费 3.0 的基本特征可以概括为以下几点。

（1）人本性。绿色消费 3.0 的核心是以人为本，强调消费者内心对环境情感的重要性，从而增强对绿色消费的心理归属感。

（2）非强制性。绿色消费 3.0 强调消费者的绿色消费行为不是在外在强制性力量的干预下产生的，而是其从内心自觉产生的。

（3）一致性。消费者绿色情感的产生本质上是个体内在价值观等心理因素的改变，在消费行为结构中具有较强的一致性特点，消费者的行为将会更为长久和稳定。

为了使读者更好地了解绿色消费 3.0 的内涵，本书定义绿色消费 3.0 为消费者在激发绿色消费情感的基础上，树立了绿色消费价值观，消费行为开始转变，消费者开始主动进行绿色消费，并注重生态消费和可持续消费，通过主动选择绿色消费模式，引领人与自然、经济与环境的协调发展。

随着时代的发展，绿色消费的内涵也将不断深化和丰富，国际社会已经走过了绿色消费 1.0 阶段和绿色消费 2.0 阶段，正在走向绿色消费 3.0 阶段。绿色消费 3.0 主要强调消费者的主体地位，通过转变消费者观念，树立公平消费和适度消费的消费观，保障代内和代际公平，实现经济和环境的可持续发展，且特别注重消费者资源环境情感建设，以及可持续消费观和生态消费观的建立。推动绿色消费 3.0 不但可以深入践行“绿水青山就是金山银山”的发展理念，还能为更深远地推进绿色生产和绿色发展提供需求侧的激励。

绿色消费在过去的 30 年里得到了很大的发展，虽然绿色消费具有诸多优点，但在发展过程中仍然存在很多障碍。当今社会，消费者往往对绿色消费行为表现出“情感冷漠症”特征，对“距离遥远”的生态环境问题避而远之。因此，绿色消费 3.0 阶段更应当注重激发消费者情感，让绿色消费行为内化为消费者自觉的行动。

当前国际社会正处于绿色消费 3.0 发展的新阶段，消费者绿色情感的建立将成为国际社会绿色消费未来发展的重点。以中国为例，当前我国已进入消费需求持续增长、消费拉动经济作用明显增强的重要阶段，绿色消费行为已经成为驱动中国生态文明建设的重要课题，消费者绿色情感的唤醒显得至关重要。上述分析表明，对于绿色消费，有些消费者虽心向往之但未必有所行动，或者虽心之未向却行之已动。上述两种情况具体表现为，一消费者具备较高的绿色消费意愿，但由于更加重视舒适、便利、高效等因素，绿色消费意愿未能转化为行为；二消费者未能理解绿色消费政策的目标和宗旨，仅仅是由于外部因素影响，如物质利诱、他人和社会影响等，而参与绿色消费活动，消费者不具备绿色消费行为的持续性。从政府政策目标群体的心理和行为状况来看，目标群体虽然响应并参与，但并不关心政策的目标、宗旨和价值理念，仅仅是“搭政策的便车”。可见，我国绿色消费仍存在激励不足、效率不高等问题，绿色消费的巨大潜力一直未能被有效挖掘，具有很强的不确定性，消费者的绿色情感还有待进一步提高，行为的转化与实施也有待进一步强化。

近年来，我国政府虽然出台了一系列政策推动绿色消费，消费者绿色消费意识较之以前也有了一定提高，越来越多的消费者表现出绿色消费意向，但总体上我国消费者的绿色环保及购买意识还比较淡薄，消费者绿色情感不高，尚未形成主动购买绿色产品的意愿，当前绿色消费市场还存在诸多瓶颈问题。通过文献研究发现，这些瓶颈问题具体体现在以下几个方面。

（1）绿色溢价。当前市场高估了消费者的绿色产品支付意愿，即使在有环保态度的人当中，很多人也不愿意购买绿色产品，其中一个重要原因是大部分绿色产品比非绿色产品昂贵，绿色产品存在溢价现象。由于受生产成本的影响，大部分绿色产品生产规模小，企业无法通过调整价格使绿色产品更有吸引力，消费者购买绿色产品要比购买普通产品所支付的成本高很多。

（2）绿色供给不足。首先，虽然绿色产品对企业提高生产力、降低成本、高效利用投入资源、减少废物处理和绿色转型至关重要，但绿色产品开发难度大、政府政策导向模糊和市场需求的不确定性导致企业生产绿色产品的风险较高，企业的生产意愿减弱。其次，政府缺乏相应的资金和技术支持，致使企业绿色产品研发成本高，且绿色产品具有一定的外部性。如果政府及其相关部门没有提供足够的资金和技术支持，企业对绿色产品的研发积极性自然就不会很高。即使企业愿意生产，产品短期的盈利能力也不得而知，一旦出现资金流动性不足、周转困难等问题，企业会在很大程度上放弃绿色产品的研发和生产，从而转向生产普通产品。再次，我国还未建立完善的绿色流通网络体系，尚未形成绿色产品的专营商店、专营连锁店等专门提供绿色产品的市场，这也会影响绿色产品的有效供给。最后，企业绿色营销体系建设较为滞后，缺乏对绿色产品市场的调研。虽然一些企业致力于开发和研究绿色产品，但由于无法了解当前绿色产品的市场份额、市场需求和消费者购买力，企业仍然实行传统的营销方式，没有建立全新的绿色营销模式，这在一定程度上制约了消费者对绿色产品的需求，限制了绿色消费的实现。

（3）绿色产品市场欺骗。绿色产品是一种以实现环境保护为目标的新型产品。然而，目前我国绿色产品市场鱼目混珠，消费者可获取的绿色产品信息有限，无法了解绿色产品的益处。与此同时，我国政府及其相关部门宣传“绿色食品标志”、“环境标志”和“绿色产品标识”等绿色标志的力度不够，使广大消费者难以辨别绿色产品和非绿色产品，企业也难以真正熟知绿色标志的申请和认证流程。这种情况很容易造成不良厂家盗用绿色产品商标生产、销售劣质产品，从而导致消费者权利受损，对绿色产品的信任度降低，进而阻碍了广大消费者对绿色产品的购买欲望和需求，不利于消费者维持绿色消费意愿。

（4）基础设施不完善。相比于非绿色产品，大部分绿色产品拥有更长的使用周期，在购置成本（包括时间成本）较高的情况下，绿色产品持续使用产生的经济效益会在一定程度上抵消其购置成本。然而，对于绿色产品的整个生命周期，我国政策导向集中在产品购置阶段，基础设施不完善（如产品服务延伸滞后、资源浪费和侵占公共资源）导致消费者后续使用体验感较差，从而出现减少甚至放弃使用绿色产品的现象。

（5）消费者的观念障碍。虽然消费者的绿色消费意愿在不断增强，但大多数消费者仍旧不了解绿色产品的内涵和具体信息，从而影响了消费需求。此外大多数消费者只从自身利益考虑消费需求，不考虑消费绿色产品对他人、社会的整体和长远利益，缺乏绿色消费的积极性。

综上所述，当前我国绿色消费市场较为混乱，绿色市场发展具有滞后性，已经不能充分应对绿色消费 3.0 发展的新趋势。针对一些前沿性的消费模式，现有的绿色消费市场风险机制可能会阻碍绿色市场发展甚至侵害消费者权益。因而，在绿色消费 3.0 阶段，我国政府应当构建高效、灵活、有机的适合当前国情的绿色消费监管体系，以解决目前我国绿色消费发展面临的瓶颈问题，进而推动绿色消费。推动绿色消费属于社会管理范畴。社会管理的基本手段是社会规范体系，体现在刚性管理和柔性管理两个方面。其中刚性管理包括法律、法规和政策等硬规范的运用，体现在政府通过制定和推行国家环保法律法规等来实施对各类主体绿色消费行为的强制性监督上，这种管理也被称作秩序监管。一般来说，强制性的监管能够明确生产端和消费端的权利和义务，充分发挥市场机制的调节效应[22]，从而顺利推行绿色消费。柔性管理包括道德、价值等软规范的运用，体现在政府通过价值与信任等体系的建设来促使生产企业、市场运营主体以及消费者各类主体绿色消费理念的情感认同上。随着经济社会的发展，柔性管理在社会管理中的地位和作用越来越突出，这种管理也被称作情感监管。情感监管旨在对各类主体自觉和主动地实施绿色消费行为进行激励性监督。此外，绿色消费不同于其他消费，绿色消费更注重消费者对绿色消费理念的情感认同。因此，绿色消费的监管机制具有一定的特殊性，与其他领域的监管存在很大差异。当前，中国政府对绿色消费市场的推动力较为不足，管理效率较低。在当前绿色消费 3.0 的发展背景下，要解决目前绿色消费的瓶颈问题，各国政府应基于“秩序-情感”视角，建立灵活有效的绿色消费市场监管机制，并对生产和消费行为的合法性、有效性、科学性、公平性和可持续性进行全面管理。此外，政府应当引导企业、社会组织和公众参与监督和管理过程，共同创造各主体间平等、自愿的协同治理氛围，这对绿色消费提档升级尤为重要。

第 3 章　绿色消费意愿影响因素的实证研究

3.1　绿色消费意愿研究的相关理论与方法

3.1.1　绿色消费意愿的定义

意愿又称为行为意向，表示个体采取某一行为的倾向程度和主观概率，是乐意做某件事的程度和倾向[220]。认知是指通过注意、记忆和交流等方式从外界接收的信息和知识。意愿与认知之间存在联系，认知为意愿提供了必要的基本信息，意愿是认知影响行为的必要过程。消费意愿是据意愿概念引申而来的，根据以往研究，这一概念起源于社会学和心理学两大领域，它不仅是指个体对某一对象的态度，还表示对该对象的反应倾向[221]。意愿是某种行为的思想倾向性，这种倾向可以是积极的，也可以是消极的。而行为意向是个体采取某一行为的自发性程度，当个体的意向越强时，越有可能采取该行为[222, 223]。

在绿色消费领域，张晶飞等在研究中指出，绿色消费意愿是个体愿意践行绿色消费行为的主观概率，并且绿色消费意愿对其消费行为具有较强的预测力度[224]。据此，绿色消费意愿是指消费者进行绿色消费时，受到内部心理如安于现状偏差、外部环境如其接收的信息等多种因素的影响，发生消费行为倾向的主观概率或可能性。消费意愿会在消费认知转变为消费行为这一过程中发挥关键作用，因而绿色消费意愿是绿色消费行为必要的内驱“引擎”。事实上，绿色消费意愿本质上是一种行为意愿，主要体现在少用一次性餐具、践行“光盘行动”、使用节能型产品、绿色出行等日常生活中[225]。因此，绿色消费意愿指居民在日常生活中实施绿色消费和低碳行为的倾向程度与主观概率，是低碳生活的重要体现[45]。

购买意愿的概念源于意愿的定义，引申为消费者愿意采取某种购买行为的概率。Mullet 和 Karson 认为消费者购买意愿的主要组成部分包括内在因素（自身对某产品或品牌的偏好）和外在因素[226]。Dodds 等认为购买意愿是消费者购买某产品或服务的倾向程度和主观概率[227]。关于购买意愿与购买行为之间的关系，相当多的文献认为购买意愿是预测个体购买行为的有效指标。基于绿色消费意愿和购买意愿的含义，本书将绿色消费意愿定义为消费者购买绿色产品的倾向和为实现这一目标而自愿付出努力的意愿[228]。

3.1.2　绿色消费意愿的影响因素

目前，绿色消费意愿的影响因素的相关研究已十分丰富，研究方向涵盖个体内部、外部环境等角度，如人口统计因素、消费者知识、价值观等个体内部因素，产品价格、产品标志、消费情景、参照群体等外部因素。

1. 个体内部因素

个体内部因素主要包括消费者自身的客观因素和主观因素。客观因素通常指年龄、性别、家庭结构、学历等人口统计因素。有学者通过研究发现，老年人和女性消费者的绿色产品购买和环保回收行为较多[229, 230]。相比于男性，女性具有更多的耐心和同情心，会表现出对环境的担忧，因而具有更高的绿色消费意愿[231]。受过更多教育的高学历消费者，掌握更多环保知识，对消费环境具有更清晰的认识，且对绿色消费持乐观积极的态度[232]。家庭收入水平是消费者绿色购买意愿的重要解释变量，收入高的消费者更能接受绿色消费偏高的价格[233, 234]。程红和杨荣芝发现，月收入在 8000 元以上的家庭具有深绿色消费者的特征，购买绿色产品的可能性达到 100%[235]。另外，Guo 在北京进行的调查发现，月收入低于 1000 元的家庭一般不会接受 5%的绿色产品溢价[236]。Granzin 和 Olsen 的研究指出，已婚人士往往比未婚人士更愿意节约能源，一个家庭的绿色产品数量与孩子的数量存在显著正相关关系，但是受经济负担的影响，孩子越多的家庭对环境溢价的接受程度越低[237]。

绿色消费意愿作为一种主观倾向逐渐得到认同，由于人口统计因素对绿色消费意愿的解释力较低，所以向绿色消费转型必须依赖于人们自身的心理和道德局限[238]。具体而言，绿色消费意愿的大幅提高要求消费者的环境保护意识以及思想道德约束普遍到达一定的高度。目前，从心理变量等主观因素探究绿色消费意愿影响因素成为研究绿色消费的热点。首先，价值观是绿色消费意愿的重要影响因素。Varshneya 等认为消费者的绿色消费意愿与集体主义有关[239]。Chan 和 Lau 提出，文化价值观在一定程度上会显著影响消费者的绿色产品购买态度和购买意愿[240]。同时，消费者的价值导向会显著影响绿色消费意愿，环保价值观越强的消费者，会越青睐环境友好型产品[241]。祖明等研究新能源汽车发现，消费者绿色消费意愿受到利他主义价值观的正向影响[242]。劳可夫和王露露的研究证实，中国传统价值观能够显著增强消费者的绿色消费意愿[243]。其次，分析消费者对于绿色产品的支付和购买意愿有必要考虑个体的态度和生活方式[244]。众多学者的研究结果证实了环保态度是绿色消费意愿的重要解释变量[208, 245]。陈转青等发现，消费者的绿色生活方式对于消费者的绿色消费意愿具有极大的积极影响[246]。罗丞通过对个体的绿色消费态度进行研究分析发现，对绿色环境持积极态度的消费者，越倾向于购买绿色食品[247]。最后，环境关心是绿色消费意愿的重要影响因素，其是指人们对环境退化的关注和对环境保护的支持。洪大用等的研究证实，不同年龄的中国居民对环境的关注度具有显著差异，通常而言，年长者对环境的关注度较低[248]。在生态保护红线的背景下，盛光华等指出环境关心对绿色消费意愿有正向的影响[109]。环保意识即个体节约保护资源的认知水平[249]，消费者的环保意识越强，越会感到自身环保责任的重大，绿色消费意愿就越强。此外，还有学者研究了感恩[250]、道德认同[110]、社会规范[251]等心理变量与绿色消费意愿之间的关系。

2. 外部环境因素

在社会和市场环境中，绿色消费意愿会受到外部环境因素的影响。目前，绿色消费意愿的外部环境因素研究主要涉及宣传因素、外部干预和产品因素。

首先，绿色消费宣传的影响不容忽视。相关主体主要包括企业、政府、媒体等，宣传内容主要包括绿色产品、消费理念和环境知识。Goldstein 等的研究建议尽可能多地采用描述性规范诉求，描述性规范诉求相比于传统诉求对消费者绿色消费意愿的增强更有效[124]。White 和 Simpson 在研究中指出，当消费者处于集体自我时，命令性规范诉求和描述性规范诉求更能激发消费者的可持续消费行为；当消费者处于个体自我时，描述性规范诉求和自我诉求更能激发消费者的可持续消费行为[252]。其次，外部干预是政府和企业干预绿色消费意愿的有效措施，具体包括经济刺激、信息刺激、政策刺激。Iyer 和 Kashyap 认为，经济刺激和信息刺激均对消费者的绿色消费意愿产生积极的引导作用，并且信息刺激的效果更加有效、长久[253]。政策刺激包括政府绿色采购[254, 255]、绿色消费税[256]、绿色产品认证[257]。最后，产品自身会对消费者绿色消费意愿产生一定程度的影响。Padel 和 Foster 认为，产品自身的健康属性是提高个体绿色消费意愿的关键“利器”[258]。除健康属性之外，张建平等通过研究证明，产品价格是消费者绿色消费意愿的重要解释变量，当绿色产品价格明显高于消费者的支付能力时，消费者支付溢价的意愿就会减少，消费者的绿色产品购买力会降低[207]。Sckokai 等通过微观调查发现，意大利消费者绿色产品的平均意愿溢价在 30%以内，高价格成为绿色产品大力推广的重要阻碍[259]。此外，绿色产品的包装以及认证标志也会产生显著影响。崔晓冬等指出，消费者在购买绿色产品时，会以外包装的绿色认证或环保标识作为产品绿色属性的重要依据[260]。因而消费类产品有必要在包装上规范性地说明产品的环保特征，以促进消费者践行绿色消费。综上所述，消费者的购买意愿与绿色产品本身的属性、价格和包装等相关。

另外，消费者所处的消费情景在很大程度上会影响消费者环保消费的决策行为。Goldstein 等的研究发现，外部环境压力会改变顾客的消费方式[124]。李志兰等研究中国消费者在“社会文化”环境下的消费行为发现，消费者的绿色消费行为更倾向于“他人导向”和“情景导向”，即消费者很容易受到周边个体或群体、外部情景环境的影响[261]。张红明和张文惠通过分析以往研究文献发现，绿色消费行为具有象征性功能，尤其是对于处于特定年龄阶段需要寻求身份认同的青少年，当其周围环境中，存在环境友好的形象时，会强烈激励其环境友好行为[262]。

此外，基于消费理论，不少学者对经济发展水平与绿色消费之间的关系进行了深入的研究。Liere 和 Dunlap 发现经济增长会显著促进消费者对环境的关心[263]。反之，Tanner 和 Kast 通过对瑞士居民的调查发现，社会经济发展水平对消费者绿色购买行为的促进作用没有通过显著性检验[85]。由于我国城市与农村在经济、文化、教育等方面存在显著差异，许多学者的研究证实城镇居民的绿色消费意愿明显高于农村居民[264-266]，这表明城镇化对绿色消费有积极的推动作用。

3.1.3 绿色消费意愿的测量方法

1. 社会调查法和实验法

目前，主流的绿色消费意愿测量方法为社会调查法和实验法。社会调查法指针对某一特定问题或现象，首先明确调查目标、地点和对象，其次采用问卷调查、小组讨论、深度访谈等方法对目标社会现象进行深入、系统的调查，最后整理、分析、归纳调查过程中获取的数据，进而得出科学合理的结论。在绿色消费意愿的研究中，主要采用社会调查法来研究影响绿色消费意愿的个体内部因素。目前，学者大多通过问卷调查的方式获取绿色消费意愿的测量数据。张晶飞等采用问卷调查法，以消费者倾向于转变日常习惯以践行绿色生活方式的可能性来衡量其绿色消费意愿[224]。Han 等采用利克特量表，对消费者选择绿色酒店为旅游居住地的消费意愿进行了测度[267]。赵晓迪等采用利克特量表，衡量了中国典型性城市 1000 名消费者的绿色消费态度[268]。Kenan 和 Michael 利用深度访谈的质性资料，对消费者购买和使用电动汽车的消费意愿进行了测度[269]。

实验法包括实验室实验法和自然实验法，是市场营销中常用的研究方法之一。在绿色消费意愿研究中，主流的研究方法是采用实验法研究绿色消费的外部环境因素。Zhao 和 Zhong 采用实验法，测算了不同运气感知水平的消费者的绿色消费意愿[270]。Griskevicius 等采用情景模拟法，通过考察被试者是否主动选择购买绿色产品来测度消费者的绿色购买意愿[126]。

另外，有部分学者综合使用社会调查法和实验法对绿色消费意愿进行了测度。王建明等首先利用焦点小组访谈的资料制作绿色情感诉求广告视频，其次将视频与测试量表合并为网络问卷，以此测量不同情感诉求下的个体绿色消费意愿[271]。

但是，社会调查法和实验法本质上都是自我报告式的测量方法，出于迎合社会价值观或调查者偏好这一动机，被调查者更倾向于夸大自身绿色消费偏好与意向，进而可能导致通过问卷或实验测量的消费者绿色意愿与真实水平存在明显的差异[272]。例如，Davies 等的研究证实，在被调查时自我表述参与过生活垃圾回收的群体中，高达 84%的个体在现实生活中并未践行这一行为[273]。同时还存在其他问题，如调研范围较小、产品种类较少、调研对象较少，抽样样本的代表性有待进一步考察，绿色消费意愿的动态演化趋势有待进一步挖掘。

2. 网络搜索数据测算法

囿于社会调查法和实验法数据的低频性、时滞性，越来越多的学者开始关注个体主动搜索的网络数据，该数据具有较强的时效性和便利性，能够精准地体现当前阶段个体的消费意愿及需求。

近年来，网络搜索数据与消费意愿、消费行为存在的内在关系逐步得到验证。许多学者认为网络搜索数据与消费者购买行为之间存在某种联系[274, 275]，且个体主动搜索的网络信息对其实际行为具有积极的引导作用[276]。目前，网络搜索数据在其他消费领域的需求预测研究颇为丰富，Vosen 和 Schmidt 的研究表明，相比于权威的调查指标（密歇根大学的消费者情感指数和美国世界大型企业研究会的消费者信心指数），以 Google Trends 平台搜索数据为样本数据的个体消费指标可以更加精准地预测个体消费行为[277]。张崇等和刘博等同样发现，相比于传统的预测方法，利用网络搜索数据来预测居民消费价格指数的准确度更高且时效性更强[278, 279]。

除应用于消费需求预测之外，网络搜索数据还可用于预测失业率发展趋势[280, 281]、汽车销售情况[282]、旅游客流量[283, 284]、酒店需求量[285, 286]等。但是，目前运用网络搜索数据预测绿色消费意愿的研究较少，相关研究有待深入展开。

虽然，网络搜索行为与消费行为可能存在相关关系，但直接利用网络搜索数据预测个体消费行为这一做法的科学性有待进一步探讨。网络搜索数据表示公众对某个产品或服务的搜索频次和关心程度，更多地体现公众的需求偏好，并不能完全解释公众具体的消费行为[287]。Shim 等利用网络搜索数据对消费者网上购物意愿进行预测，这一预测结果的精确度高[276]。Pauwels 等提出，即使消费者进行线下交易，消费者的互联网搜索数据仍对自身的消费意愿存在很强的解释能力[288]。因此，网络搜索数据在一定程度上可以有效衡量个体的消费意愿。

3.2 绿色产品购买意愿研究设计与实证分析

随着绿色消费市场的不断发展，为有效地引导居民购买绿色环保产品，本书以节能家电为代表，引入双通道心理账户理论，从消费者感知价值的视角，提出感知价值—双通道心理账户—购买意愿的理论模型，研究感知价值对绿色产品购买意愿的影响。

3.2.1 理论基础与研究假设

1. *感知价值和购买意愿*

感知价值作为管理领域重要的研究课题之一，被广泛应用于提高企业竞争力、预测顾客购买行为等方面[289]。Zeithaml 最早提出感知价值的概念，他认为感知价值是消费者权衡在购买过程中所感知到的利得（包括商品的内在属性、外在属性、感知质量和其他相关的高层次抽象概念）与其在获取产品或服务中所付出的成本（包括货币价格和非货币价格）后，对产品或服务效用进行的总体评价，并且感知价值取决于消费者进行评估的参照系[290]。换句话说，消费者的感知价值代表了其在产品中感知到的质量或利益和付出的成本之间的权衡[291]，即在感知利得和感知利失之间的权衡。从感知价值的多因素视角来看，Sheth 等认为消费者的感知价值包括功能价值（functional value，FV）、社会价值（social value，SV）、情感价值（emotional value，EV）、情景价值、认知价值五个维度[292]。但 Sheth 等同时指出这五种感知价值维度并不全部适用于所有消费情景。在绿色消费领域，Hur 等根据 Sheth 等的研究，选取了功能价值、社会价值和情感价值研究消费者满意度、消费者忠诚度以及感知价值的相互关系[293]。杨晓燕和周懿瑾提出了研究顾客感知价值的新维度：绿色价值（green value，GV）。他们认为绿色消费者在购买过程中，会表现出对环境的关注，这不仅是为了赢得他人的赞许或认同，也是为了建设绿色生态环境[294]。绿色价值是指绿色产品在减少环境污染、提高消费者环保意识等方面的效用。在一项调查消费者对绿色产品的感知价值与价格弹性之间的关系的研究中，学者发现绿色产品的感知价值可以显著提高消费者的购买意愿[295]。

感知价值是一个动态而非静态的概念，消费者处于不同情感氛围下，其感知价值也会发生不同的变化[296]。现实生活中，消费者通常通过比较产品的价格和质量来衡量其价值，会受到情景、产品特征、消费者特性以及消费动机等多种因素的影响。面对信息有限和信息模糊的绿色市场，消费者购买绿色产品一方面需要考虑自身利益需求，另一方面需要考虑公共利益需求，因此，消费者对绿色产品的解读和认知会影响其消费体验。故本书将绿色消费感知价值分为感知利得和感知利失两个方面，其中感知利得包括功能价值、社会价值、情感价值以及绿色价值，感知利失包括经济风险（economic risk，ER）和时间风险（time risk，TR）。功能价值指消费者在购买、使用绿色产品的过程中对绿色产品的质量、功能、自然属性等方面进行的主观评价；社会价值指消费者在购买、使用绿色产品过程中达到强化社会范畴内自我概念的作用，如得到社会群体认同、树立良好的社会形象等；情感价值指消费者从绿色产品或服务中获得的情感效用；绿色价值指绿色产品在减少环境污染、提高消费者环保意识等方面的效用；经济风险指消费者感知到购买的绿色产品的实际价值与支付的金钱不匹配的程度；时间风险指消费者在购买绿色产品过程中消耗的时间。由此，本章提出以下假设。

H3-1：感知价值对绿色产品购买意愿具有显著的影响。

H3-1a：感知利得正向影响购买意愿。

H3-1b：感知利失负向影响购买意愿。

2. 双通道心理账户和购买意愿

1980 年，Thaler 首次提出心理账户的概念[297]，用于描述有限理性的消费者通过内部控制系统来评估和控制其预算支出的心理过程[298]。心理账户理论认为人们在心里把财富划归到不同的账户进行管理，不同的心理账户有不同的记账方式和心理运算规则，因而常使个体的决策违背经济学上基本的“经济人”假设[299]。在此基础上，Prelec 和 Loewenstein 提出双通道心理账户理论，即人们在做出购买决策时存在一个双向通道的心理账户，其中一个通道记录了消费时体验到的快乐（消费的正效用）[300]，另一个通道记录了人们在支付时感到的疼痛（支付的负效用）。消费的快乐和支付的疼痛之间相互作用。当支付的负效用大于消费的正效用时，人们会感到此次消费是不值得的、痛苦的；当消费的正效用大于支付的负效用时，人们会感到此次消费是值得的、快乐的。为进一步解释消费的快乐和支付的疼痛之间的相互作用，Prelec 和 Loewenstein 引入了两个联结系数来表示消费与支付的紧密程度：α系数和β系数。α系数是指消费的快乐被支付的疼痛所降低的程度，即快乐弱化系数；β系数是指支付的疼痛被消费的快乐所降低的程度，即疼痛钝化系数。Soman 认为人们对耐用品（如洗衣机、饮水机）倾向于延迟消费，延迟消费可以更大程度地使支付的费用与消费的效用相匹配，从而减少支付的疼痛对消费的快乐的影响，使人们更好地享受消费的快乐[301]。进一步的研究发现具有较强成本效益联结的消费者会更注重自身获得的效益，他们更需要与成本相对应的消费价值[302]。Yeung 指出支付与消费的联结越紧密，支付的疼痛被消费的快乐所降低的程度就越大[303]。Li 等通过研究发现当居民的支付快乐越大时，感知利得与绿色住宅支付意愿之间的正向关联性就越强，感知利得对支付意愿的影响也就越大[304]。因此，本书引入双通道心理账户理论研究消费者感知价值的内部作用机制，探究消费者在进行绿色消费时的消费快乐和支付疼痛对绿色产品购买意愿的影响。由此，本章提出以下假设。

H3-2：双通道心理账户对购买意愿具有显著的影响。

H3-2a：快乐弱化系数负向影响购买意愿。

H3-2b：疼痛钝化系数正向影响购买意愿。

H3-3：感知价值对双通道心理账户具有显著的影响。

H3-3a：感知利得负向影响快乐弱化系数。

H3-3b：感知利得正向影响疼痛钝化系数。

H3-3c：感知利失正向影响快乐弱化系数。

H3-3d：感知利失负向影响疼痛钝化系数。

H3-4：双通道心理账户在感知价值—购买意愿路径中起显著的中介作用。

H3-4a：快乐弱化系数在感知利得—购买意愿路径中起显著的中介作用。

H3-4b：快乐弱化系数在感知利失—购买意愿路径中起显著的中介作用。

H3-4c：疼痛钝化系数在感知利得—购买意愿路径中起显著的中介作用。

H3-4d：疼痛钝化系数在感知利失—购买意愿路径中起显著的中介作用。

3. 消费敏感度和购买意愿

随着对消费需求理论的深入研究，有学者提出了消费习惯假说，即消费者当期的消费意愿会受到过去消费的影响，消费者的现期消费支出水平会同时受到现期收入、过去最高收入水平以及过去消费的影响[305]。Rick 等根据消费者消费敏感度（consumption sensitivity，CS）的不同将消费者分为吝啬者、挥霍者和无抵触者三类[306]。吝啬者对于花钱十分敏感，对于每一笔支出所产生的疼痛感都很敏感；挥霍者对于花钱较不敏感，会很快忘记支付所带来的痛苦；无抵触者介于两种类型之间[307]。消费敏感度是指消费者在日常消费中对价格的敏感程度。消费敏感度高的消费者，在做出购买决策之前往往会考虑更长的时间，更注重在权衡利得与利失后实际所获得的消费效用的大小，如果在消费了之后，没有得到他们所期望获得的效用，那么他们会很后悔，随之带来的支付疼痛更加强烈。而消费敏感度低的消费者则没有出现这种现象，所以不同消费敏感度的消费者在购买过程中感受到的消费快乐和支付疼痛会不同。由此，本章提出以下假设。

H3-5：消费敏感度在感知价值—购买意愿路径中起显著的调节作用。

H3-5a：消费敏感度在感知利得—购买意愿路径中起显著的负向调节作用。

H3-5b：消费敏感度在感知利失—购买意愿路径中起显著的正向调节作用。

H3-6：消费敏感度在双通道心理账户—购买意愿路径中起显著的调节作用。

H3-6a：消费敏感度在快乐弱化系数—购买意愿路径中起显著的正向调节作用。

H3-6b：消费敏感度在疼痛钝化系数—购买意愿路径中起显著的负向调节作用。

综合以上研究假设，本书以绿色消费市场上的绿色产品为代表，综合考虑消费者的价值需求和情感需求，从感知利得和感知利失两方面分析消费者绿色产品购买意愿的影响因素；在此基础上引入双通道心理账户模型，考察消费者购买绿色产品感受到的快乐程度和疼痛程度；构建消费者感知价值通过双通道心理账户协同作用于绿色产品购买意愿的理论模型，同时探讨消费敏感度的调节作用。假设模型如图 3-1 所示，感知价值为解释变量，绿色产品购买意愿为最终变量，双通道心理账户为中介变量，消费敏感度为调节变量。

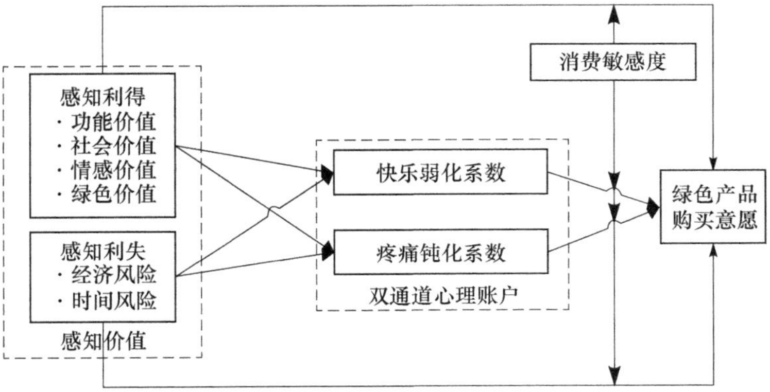

图 3-1　假设模型

3.2.2　研究设计与样本分析

1. 测量问卷设计

自变量的测量采用利克特五级量表，涉及功能价值、社会价值、情感价值、绿色价值、经济风险、时间风险以及消费敏感度七个变量。本章借鉴 Sheth 等[292]、刘威[308]、杨晓燕和周懿瑾[294]、Sweeney 和 Soutar[309]、Rick 等[306]的相关量表，并根据研究目的，结合相关领域研究专家的意见，剔除或修改了一些表达模糊的题项，形成了测量量表，见表 3-1。

表 3-1　测量量表

测量变量	测量题项
功能价值（FV）	绿色产品的质量稳定（FV1）
	使用绿色产品能够节约能源（FV2）
	使用绿色产品能够节省电费、水费等相关生活支出（FV3）
社会价值（SV）	购买绿色产品可以改善别人对我的看法（SV1）
	购买绿色产品可以帮我留给别人一个好印象（SV2）
	购买绿色产品可以帮我赢得更多人的赞许（SV3）
	购买绿色产品可以让别人觉得我非常有社会责任感（SV4）
情感价值（EV）	使用绿色产品时，我感到很放松（EV1）
	使用绿色产品能带给我愉快的感觉（EV2）
绿色价值（GV）	使用绿色产品有助于改善生态环境（GV1）
	使用绿色产品有助于提高人们节能减排的意识（GV2）
	使用绿色产品有助于社会可持续发展（GV3）
经济风险（ER）	我担心绿色产品的定价不合理（ER1）
	我担心绿色产品不能物有所值（ER2）
时间风险（TR）	充分了解绿色产品的相关性能可能需要花费我大量时间（TR1）
	平时生活节奏快，我不想在绿色产品的选购上花费大量时间（TR2）
消费敏感度（CS）	我对花钱感到不安或焦虑，有时我不愿意支付我应该支付的费用（CS1）
	如果遇到商场打折促销，但是想到还要花钱，我就会什么都不买（CS2）

2. 样本描述

本书在问卷星中编辑测试问卷，通过线上与线下相结合的方式发放调研问卷，共发放问卷 867 份，其中线上回收问卷 581 份，线下回收问卷 207 份。对问卷进行整理后，剔除无效问卷，最终得到有效问卷共 745 份，回收有效率为 85.93%。表 3-2 为样本结构分布。从样本的性别来看，男女比例分布大致均匀；从年龄（周岁）来看，被试者主要分布在 18—45 岁；从学历来看，被试者主要集中在本科学历；从月收入来看，大多数被试者月收入在 8000 元及以下。总体上，被试者样本人口统计特征分布与城镇居民人口分布情况相近。

表 3-2　样本结构分布

项目	类别	人数	比例
性别	男	380	51.0%
	女	365	49.0%
年龄	18—25 岁	207	27.8%
	26—35 岁	209	28.1%
	36—45 岁	170	22.8%
	46—55 岁	136	18.3%
	56 岁及以上	23	3.1%
学历	高中及以下	117	15.7%
	专科（高职）	120	16.1%
	本科	401	53.8%
	硕士及以上	107	14.4%
月收入	3000 元及以下	219	29.4%
	3000—5000 元（含）	200	26.8%
	5000—8000 元（含）	193	25.9%
	8000 元以上	133	17.9%

注：数据之和不为 100%是修约所致

3. 信度和效度检验

本书运用 SPSS 24.0 进行探索性因子分析，检验测量量表的收敛效度和区别效度。自变量（包括功能价值、社会价值、情感价值、绿色价值、经济风险、时间风险和消费敏感度）测量量表探索性因子分析结果显示 KMO（Kaiser-Meyer-Olkin）值为 0.872（＞0.7），并通过了 Bartlett（巴特利特）球形检验（p＜0.000），总的方差解释率为 82.72%。各测试指标在其潜变量上的因子荷载均＞0.5，说明测量量表具有较好的收敛效度；在其他潜变量上的因子荷载均＜0.5，说明测量量表具有较好的区别效度。

本书运用结构方程建模软件 AMOS 24.0 进行验证性因子分析，检验测量量表的结构效度。所有因子荷载的概率值（p-value，p 值）都小于 0.001，说明潜在变量对测量变量的解释都是有意义的。一阶验证性因子分析的模型拟合指数的卡方自由度比（chi-square minimum/degrees of freedom，CMIN/df）为 2.795，残差均方根（root mean square residual，RMR）为 0.036（＜0.100），均方根误差近似值（root mean square error of approximation，RMSEA）为 0.053（＜0.100），拟合优度指数（goodness of fit index，GFI）为0.947（>0.900），调整拟合优度指数（adjusted goodness of fit index，AGFI）为 0.921（>0.900）。二阶验证性因子分析的模型拟合指数 CMIN/df=2.780，RMR=0.040（<0.100），RMSEA=0.049（<0.100），GFI=0.958（>0.900），AGFI=0.937（>0.900），模型拟合良好，量表具有较好的结构效度。

本书运用 SPSS 24.0 检验量表的信度，结果显示功能价值、社会价值、情感价值、绿色价值、经济风险、时间风险和消费敏感度的克龙巴赫α系数（Cronbach's α coefficient）分别为 0.782、0.928、0.872、0.905、0.876、0.782、0.722，均超过 0.7，表明量表具有良好的信度。表 3-3 为验证性因子分析及信度和效度检验结果。

表 3-3　验证性因子分析及信度和效度检验结果

测量变量	测量题项	因子载荷	Cronbach's α系数
功能价值	FV1	0.731	0.782
	FV2	0.747	
	FV3	0.698	
社会价值	SV1	0.879	0.928
	SV2	0.912	
	SV3	0.894	
	SV4	0.793	
情感价值	EV1	0.722	0.872
	EV2	0.718	
绿色价值	GV1	0.874	0.905
	GV2	0.848	
	GV3	0.847	
经济风险	ER1	0.887	0.876
	ER2	0.867	
时间风险	TR1	0.724	0.782
	TR2	0.827	
消费敏感度	CS1	0.840	0.722
	CS2	0.873	

3.2.3　数据分析

1. 相关分析与主效应分析

表 3-4 为变量之间的皮尔逊相关系数。由表 3-4 可知，多数变量之间的相关系数均在 0.01 的显著性水平上显著相关。功能价值、社会价值、情感价值、绿色价值、时间风险与购买意愿之间的相关系数均在 0.01 的显著性水平上显著相关。功能价

值、社会价值、情感价值、绿色价值与购买意愿显著正相关，即被试者感知到的功能价值、社会价值、情感价值和绿色价值的程度越高，其购买绿色产品的意愿越强；经济风险、时间风险与购买意愿显著负相关，即个体感知到的经济风险、时间风险的程度越低，其购买绿色产品的意愿越强。并且，通过对比感知利得、感知利失与购买意愿的相关系数可发现，较感知利失包含的两个维度（即经济风险、时间风险）与购买意愿的相关性，感知利得所包含的四个维度（即功能价值、社会价值、情感价值、绿色价值）与购买意愿的相关性更强。另外快乐弱化系数与购买意愿显著负相关，即快乐弱化系数越小，个体的消费快感越高，个体购买绿色产品的意愿越强；疼痛钝化系数与购买意愿显著正相关，即疼痛钝化系数越高，个体的支付疼痛越低，个体购买绿色产品的意愿越强。

表3-4 变量之间的皮尔逊相关系数

变量	功能价值	社会价值	情感价值	绿色价值	经济风险	时间风险	快乐弱化系数	疼痛钝化系数	购买意愿
功能价值	1.000								
社会价值	0.524**	1.000							
情感价值	0.591**	0.622**	1.000						
绿色价值	0.611**	0.393**	0.634**	1.000					
经济风险	−0.057	−0.078*	−0.050	0.046	1.000				
时间风险	−0.063	−0.007	−0.056	0.003	0.689**	1.000			
快乐弱化系数	−0.480**	−0.406**	−0.533**	− 0.420**	0.107**	0.104**	1.000		
疼痛钝化系数	0.164**	0.130**	0.183**	0.157**	−0.213**	−0.173**	−0.279**	1.000	
购买意愿	0.449**	0.273**	0.377**	0.426**	−0.093*	−0.112**	−0.624**	0.235**	1.000

**为在0.01显著性水平上显著，*为在0.05显著性水平上显著

暂不考虑不同消费敏感度对绿色产品购买意愿的影响的差异，本章利用AMOS 24.0软件对假设模型进行路径分析。图3-2为假设模型路径分析结果。由图3-2可知，感知利得—购买意愿的路径系数在0.001显著性水平上显著，感知利失—购买意愿的路径系数在0.01显著性水平上显著，感知利得对购买意愿有显著的正向影响，感知利失对购买意愿有显著的负向影响。H3-1、H3-1a、H3-1b得到验证。快乐弱化系数—购买意愿的路径系数在0.001显著性水平上显著，疼痛钝化系数—购买意愿的路径系数在0.05显著性水平上显著，快乐弱化系数与购买意愿呈显著的负相关关系，疼痛钝化系数与购买意愿呈显著的正相关关系，也就是说，支付的痛感对消费

的快感的影响越小时，消费者感受到购买绿色产品的快乐越多，消费者越乐意购买绿色产品。H3-2、H3-2a、H3-2b 得到验证。感知利得—快乐弱化系数、感知利失—快乐弱化系数、感知利得—疼痛钝化系数、感知利失—疼痛钝化系数路径系数均在 0.001 显著性水平上显著，故消费者对绿色产品的感知价值对消费者购买绿色产品感受到的消费的快感和支付的痛感均有显著影响，H3-3、H3-3a、H3-3b、H3-3c、H3-3d 得到验证。同时，对比各路径的系数可发现，相比于感知利得对疼痛钝化系数的影响，感知利得对快乐弱化系数的影响更大；相比于感知利失对快乐弱化系数的影响，感知利失对疼痛钝化系数的影响更大。

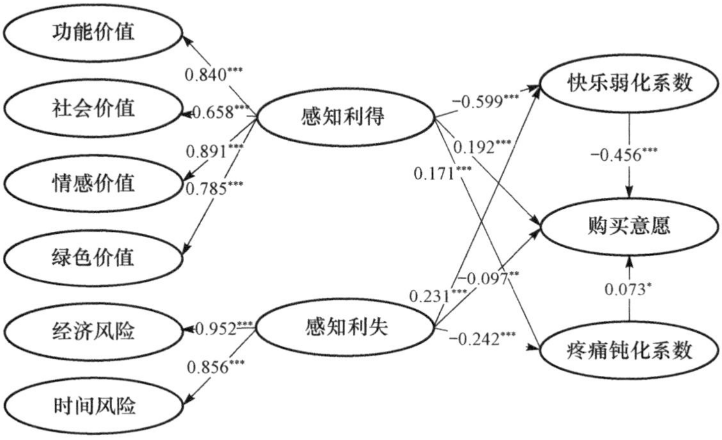

图 3-2 假设模型路径分析结果

***为在 0.001 显著性水平上显著，**为在 0.01 显著性水平上显著，*为在 0.05 显著性水平上显著

2. 中介效应检验

为分析双通道心理账户的中介作用，本章采用 2004 年 Preacher 和 Hayes 提出的自助法（bootstrapping）[310]，利用 AMOS 24.0 软件检验中介效应。表 3-5 给出了感知价值和双通道心理账户对购买意愿的直接效应检验结果。由表 3-5 可知，中介变量为快乐弱化系数时，感知利得对购买意愿的直接效应在 95%置信区间上的上限和下限都大于 0，且置信区间不包括 0，故感知利得对购买意愿的直接效应显著；同时，感知利失对购买意愿的直接效应在 95%置信区间上包括 0，故其对购买意愿的直接效应不显著。中介变量为疼痛钝化系数时，感知利得对购买意愿的直接效应在 95%置信区间上的上限和下限都大于 0，且置信区间不包括 0，则其对购买意愿的直接效应显著；同时，感知利失对购买意愿的直接效应在 95%置信区间上包括 0，则其对购买意愿的直接效应不显著。

表 3-5　感知价值和双通道心理账户对购买意愿的直接效应检验结果

最终变量	中介变量	解释变量	直接效应	95%置信区间	
				上限	下限
购买意愿	快乐弱化系数	感知利得	0.269	0.391	0.149
		感知利失	−0.052	0.015	−0.119
	疼痛钝化系数	感知利得	0.487	0.573	0.400
		感知利失	−0.056	0.025	−0.143

表 3-6 为感知价值和双通道心理账户对购买意愿的间接效应检验结果。由表 3-6 可知，中介变量为快乐弱化系数时，感知利得对购买意愿的间接效应在 95%置信区间上的上限及下限都显著大于 0，置信区间不包括 0；同时，感知利失对购买意愿的间接效应在 95%置信区间上的上限及下限都小于 0，置信区间不包括 0，因此，感知价值和快乐弱化系数对购买意愿的间接效应显著。中介变量为疼痛钝化系数时，感知利得、感知利失对购买意愿的间接效应在 95%置信区间上都不包括 0，因此，感知利得、感知利失和疼痛钝化系数对购买意愿的间接效应显著。结合表 3-5 和表 3-6 的结果来看，快乐弱化系数在感知利得—购买意愿路径中起部分中介作用，在感知利失—购买意愿路径中起完全中介作用；疼痛钝化系数在感知利得—购买意愿路径中起部分中介作用，在感知利失—购买意愿路径中起完全中介作用。H3-4、H3-4a、H3-4b、H3-4c、H3-4d 得到验证。

表 3-6　感知价值和双通道心理账户对购买意愿的间接效应检验结果

最终变量	中介变量	解释变量	间接效应	95%置信区间	
				上限	下限
购买意愿	快乐弱化系数	感知利得	0.277	0.345	0.209
		感知利失	−0.088	−0.011	−0.154
	疼痛钝化系数	感知利得	0.028	0.048	0.014
		感知利失	−0.052	−0.029	−0.084

综上，双通道心理账户在感知价值与购买意愿之间起显著的中介作用，且对比快乐弱化系数与疼痛钝化系数的中介效应可发现，快乐弱化系数的中介效应较大，疼痛钝化系数的中介效应较小。从整体上看，快乐弱化系数对感知利得—购买意愿的间接效应为 0.277，对感知利失—购买意愿的间接效应为-0.088；疼痛钝化系数对感知利得—购买意愿的间接效应为 0.028，对感知利失—购买意愿的间接效应为-0.052。这表明，相比于购买绿色产品支付时感受到的疼痛，消费者更看重的是消费的快乐。

3. 调节效应检验

由于自变量和调节变量均为连续变量，故采用分层回归分析方法检验消费敏感度在居民绿色产品购买决策过程中的调节效应。首先检验消费敏感度对感知价值—结果变量路径（即感知利得—购买意愿、感知利失—购买意愿）的调节效应。表 3-7 为消费敏感度在感知价值—购买意愿路径中的调节效应检验结果。由表 3-7 可知，感知利得和消费敏感度交互项的系数在 0.05 的显著性水平上不显著，则消费敏感度对感知利得—购买意愿路径不存在调节效应；感知利失和消费敏感度交互项的系数在 0.01 的显著性水平上显著，则消费敏感度对感知利失—购买意愿路径起显著的调节效应。H3-5b 得到验证，H3-5、H3-5a 未得到验证。图 3-3 为消费敏感度在感知价值—购买意愿路径上的调节效应图。由图 3-3 可知，感知利得和感知利失对购买意愿都有显著影响，对于低消费敏感度的消费者来说，其购买意愿显著高于高消费敏感度的消费者；并且同高消费敏感度个体对比，低消费敏感度个体的绿色产品购买意愿更易受到感知利失的影响。

表 3-7　消费敏感度在感知价值—购买意愿路径中的调节效应检验结果

变量	购买意愿					
	模型 3-1	模型 3-2	模型 3-3	模型 3-4	模型 3-5	模型 3-6
感知利得	0.513***	0.500***	0.500***			
感知利失				−0.091**	−0.050	−0.077***
消费敏感度		−0.144***	−0.152*		−0.153***	−0.164***
感知利得×消费敏感度			0.054			
感知利失×消费敏感度						0.073**
R^2	0.194	0.224	0.121	0.013	0.044	0.054
F	180.613	28.920	71.251	9.825	24.445	14.315

***为在 0.001 显著性水平上显著，**为在 0.01 显著性水平上显著，*为在 0.05 显著性水平上显著

其次检验消费敏感度在中介变量—结果变量路径（即快乐弱化系数—购买意愿、疼痛钝化系数—购买意愿）中的调节效应。表 3-8 给出了消费敏感度对双通道心理账户—购买意愿的调节效应检验结果。由表 3-8 可知，快乐弱化系数和消费敏感度交互项的系数在 0.05 的显著性水平上不显著，故消费敏感度对快乐弱化系数—购买意愿路径不存在调节效应；疼痛钝化系数和消费敏感度交互项的系数在 0.001 的显著性水平上显著，故消费敏感度对疼痛钝化系数—购买意愿路径起显著的调节效应。H3-6b 得到验证，H3-6、H3-6a 未得到验证。图 3-4 为消费敏感度对双通道心理账户—购买意愿的调节效应。由图 3-4 可知，快乐弱化系数和疼痛钝化系数对购买意愿均有显著的影响，高消费敏感度个体与低消费敏感度个体的购买意愿随快乐弱化系数变化而变化的幅度相近，但相对于高消费敏感度个体，低消费敏感度个体的疼痛

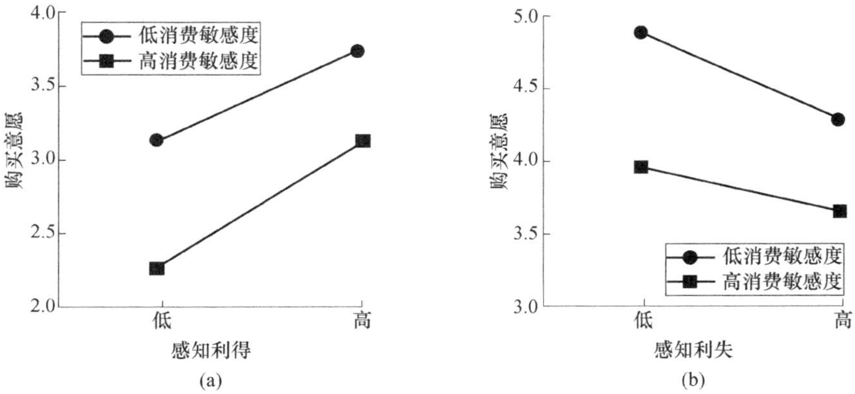

图 3-3　消费敏感度对感知价值—购买意愿的调节效应

钝化系数对绿色产品购买意愿的影响更大。

表 3-8　消费敏感度对双通道心理账户—购买意愿的调节效应检验结果

变量	购买意愿					
	模型 3-7	模型 3-8	模型 3-9	模型 3-10	模型 3-11	模型 3-12
快乐弱化系数	−0.571***	−0.555***	−0.504***			
疼痛钝化系数				0.163***	0.129***	0.130***
消费敏感度		−0.087***	−0.051		−0.105***	−0.108*
快乐弱化系数×消费敏感度			−0.020			
疼痛钝化系数×消费敏感度						−0.083***
R^2	0.391	0.402	0.403	0.058	0.071	0.090
F	483.150	13.391	168.228	45.889	10.831	24.586

***为在 0.001 显著性水平上显著，*为在 0.05 显著性水平上显著

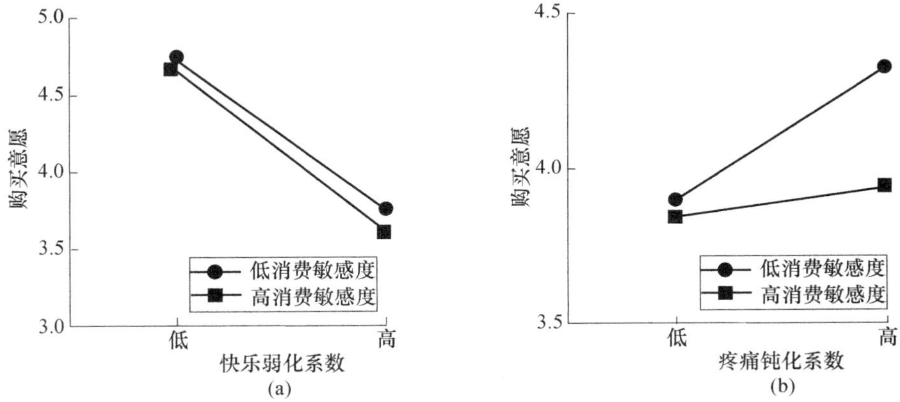

图 3-4　消费敏感度对双通道心理账户—购买意愿的调节效应

3.2.4 研究结论

（1）个体对绿色消费的感知价值与绿色产品购买意愿显著相关，感知利得与购买意愿呈正相关关系，感知利失与购买意愿呈负相关关系，并且感知利得对购买意愿的影响大于感知利失对购买意愿的影响。这与 Miao 等的研究结论相似[311]，Miao 等认为感知利得对消费者的购买倾向有正向、积极的影响，感知利失对消费者的购买倾向有负向、消极的影响，并且感知利得对购买决策的影响效果大于感知利失对购买决策的影响效果。本书认为，相比于经济以及时间方面的风险，消费者更看重购买绿色产品带来的利益，包括功能需求的满足、自身社会形象需求的满足、情感需求的满足以及环保需求的满足，这些利得能够给消费者带来持续的愉悦感和成就感。因此，相对于感知利失来说，感知利得对绿色产品购买意愿的影响更加明显，提高绿色产品的功能和质量，满足消费者的社会价值需求、情感价值需求以及绿色价值需求，能够显著提高消费者对于绿色产品的购买意愿。

（2）双通道心理账户在消费者感知价值—购买意愿路径中的中介作用显著。快乐弱化系数反映了消费者购买绿色产品支付时感受到的痛感对消费时获得的快乐的弱化程度，疼痛钝化系数反映了消费者购买绿色产品获得的快乐对支付时感受到的痛感的钝化程度。消费者了解了绿色产品的相关信息、权衡了消费效用后，在感到购买绿色产品的利得大于利失时，会更容易感知消费的快乐，此时消费与支付的联结较弱，快乐弱化系数变小，疼痛钝化系数变大，进而消费者更容易感知到购买绿色产品是值得的，对绿色产品也就越认可，相应的购买意愿也就越高。

（3）相比高消费敏感度个体，低消费敏感度个体购买绿色产品的意愿更高。消费敏感度反映了消费者日常的消费状态，敏感度越高的消费者在消费时越谨慎，敏感度越低的消费者在消费时越轻率。高消费敏感度的消费者更加关注市场上绿色产品的相关信息，在权衡利得与利失时更加谨慎和保守，故其绿色产品的购买意愿也相对较低，低消费敏感度的消费者则与之相反。

（4）消费敏感度对感知利得—购买意愿、快乐弱化系数—购买意愿路径没有调节作用，对感知利失—购买意愿、疼痛钝化系数—购买意愿路径有显著调节作用。这表明，不同消费敏感度的消费者，在对绿色产品所带来的功能价值、社会价值、情感价值和绿色价值的感知程度上没有显著差异，进而购买绿色产品带来的利得对其购买意愿的影响也没有显著差异。但消费者对购买绿色产品带来的经济风险及时间风险的感知有明显不同，本书的研究结论表明消费敏感度较低的个体相比消费敏感度较高的个体，其绿色产品的购买意愿更易受自身感知的经济风险、时间风险和疼痛钝化系数的影响，其损失规避心理更强。因此，采取相应措施降低消费者的损失和提高消费的快乐，降低消费和支付的联结程度，如消费者在购买绿色产品的同时赠送相应礼品、提供方便快捷地查询绿色消费相关产品信息的渠道等，能够有效提高低消费敏感度的消费者对于绿色产品的购买意愿。

3.3　绿色产品溢价支付意愿实证研究

推广和使用绿色产品是改善生活环境、减少资源消耗与浪费的重要途径。绿色产品由于其绿色属性，价格往往高于一般产品，信号理论认为购买绿色产品能有效传递公众的亲社会信号，因此本书立足于绿色产品的溢价特征，构建了公众绿色产品溢价支付意愿的理论和定量研究模型，深入研究了消费者对绿色产品溢价的可接受度。

3.3.1　理论基础

1. 绿色产品溢价

当前，关于绿色产品的定义主要有以下三种：一是从产品的生命周期角度出发，绿色产品是指在其整个生命周期（包括原材料获取、生产制造、运输、使用及废弃处置）中，对大气、土壤、水体等生态系统的危害较小，且资源能源消耗少、碳排放低的产品[312]。二是从消费者感知角度出发，如果消费者对产品有正向的、积极的绿色感知，主观认为产品具有环保、健康的特性，则该产品为绿色产品[313]。三是从技术认证角度出发，拥有权威的绿色认证、环保标识的产品为绿色产品[314]。本书将绿色产品定义为对环境有益、节约资源的产品。

由于其绿色特性，绿色产品的价格相对高昂。价格溢价指高于平均利润的价格[315]。绿色产品溢价是指消费者购买绿色产品所支付的实际金额超过其使用价值而用于绿色属性的部分[316]。当高质量产品的卖方能够收取高于高质量最低平均价格的价格时，可以将高价与竞争价之间的差额视为价格溢价[317]。消费者的支付意愿指消费者愿意为产品或服务花费的最大金额[318]。近年来越来越多的研究关注绿色产品的支付意愿和影响因素。例如，低排放混合动力汽车的购买者愿意为降低全球 CO_2 排放付出高价[319, 320]。

2. 信号理论

信号产生的根本原因在于信息不对称，售卖者和购买者拥有的信息量存在明显差异[321]。以何种方式来降低市场交易双方之间的信息不对称，是信号理论最基本的研究问题[322]。购买绿色产品之前，在对其进行评估的过程中，如果对方未曾提供完整而充分的信息，则购买者难以获得对称信息并做出客观判断[323]。对于消费者，信息不对称问题的存在使得他们更关注产品的质量评价。信号理论指出具有信息优势的一方为了避免处于信息劣势一方的逆向选择，可以通过向外界传递有效信息，达到减少信息不对称的目的[324]。信号发出者作为内部知情者，通常拥有外部人员无法获知的内部信息[325]。信号接收者作为外部人员，希望获取关于私人、产品、组织等的内部信息，但又经常无法直接获得[326]。如果信号接收者与信号发出者进行社会或经济的交换，信号发出者确实具有潜在的期望品质，则双方均可获利。但是信号发出者和信号接收者之间往往存在部分利益冲突[327]。一个信号必须是有效的，否则接收者会忽视它，拒绝与信号发出者进行交流。能够传递有用内容的信息通常被视作有效信号。只有追求产品质量的个体有能力或愿意承担产生该信号的成本时，该信号才是可靠的。

3. 支付意愿影响因素

1）绿色产品价值感知

产品的价值是消费者购买和消费的对象，消费者在购买产品时首先要感知产品价值，其次产生对应的意愿，最后做出决策[328, 329]。消费价值理论认为消费者在进行产品购买决策时会受到五个核心因素的影响：功能价值、社会价值、情感价值、条件价值和认知价值[259]。

消费价值理论已被广泛应用于绿色产品领域，用于分析绿色产品的消费价值如何影响个体对产品性能的判断和选择。产品的功能价值如耐用性、持久性、可靠性、价格和质量[330]，是绿色产品购买决策中消费者选择行为的主要驱动因素[331]。社会价值涉及个体对社会规范、群体认同或道德责任的响应。随着环保意识的增强和可持续发展理念的普及，消费者改变了他们的消费方式，开始选择绿色消费[332]。具有高社会责任感和环境道德感的消费者更倾向于做出符合环保要求的购买决策[333]。情感价值是产品通过激发用户情感或特定情感状态而产生的心理价值。绿色产品有利于个体身心健康和优化生态环境系统，进而使得消费者心中的愉悦感油然而生[334]。消费者感知到的情感价值越高，对绿色产品的重购意向就会越强烈[335]。条件价值是指在特定情景或者一系列情形下产品的感知效用。当产品或服务的使用与特定情景挂钩时，产品的条件价值便开始凸显，并对消费者绿色产品的选择决策造成一定的影响[336-338]。认知价值是指产品或服务满足消费者求知欲、好奇心或提供新知识、新体验所带来的价值。消费者通过选择绿色产品，可获得关于环保技术、可持续材料或生态影响的知识，满足其学习和理解环境问题的需求，这种知识获取和思维刺激本身即构成一种重要的消费驱动力。

2）价格敏感性

价格因素是绿色消费市场中的重要因素[339]。从经济学视角看，价格敏感性是指消费者购买特定数量的某一商品而愿意支付的最高价格，也被称为保留价格[340]。当价格敏感性延伸至消费者行为研究领域时，其表示个体对产品（或服务）的价格变化（或差异）的感知程度和反应程度[341]。价格敏感性主要关注个体面对价格及价格变化的反应，包括价格重要性、价格搜索倾向等维度[342]。

绿色产品的需求价格弹性较高，因而消费者对绿色产品价格较为敏感。由于绿色生产技术、环保原材料、营销宣传的再投入，绿色产品的价格稍高于普通产品。消费者的购买力有限，可能进一步导致绿色消费的减少[343]。由于需求观念的改变，公众普遍认识到绿色消费产品的成本高于普通产品，且已是既定事实，因而愿意支付高于普通产品的价格购买绿色产品，高出价格的范围在 10%以内[344]。

3）参照群体

在消费情景中，参照群体（reference group）是指在消费决策中用来比较、参考和模仿的个体或群体，对消费者的态度、观念和购买行为有显著的、重要的影响[345-347]。参照群体是与消费者直接、密切接触的群体，是消费者社交网络的重要组成部分，其对消费者的购买意愿和购买行为具有重要影响[348]。参照群体影响是一个多维度的构念，目前学术界普遍认可信息性影响、规范性影响和价值表达性影响三个维度的测量方式。信息性影响是指消费者出于消费风险最小化和购买决策最优化的动机，积极地从参照群体中搜索相关信息，进而对其购买行为产生的影响。规范性影响是指消费者遵循他人、群体偏好或迫于群体压力，对自身的购买决策产生的影响。价值表达性影响是指个体采取与渴望群体建立关联、与规避群体撇清关联的手段来强化自我正面形象，并且通过与参照群体消费上的一致性来实现自我价值而对购买决策产生的影响[349]。

消费者的绿色购买行为会受到参照群体的影响[350]。参照群体是消费者用以制定决策的重要外部线索。Welsch 和 Kühling 的研究指出，参照群体的消费模式是影响消费者环保行为的一个重要因素[351]。Gupta 和 Ogden 的研究发现，“群我意识”（对集体身份的认同）在一定程度上可以显著影响消费者的绿色购买行为[352]。Kim 等发现，参照群体的亲环境行为可以正向促进消费者的绿色购买行为[353]。Sobhanifard 和 Apourvari 运用 Matlab 神经网络工具箱和随机森林算法考察参照群体与绿色消费行为之间的关系，发现参照群体的性格特征相似度可以显著影响个体消费行为“绿色化”倾向程度[354]。

3.3.2　研究设计与样本分析

1. 变量测量

本书设计的调查问卷共分为四个部分。第一部分是受访者的人口统计学特征，如性别、年龄等基本信息。第二部分旨在从绿色产品自身、消费者个体、他人影响三个层面了解影响绿色产品溢价支付意愿的因素。第三部分从政策引导和媒体宣传两个方面了解情景因素对绿色产品溢价支付意愿的影响。第四部分测量了受访者针对绿色产品溢价的支付意愿。

本章的绿色产品价值感知从功能价值、情感价值、条件价值、绿色价值四个方面进行衡量。功能价值参考 Biswas 和 Roy 的量表[355]，情感价值和条件价值参考 Lin 和 Huang 的量表[330]，绿色价值参考葛万达等的量表[356]。价格敏感性从价格重要性和价格搜索倾向两个方面加以衡量。价格重要性参考 Sinha 和 Batra 开发的量表，包含四个题项[357]。价格搜索倾向参考 Lichtenstein 等的量表，也包含四个题项[358]。参照群体从信息性影响、规范性影响和价值表达性影响三个方面进行衡量，参考 Park 和 Lessig 的量表[345]。所有项目均使用利克特五级量表进行计算，范围为 1—5，分别表示“完全不同意”到“完全同意”。

假设绿色产品价值感知、价格敏感性、参照群体都对绿色产品溢价支付意愿产生了显著的影响，情景因素在中间起到了调节作用。在社会人口统计学变量中，绿色产品溢价支付意愿有着显著差异。研究模型如图 3-5 所示。

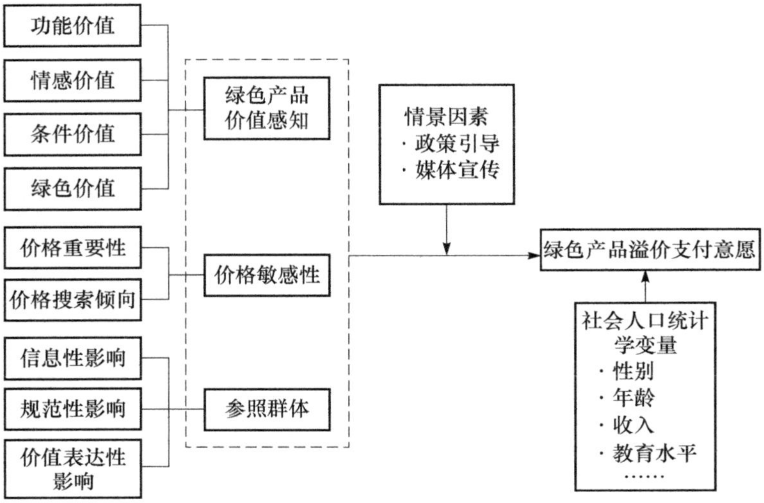

图 3-5　研究模型

2. 样本选择与数据获取

为了检验量表的可靠性，本书于 2020 年 4—5 月对样本地区的代表性城市居民进行了预调研，评估初始问卷的质量，并对问卷题项进行修正，以获得正式调研问卷。

在正式问卷发放之前，通过随机采样和重匹配采样方法选择不同年龄、不同性别、不同受教育水平的受访者作为调研对象，以保障样本的多样性、代表性和科学性。借助专业的问卷调查软件——问卷星，采用了网络问卷的方式进行问卷调查。为了确保问卷的答题质量，我们给予了每位答题者一定的奖励。借助微信、QQ 等通信平台，通过转发链接、扫描二维码的方式发放问卷。在调研过程中，向被调查者说明调研目的，并说明调研结果仅用于科学研究，同时强调问卷认真填写的重要性。本次调查共回收了 1065 份问卷，删除了漏答、连续八个以上选择相同选项，以及答题时间在 4 分钟以下的无效问卷，最终得到了 991 份有效问卷（有效问卷占比 93%）。正式调研的样本结构分布如表 3-9 所示。从性别来看，男女比例较为均衡。就年龄而言，年龄在 21—25 岁的受访者占 47.6%，年龄在 26—30 岁的受访者占 19.4%。45.3%的受访者具有大专/本科学历，52.5%的受访者的月收入超过 5000 元。通过比较早期和晚期受访者（比较所有变量的受访者的第一个四分位数与最后一个四分位数的均值）来检验有无回答偏差，结果显示无显著差异（$p>0.10$）。

表 3-9　样本结构分布

项目	类别	比例	项目	类别	比例
性别	男	47.5%	婚姻状况	已婚	32.4%
	女	52.5%		未婚	67.6%
年龄	20 岁及以下	8.7%	工作年限	1 年及以下	26.3%
	21—25 岁	47.6%		2—5 年	33.3%
	26—30 岁	19.4%		6—10 年	17.2%
	31—35 岁	12.7%		11—15 年	11.8%
	36—45 岁	7.6%		16—20 年	7.2%
	46—60 岁	3.6%		20 年以上	4.2%
	60 岁以上	0.4%	职业	学生	
学历	初中及以下	10.7%		政府部门工作人员	28.8%
	高中（中专/职高）	32.5%		一般工人或服务人员	9.7%
	大学（大专/本科）	45.3%		企业管理人员	15.5%
	硕士及以上	11.5%		工程技术人员	9.3%
月收入	3 000 元及以下	34.6%		科研、教育和环境卫生领域的人员	15.8%
	3 000—5 000 元（不含）	12.9%			10.6%
	5 000—10 000 元（不含）	29.0%		退休及家庭主妇	4.4%
	10 000—20 000 元（不含）	12.1%		其他	5.9%
	20 000—50 000 元（不含）	4.4%			
	50 000 及以上	7.0%			

3. 信度和效度分析

为了检验问卷的效度，本书对初始量表进行了预调研。预调研共调研了 211 份问卷，对绿色产品价值感知、价格敏感性、参照群体、绿色产品溢价支付意愿进行探索性因子分析，采用了 KMO 值和 Bartlett 球形检验、主成分分析方法和最大方差法，KMO 值分别为 0.740、0.733、0.815，Bartlett 球形检验结果分别为 616.960、861.105、1934.162，研究适合进行因子分析。接着对量表进行主成分分析，对各因子上的载荷值均小于 0.5 的题项进行删除操作后，对量表重新进行因子分析，得到的公因子方差提取值均大于 0.5，并且经过旋转之后形成的主因子题目均在两个及以上，修正题项后形成了正式量表。

量表信度的评估主要包括量表整体信度和潜变量信度两方面，通常采用 Cronbach's α值这一指标来衡量量表整体信度，以及采用 Cronbach's α值和组合信度（composite reliability，CR）两个指标来衡量潜变量信度。通过数据分析发现，三个量表的整体 Cronbach's α值分别为 0.71、0.82、0.74，均大于 0.7，说明量表整体具有可靠性；各潜变量的 Cronbach's α值在 0.624—0.842，CR 值在 2.341—11.234，均大于 0.6，表明量表通过了信度检验。

量表效度的评估主要包括内容效度和结构效度两个方面，其中，采用定性方法控制内容效度，考察量表的收敛效度和区别效度以检验结构效度。本书严格按照量表开发程序，在大量文献研究的基础上，邀请一位教授和四名博士生对问卷设计进行反复的讨论，本量表的内容效度较好，达到了科学研究的要求。此外，量表题项在相应的潜变量上的标准化因子载荷均大于 0.5，且均通过了显著性检验，相应的 AVE（average variance extracted，平均方差抽取量）在 0.501—0.820，AVE 均大于 0.5，表明量表的收敛效度良好；此外，潜变量的 AVE 的平方根均大于潜变量之间的相关系数，表明变量的潜在结构区别效度较好，量表通过了效度检验。

3.3.3　数据分析

1. 描述性统计和相关性分析

本书对相关变量进行了描述性统计分析，如表 3-10 所示。

由表 3-10 可知，公众对绿色产品溢价支付意愿的总体均值超过 3（Mean=3.38），仅 30%的受访者愿意为绿色产品支付溢价，仍有 29.9%的受访者不太愿意为绿色产品支付溢价，其中很不愿意和不愿意的人数占比分别是 10.5%和 19.4%，反映出公众对绿色产品溢价的支付意愿处于较低水平，公众对绿色产品溢价的支付意愿仍有较大的提升空间。在影响公众绿色产品溢价支付意愿的因素中，绿色产品价值感知的均值最高（Mean=3.67），最低的是参照群体（Mean=3.38）。在绿色产品价值感知的子维度中，绿色价值均值最高（Mean=3.79），表明公众对绿色产品的环境保护性感知最明显。进一步地，通过相关性分析发现，绿色产品价值感知、价格敏感性和参照群体都与绿色产品溢价支付意愿显著相关。此外，绿色产品价值感知与情感价值的相关性最高（r=0.678，p＜0.01），其次是绿色价值（r=0.655，p＜0.01），价格重要性最低（r=0.087，p＜0.01），该结果为本书接下来的分析提供了初步支持。

2. 差异性分析

本书采用单因素方差分析来检验绿色产品溢价支付意愿在社会人口统计学变量上是否存在显著差异。结果表明，公众对绿色产品的溢价支付意愿在婚姻状况、学历、工作年限、月收入和职业上存在显著差异。具体来说，在婚姻状况与绿色产品溢价支付意愿方面，已婚人士的均值为 3.51，高于总体样本的均值 3.38，未婚人士的均值为 3.31，低于均值，且 ANOVA（analysis of variance，方差分析）表明显著性水平 p=0.001＜0.05，说明婚姻状况对绿色产品溢价支付意愿具有显著影响。同样地，在其他社会人口统计学变量方面，可以发现绿色产品溢价支付意愿在学历（p=0.002）、工作年限（p=0.007）、月收入（p=0.044）和职业（p=0.003）方面存在显著差异。ANOVA 表明各变量均通过 5%的显著性水平检验，同时，多重结果

表 3-10　描述性统计分析

变量	Mean	SD	1.绿色产品价值感知	2.功能价值	3.情感价值	4.条件价值	5.绿色价值	6.价格敏感性	7.价格重要性	8.价格搜索倾向	9.参照群体	10.规范性影响	11.信息性影响	12.价值表达性影响	13.绿色产品溢价支付意愿
1.绿色产品价值感知	3.67	0.46	1.000												
2.功能价值	3.65	0.69	0.525**	1.000											
3.情感价值	3.50	0.89	0.678**	0.112**	1.000										
4.条件价值	3.74	0.68	0.586**	0.131**	0.142**	1.000									
5.绿色价值	3.79	0.73	0.655**	0.124**	0.253**	0.246**	1.000								
6.价格敏感性	3.61	0.56	0.145**	0.140**	0.050	0.077*	0.099**	1.000							
7.价格重要性	3.58	0.78	0.087**	0.105**	0.020	0.050	0.092**	0.761**	1.000						
8.价格搜索倾向	3.64	0.73	0.129**	0.101**	0.098**	0.064*	0.050	0.716**	0.091**	1.000					
9.参照群体	3.38	0.54	0.208**	0.132**	0.136**	0.101**	0.141**	0.148**	0.060	0.160**	1.000				
10.规范性影响	3.35	0.69	0.097**	0.111**	0.020	0.060	0.050	0.087**	0.050	0.081*	0.610**	1.000			
11.信息性影响	3.76	0.90	0.133**	0.060	0.095**	0.050	0.115**	0.110**	0.050	0.110**	0.680**	0.149**	1.000		
12.价值表达性影响	3.03	0.86	0.173**	0.093**	0.135**	0.088**	0.102**	0.092**	0.020	0.120**	0.672**	0.182**	0.108**	1.000	
13.绿色产品溢价支付意愿	3.38	0.85	0.232**	0.107**	0.129**	0.166**	0.171**	0.077*	0.073*	0.040	0.132**	0.079*	0.068*	0.113**	1.000

注：SD 为 standard deviation，标准差
**为在 0.01 显著性水平上显著，*为在 0.05 显著性水平上显著

说明已婚、硕士及以上学历、工作年限为 1 年及以下、月收入 50 000 元以上的工程技术人员的绿色产品溢价支付意愿水平最高。绿色产品溢价支付意愿在社会人口统计学变量上的差异如表 3-11 所示。

表 3-11　绿色产品溢价支付意愿在社会人口统计学变量上的差异

项目	社会人口统计学变量						
	性别	年龄	婚姻状况	学历	工作年限	月收入	职业
p			0.001	0.002	0.007	0.044	0.003
类别			已婚	硕士及以上	1 年及以下	50 000 元以上	工程技术人员

3. 回归模型分析

本章采用多元线性回归分析法，探讨不同影响因素对绿色产品溢价支付意愿的预测力。本章选取性别、年龄、婚姻状况、学历、工作年限、月收入以及职业为控制变量，将因变量绿色产品溢价支付意愿与自变量进行回归。回归分析结果如表 3-12 所示。

表 3-12　绿色产品溢价支付意愿影响因素回归分析结果

变量	绿色产品溢价支付意愿			
	回归系数	标准误差	t	p
（常数）		0.328	3.779	0.000
性别	−0.020	0.054	−0.621	0.535
年龄	0.300**	0.075	2.698	0.007
婚姻状况	−0.031	0.086	−0.667	0.505
学历	0.046	0.036	1.297	0.195
工作年限	−0.338**	0.076	−2.728	0.006
月收入	0.047	0.026	1.262	0.207
职业	−0.011	0.014	−0.296	0.767
功能价值	0.078*	0.040	2.430	0.015
情感价值	0.046	0.031	1.398	0.163
条件价值	0.099**	0.040	3.071	0.002
绿色价值	0.079*	0.039	2.375	0.018
价格重要性	0.064*	0.034	2.055	0.040
价格搜索倾向	0.004	0.037	0.140	0.888
规范性影响	0.015	0.052	0.348	0.728
信息性影响	0.019	0.046	0.451	0.652
价值表达性影响	0.066*	0.045	2.146	0.034

**为在 0.01 显著性水平上显著（双侧），*为在 0.05 显著性水平上显著（双侧）

从 t 值、p 值来看，回归模型的显著性水平及解释力尚佳。此外，本书引入了容忍度（tolerance）来检测自变量间的多元共线性以解决回归分析情景困扰问题。在此，容忍度数值介于 0.517—0.823，远远大于 0.1 的门限指标，说明各自变量间不存在多元共线性问题。在 0.05 的显著性水平上功能价值、绿色价值、价格重要性、价值表达性影响四个变量 p 值均低于门限值，说明其对绿色产品溢价支付意愿具有显著影响。然而，情感价值、价格搜索倾向、规范性影响、信息性影响四个变量 p 值均大于门限值，说明其未对绿色产品溢价支付意愿产生影响。此外，由模型的回归系数可知，条件价值（β=0.099）是影响公众绿色产品溢价支付意愿的最重要因素，而绿色价值的回归系数为 0.079，紧随其后，说明其是影响绿色产品溢价支付意愿的主要因素。

4. 调节效应分析

本章采用分层线性回归的方法来检验政策引导和媒体宣传对绿色产品价值感知、价格敏感性和参照群体作用于绿色产品溢价支付意愿路径关系的调节效应。首先检验绿色产品价值感知、价格敏感性和参照群体对绿色产品溢价支付意愿的影响，同时控制了社会人口统计学变量，其次将政策引导和媒体宣传两个调节变量加入模型中，最后检验交互项的影响。在尝试了多个模型后，发现以下几个模型是显著的，结果如表 3-13 和表 3-14 所示。

表 3-13 政策引导的调节效应检验

变量		绿色产品溢价支付意愿		
		模型 3-13	模型 3-14	模型 3-15
自变量	情感价值	0.129***	0.120***	−0.310**
	条件价值	0.166***	0.160***	−0.174
	绿色价值	0.171***	0.164***	−0.052
	规范性影响	0.079**	0.074**	−0.186
	价值表达性影响	0.113***	0.102***	−0.290**
调节变量	政策引导		0.058*	−0.352**
			0.061	−0.370*
			0.058*	−0.213
			0.072**	−0.229
			0.060*	−0.269**
交互项	情感价值×政策引导			0.650***
	条件价值×政策引导			0.579**
	绿色价值×政策引导			0.371*

续表

变量		绿色产品溢价支付意愿		
		模型 3-13	模型 3-14	模型 3-15
交互项	规范性影响×政策引导			0.417*
	价值表达性影响×政策引导			0.563**

***为在 0.001 显著性水平上显著（双侧），**为在 0.01 显著性水平上显著（双侧），*为在 0.05 显著性水平上显著（双侧）

表 3-14　媒体宣传的调节效应检验

变量		绿色产品溢价支付意愿		
		模型 3-16	模型 3-17	模型 3-18
自变量	功能价值	0.107***	0.094**	-0.108
	情感价值	0.129***	0.122***	-0.101
	条件价值	0.166***	0.159***	-0.312**
	绿色价值	0.171***	0.161***	-0.062
	规范性影响	0.079**	0.071**	-0.196
	价值表达性影响	0.113***	0.102***	-0.201
调节变量	媒体宣传		0.080*	-0.186
			0.081***	-0.564***
			0.074**	-0.213
			0.089**	-0.225
			0.082**	-0.171
交互项	功能价值×媒体宣传			0.363**
	情感价值×媒体宣传			0.324*
	条件价值×媒体宣传			0.842***
	绿色价值×媒体宣传			0.390*
	规范性影响×媒体宣传			0.436**

***为在 0.001 显著性水平上显著（双侧），**为在 0.01 显著性水平上显著（双侧），*为在 0.05 显著性水平上显著（双侧）

政策引导对情感价值、条件价值、绿色价值、规范性影响、价值表达性影响作用于绿色产品溢价支付意愿的调节效应显著。分层线性回归分析模型的 p 值均小于 0.05，具有统计意义，政策引导和情感价值、条件价值、绿色价值、规范性影响、价值表达性影响的交互项显著，系数分别为 0.650、0.579、0.371、0.417、0.563，表明政策引导对这些变量作用于绿色产品溢价支付意愿的路径有正向调节作用。

类似地，媒体宣传对功能价值、情感价值、条件价值、绿色价值、规范性影响作用于绿色产品溢价支付意愿的调节效应显著。分层线性回归分析模型的 p 值均小于 0.05，具有统计意义，媒体宣传和功能价值、情感价值、条件价值、绿色价值、规范性影响的交互项显著，系数分别为 0.363、0.324、0.842、0.390、0.436，表明媒体宣传对这些变量作用于绿色产品溢价支付意愿的路径有正向调节作用。

3.3.4 讨论

绿色产品可以节省能源、提供良好的人居环境，但许多绿色产品比非绿色产品更贵，特别是在进入市场的时候。这种绿色产品溢价是积极广泛地推广绿色产品所面临的一个关键挑战，提高公众对绿色产品溢价的接受度和支付意愿仍具有较大难度。

通过研究发现，绿色产品的绿色价值和条件价值对绿色产品溢价支付意愿的影响较大。也就是说，经济因素仍是阻碍公众支付绿色产品溢价的主要原因，具有显著的经济补贴效应，当绿色产品有补贴、促销或折扣活动时，溢价支付意愿会较高。研究证实情景变量的变化在特定情景下会影响绿色产品的购买[337]。由于个人的价格敏感性，当绿色产品提供折扣或补贴时，其条件价值会增加，最终会提高消费者对绿色产品的溢价支付意愿。

现有的研究表明，如果绿色产品能够被清晰地识别出环保生态的绿色特征，则消费者对绿色产品的期望值就会更高。信号理论指出在处理涉及不对称信息的交互时，允许信号发送者通过可观察的商品购买行为信息来说服信号接收者，传递某种个人特质。在这种情况下，绿色消费者被认为更亲社会[126, 359]。信号发送者因此可以在社交互动中获得优势，而这些优势可以作为购买环保产品的额外激励[320]。

本书通过研究发现，参照群体的规范性影响和信息性影响对绿色产品溢价支付意愿的影响都不显著，可能的原因是中国公众的消费行为受群体压力或社会风气的影响尚不明显。当前绿色产品购买现象尚未形成全民购买的浪潮[360]，公众对购买绿色产品的社会规范并不完全认同，且受中国传统价值观的影响，中国公众一般不太可能对他人的行为表达出强烈、直白的赞赏或者批评[361]，因此，消费者囿于群体压力而进行绿色消费以期获得他人赞许或免于惩罚的动机稍显不足，参照群体的规范性影响有限。信息性影响是公众在消费前搜索与产品相关的各类信息以获取更多的相关知识对消费行为所产生的影响。当前绿色产品购买机制尚未成熟，绿色产品的信息并不完善，因此公众往往缺乏对绿色产品的了解[362]，导致参照群体的信息性影响并没有显著影响绿色产品溢价支付意愿。

3.3.5 结论与政策启示

1. 研究结论

提高公众的绿色产品溢价接受度和支付意愿是当前推广绿色产品的重难点。不同影响因素下，公众的绿色产品溢价支付意愿的差异尚未明晰。本书探讨了公众心理因素和情景因素对绿色产品溢价支付意愿的影响，得出以下结论。

（1）当前公众的绿色产品溢价支付意愿总体偏低，仅30%的受访者愿意为绿色产品支付溢价，29.9%的受访者不太愿意为绿色产品支付溢价，提升公众对绿色产品溢价的接受度具有较大难度，是当前社会推广绿色产品所需要关注的重难点。

（2）功能价值、条件价值、绿色价值、价格重要性、价值表达性影响均正向影响公众对绿色产品的溢价支付意愿，影响程度从大到小依次是条件价值＞绿色价值＞功能价值＞价值表达性影响＞价格重要性。情感价值、价格搜索倾向、规范性影响、信息性影响对绿色产品溢价支付意愿的影响不显著。

（3）绿色产品溢价支付意愿在性别和年龄方面均无显著差异，绿色产品溢价支付意愿因婚姻状况、学历、工作年限、月收入和职业而异。已婚、硕士及以上学历、工作年限为1年及以下、月收入50 000元以上的工程技术人员的绿色产品溢价支付意愿水平最高。

（4）政策引导对情感价值、条件价值、绿色价值、规范性影响、价值表达性影响作用于绿色产品溢价支付意愿的路径具有正向调节作用。媒体宣传对功能价值、情感价值、条件价值、绿色价值、规范性影响作用于绿色产品溢价支付意愿的路径具有正向调节作用。

2. *政策启示*

本书主要从政府和企业两个层面提出提高绿色产品溢价支付意愿的启示，如图3-6所示。

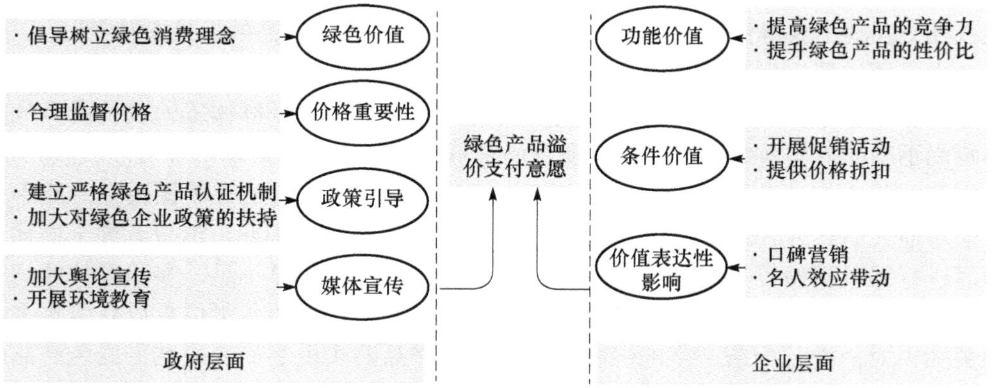

图3-6　政府和企业层面的绿色产品溢价支付意愿提升引导政策

（1）政府层面：① 绿色价值是提升消费者绿色产品溢价支付意愿水平的一个重要驱动力。从政府角度讲，应发挥其典型示范引领作用，向民众传递绿色环保的价值理念等，增强民众绿色消费的获得感、荣耀感和幸福感，推动全民环境共治。② 价格重要性作为价格敏感性的一个子维度显著影响绿色产品溢价支付意愿。政府应披露可信赖的绿色产品价格数据，为公众提供可充分了解绿色产品价格的渠道。同时政府应对全国各地的绿色产品价格进行合理监督，防止厂商在消费者对绿色产品了解不够的情况下随意涨价。③ 本书证实政策引导和媒体宣传在绿色产品价值感知等影响因素作用于绿色产品溢价支付意愿的路径中起正向调节作用。政府应建立完善的绿色法规，制定严格的绿色产品市场准入机制，加大监管力度，同时可以通过制定和实施住房补贴和税收减免政策，加大对绿色产品生产企业的扶持力度并给予适当优惠政策。④ 政府应借助大众传媒广泛宣传绿色产品的法律法规、产品信息和政策福利，积极引导公众践行绿色消费，大力鼓励公众生活方式“绿色化”。政府应该构建高效的绿色消费宣教体系，向公众传递绿色产品的积极作用，在世界环境日、世界水日等节日期间推广绿色产品，传递绿色消费理念。

（2）企业层面：① 功能价值是影响绿色产品溢价支付意愿的一个重要因素。公众往往能认同绿色产品在节能降耗、环境保护等方面的绿色价值，但有许多消费者认为消费行为的环保价值往往要以牺牲质量、价格或便利性为代价。因此企业需提高绿色产品的性价比，在相同价格下，提升绿色产品的质量和性能。② 经济因素仍是阻碍公众支付绿色产品溢价的最主要原因，具有显著的经济补贴效应，本书证明当绿色产品有补贴、促销或折扣活动时，居民的溢价支付意愿较高。与普通产品相比，绿色产品是一种较新的产品，因此企业可以短期内利用促销活动提高绿色产品的知名度，并且适当对绿色产品进行打折以促进绿色消费者的购买，有助于提升企业知名度和产品使用率。③ 研究证实参照群体的价值表达性影响也会显著影响绿色产品溢价支付意愿。公众对绿色产品的购买行为会受到社会环境和周围群体的影响以及各种社会准则的约束。因此对于企业而言，可以通过开展口碑营销等方式推广绿色产品信息传播，建立绿色产品的正面效应，也可以通过邀请名人代言扩大产品影响力。

第4章　我国绿色消费监管现状与政策演进研究

4.1　绿色消费监管相关研究

4.1.1　监管内涵的界定与辨析

监管在英文中用“regulation”表示，含义是根据一系列规则和条例管理复杂的系统，在系统理论中，监管存在于社会的各个领域。“监管”一词在经济学领域中最常出现，监管经济学已经成为微观经济学的一个重要学科分支。在经济学中，监管通常被定义为在以市场机制为基础的经济体制下，政府行政机关或监管机构为限制、规范市场经济行为而对市场参与主体发布的具有法律效力的规则或命令（如法律和行政法规），以促进市场的稳定发展[363, 364]。由于市场中各类被监管主体（主要包括企业、社会团体和自然人）的利益以及监管主体之外的利益之间可能会发生冲突[365]，政府会采用某种形式的控制或法规来管理这些可能发生的冲突，从而确保提供安全、公平的市场环境，同时又不妨碍市场的有效运作和发展。具体来说，监管的主要要素包括：① 法律法规、标准或说明；② 注册或许可程序；③ 审查程序；④ 处罚程序。监管对于市场中“防止垄断形成、确保市场环境整体稳定、减少环境危害和确保各种社会保护”具有重要作用。

然而，并非所有类型的监管都是由政府执行的，在不同领域，监管有着不同的表现形式。例如，在市场企业中，企业会制定企业内部监管措施，从而选择自我监管模式，以实现所有企业成员的共同利益。在商业中，监管的主要形式是行业自律，行业自律是通过自律组织和行业协会实现的，这些组织和协会会在较少的政府干预情况下制定和执行符合自身行业规定的条例。在个体中，监管通常也被称作自我监管或自我调节，指人们给自身制定行为标准，用自身能够控制的奖赏或惩罚来加强、维护或改变自己行为的过程。

监管的具体实践可以追溯至古代中国、埃及、印度、希腊和罗马，这些早期文明中就存在着监管行为。例如，在古代中国，存在一种国家货币体系。在古代罗马，存在一系列复杂的法律体系。在欧洲中世纪早期，随着罗马帝国的衰落，虽然法律体系逐渐衰落，但监管又以规范、习俗和特权的形式存在。这些监管行为都在某种程度上促进了这些古代文明的繁荣，以一种特定的形式被后人所借鉴。现代监管可以追溯到英国颁布的《1844年铁路法案》及其后续法案，它对铁路行业进行监管，政府试图通过监管来履行其对解决由工业化造成的社会和经济问题的责任，监管成为 19 世纪重要的制度创新之一。19 世纪末和 20 世纪初，大部分国家的法规由监管机构管理和执行，这些机构在法规的授权下制定了一系列标准法律法规和监管程序。长期以来，各国政府一直在研究监管技术，监管理论的研究与实证也一直围绕"监管的目的（what）、监管的主客体（who）、监管的缘由（why）、监管的领域（where）、监管的时机（when）以及监管的方式（how）"展开，这些问题逐步出现并贯穿 20 世纪的始终。目前学术界认为监管理论走过了五个阶段，即公共利益监管理论、基于利益集团的监管俘虏理论、监管的经济理论、可竞争市场监管理论以及激励性监管理论，这些理论演进指导了其他国家社会监管的发展历程[366]。

发达国家经过长期的理论研究和实践检验，已形成较为成熟的监管理论体系和丰富的实践经验。而中国建立与完善市场经济体制的时间较短，尚未形成具有中国特色的监管理论体系，因此，目前我国学者较多研究国外监管理论，而在结合我国制度环境研究监管问题方面仍然较为薄弱。此外，绿色消费 3.0 的监管对象具有一定的特殊性，其他领域的监管目的、方法和手段以及整个监管体系无法适用。因此，创建具有原创性、本土性、科学性的绿色消费 3.0 监管理论有助于更好地推行绿色消费监管政策。

4.1.2　监管的分类

长期以来，人们一直在研究监管技术，包括监管的目的、监管的主客体、监管的时机和监管程序等，这些研究大部分集中在公用事业领域[367]。早期，西方国家关于监管形成了两种理论：积极监管理论和规范监管理论。积极监管理论主要研究"为什么需要监管"的问题，主要结论包括：① 政府需要解决信息不对称问题，并使自身的利益与被监管者一致；② 被监管者通常希望在无市场竞争的情况下免受市场支配；③ 被监管者希望得到政府的保护。规范监管理论主要研究"如何实现监管"的问题，主要包括监管者应：① 在市场可行的情况下鼓励竞争；② 激励被监管者绩效以降低信息不对称成本；③ 建立监管程序，并保证监管系统的独立性、透明性、可预测性和合法性。

近年来，随着监管含义的不断丰富，西方国家将监管具体分为无监管、经济型监管、社会型监管和计划监管。其中，无监管指国家完全不干预经济活动，实行完全自由化的市场机制，依靠市场机制配置资源；经济型监管指国家通过制定特定产业的进入、定价、融资以及信息发布等政策对主体行为进行有效的调整，解决由市场机制失灵所导致的垄断和信息不对称问题；社会型监管指国家逐步干预经济活动，以解决交易中的外部性和信息不对称问题；计划监管指国家全面干预经济活动，甚至放弃市场机制，国家全面控制所有微观经济主体的人、财、物资源和产、供、销行为，与无监管状态相比，计划监管则走向了另一个极端。

从社会建设的视角来看，推动绿色消费属于社会管理的范畴，因此绿色消费监管更多地属于社会型监管范畴。社会型监管的基本手段是社会规范体系，体现在秩序监管和情感监管两个方面。其中秩序监管包括法律、法规和政策等硬规范的运用，体现为政府通过制定和推行国家环保法律法规等来实施对各类主体绿色消费行为的强制性监督。一般来说，秩序监管能够明确产业链中各主体的权利和义务，充分发挥市场机制的调节效应，从而使绿色消费得以顺利进行。情感监管包括道德、价值等软规范的应用，体现为政府通过价值与信任体系的建设来促使生产、市场和消费各类主体绿色消费理念的情感认同。秩序监管更注重外化于行，情感监管更注重内化于心。情感监管更强调激发社会成员的自觉性，是一种引导式监管策略，被监管对象的行为改变是主动的。这类监管策略是人本性、非强制性和一致性的。其中，人本性不仅强调人作为政策干预的物的重要性，还强调其心理的重要性。非强制性是指干预政策应当更多从社会公众的心理视角进行干预，这是因为社会公众的行为不是在外在力量的压迫下产生的，而是其从内心自觉产生的。一致性是指由于社会公众的价值观等内在心理变量外化成了某一具体行为，因此其行为结构具有较强的一致性特点，其行为更为长久和稳定。

4.1.3　监管的一般体系架构

“体系”一词是指一组由相互作用形成的统一的整体或相互关联的实体。它存在两个方面的含义：一是某种关系的组合；二是事物各部分的组成方式和相互关系[368]。综合对体系和监管的讨论，可以将监管体系理解成由监管要素构成的一个整体。监管体系就是监管主体对监管受体或者客体所采取的与监督管理相关的活动及两者之间的关系总和。这个体系具有整体性、相关性、目的性和环境的适应性等特征。监管体系的组成部分一般包括：监管主体、被监管对象和监管依据等[369]。同时，为保证监管机构以公共利益为导向，需要对监管机构实行外部监督制约。此外，为实现有效监管，提高监管效率，还应该对监管绩效进行科学评价。因此，我们可以将监管体系定义为由监管主体（如立法者和行政者）、被监管对象（企业、潜在竞争者和消费者）、监管依据（如法律和政策法规）和监管绩效等要素构成的一个整体。这些要素相互联系和制约，共同促进监管水平的不断提高，从而实现有效监管。

监管体系的构建通常是为了实现特定的监管目的。例如，金融监管体系为实现特定的经济社会目标而对金融活动施加影响，其中包括权力分配和责任划分等[370]；食品安全监管体系是为了实现食品公共安全目标而形成的相互关联或相互作用的有机系统，其中包括食品安全法律法规、食品安全标准和食品安全检测系统等[371]；环境保护监管体系是为了应对生态环境的破坏而形成的体系，其中包括环境监管法律和公众参与机制等[372]；能源监管体系是为了解决能源产业市场进程中的监管缺位和消费者权益缺乏保障的问题而形成的体系，其中包括能源法律法规、能源监管机构和能源监管绩效评价等[373]。

4.2　我国绿色消费监管现状研究

上述研究表明，我国现有的监管政策未能充分促进绿色消费的发展。由于我国绿色消费监管存在的问题较为复杂，因此有必要对当前我国绿色消费现状和主体行为特征进行深入分析，并在此基础上从法律、体制、制度（偏秩序）和社会（偏情感）四个方面对我国绿色消费监管现存的困境进行探究。本书从三个连贯的主题探讨我国绿色消费的监管现状和未来趋势。

中国是世界上最大的发展中国家，虽然近年来中国公民的消费行为逐渐向低碳化、绿色化转变，但践行绿色消费的成效并不显著。中国推行绿色消费面临着多重制约。首先，中国推动绿色消费的起步较晚，绿色市场机制尚未成熟[374]。其次，政府零散化、部门性的政策尚未看到显著成效。因此，实施绿色消费的有效监管是促进和推动绿色消费实践的重要路径和方法。发达国家绿色消费实践起步较早。经过多年发展，发达国家已利用不同种类的法律、法规和政策对绿色消费的不同环节实施了有效监管。对美国、德国、日本等国家绿色消费监管现状进行分析，发现其均较早关注绿色消费问题，并针对该问题制定了详细的、有针对性的配套法律政策。一方面，这些国家制定了不同层级的法律，如基本立法、综合性法律和专项立法等。另一方面，这些国家对各级政府和公共机构、企业界、消费者、第三部门等不同参与主体均有所规定[375]。在绿色产品生产监管层面，德国联邦政府于 1996 年颁布了《循环经济与废弃物管理法》，将生产者的环保责任从包装环节拓展到废弃物的处理环节，致使生产者对自身产品的环保责任延伸到产品的整个生命周期[376]。在绿色产品市场监管层面，日本于 2009 年开始实施绿色汽车减税政策和第一期绿色汽车购买补贴制度，对符合标准的新能源车给予 50%以上的购置税和汽车重量税优惠。同时规定在汽车保有环节需要缴纳一定的汽车税[377, 378]。欧盟对汽车绿色消费的监管采用了明显的负向惩罚措施[379]。在消费者绿色采购监管层面，欧洲议会在公共采购中增加了污染物排放指标。通过上述分析可以发现，发达国家十分重视绿色消费的监管，也拥有较为丰富的监管经验。其中，绿色产品监管、绿色采购监管是国外绿色消费监管的重点。此外，国外绿色消费监管还注重通过政府的引领示范作用来强化生产者和消费者的绿色消费理念和行为，并以绿色消费的不同环节为切入点，结合本国情景来设计相应的绿色消费监管体系，规定其中的参与主体和监管内容。

本书分别从绿色产品生产端、市场端和消费端三个方面探究我国绿色消费监管现状。

4.2.1　生产端监管现状

我国绿色产品采取放、管、治相结合的措施，从而打造有效的保障机制和监管体系。其中，国家市场监督管理总局、国家认证认可监督管理委员会等有关部门建立了产品质量追溯体系，强化了标识与认证结果的有效性，形成了来源可查、去向可查、责任可究的信息链条；建立了信用档案和“黑名单”制度，将检验检测机构、认证机构、企业和产品的有关信用信息纳入全国信用信息共享平台，并通过引导征信机构采集有关失信信息、实施失信联合惩戒，实现社会共治和部门协同监管。目前，从监管主体和权力配置来看，我国的绿色产品安全监管模式是政府主导下的“分段管理为主、品种管理为辅”的多部门联合监管模式。

以绿色食品为例，对其生产过程的监管主要包括以下四个方面。

（1）对于生产基地，我国绿色食品的生产单位必须建立符合环境技术标准要求且能满足其生产规模的标准化生产基地，依托土地与农户联结的方式，打造食品生产“绿色化”模式。目前，联结方式有两种，一是紧密型联结，即生产企业通过长期承包或土地流转建立的自有基地；二是松散型联结，即生产企业通过和农户签订生产合同建立的合同基地[380]。

（2）对于作物生产管理，目前，我国绿色食品作物的生产管理方式主要分为两种：一是对于自有基地，生产企业通过雇用农业工人或反向租赁的方式，对种植作物的整个生产链进行统一管理。二是对于合同基地（企业与农户签订生产合同），农户负责种植作物的整个生长周期的管理，企业仅提供宏观层面的技术指导。

（3）在原料收购与贮运方面，对于自有基地，实行统一收获、统一收购、统一贮运的产业化模式；但对于与农户签订合同的松散型管理基地，其管理难度大，投入成本高，尚未形成统一的采储运输方式。

（4）对于质量体系控制，我国建立了绿色食品生产管理标准体系，对绿色产品的产前（产地环境质量的检测）、产中（生产技术和化学药品使用情况的监测）、产后（产品包装、贮藏与运输的规范化）等全流程做出了科学性、系统化、详细化的规定。

绿色生产注重生产过程的安全与和谐，采用垂直监管与分级监管相结合的方式开展具体监管工作。从机构设置来看，由应急管理部负责综合监管，由交通、建设、环保、质检、电监等专业管理机构负责专项监督。从监管职能来看，各部门独立规范负责的行业和领域。从监管权力来看，实行属地管理原则。

4.2.2　市场端监管现状

绿色消费市场监管的对象主要包括绿色标识监管和绿色市场秩序监管两种类型。其中，建立统一的绿色产品标准、认证、标识体系，是加强供给侧结构性改革、提升绿色产品供给质量和效率的重要举措，更是培育绿色市场的必然要求，同时也是引导产业转型升级的紧迫任务和引领绿色消费的有效途径。绿色标签制度可以外化绿色产品的内在价值，使其具有可识别性。绿色标志，又称环境标志或生态标志，用来标明产品生产、使用、回收和处置的全过程符合特定的环保要求。关于绿色市场秩序监管，在国家层面，中央已明确中央机构编制委员会办公室、国家市场监督管理总局牵头落实改革市场监管体系，实行统一的市场监管这一任务；在地方层面，各省份强力整合工商、质监、食药等部门，设立专门的市场监督管理局，以期解决监管“慢作为”、监管执法“不到位”等问题。

绿色消费市场监管的模式大致可分为三类：过程监管、分项监管、分类监管。过程监管是对产品的研发、生产、运输等全流程进行监管；分项监管包括审批许可、行政处罚、依法执法等工作；分类监管是对绿色产品按照风险程度分类并采取不同的措施和手段进行监管。

在绿色消费市场监管的方法上，为了系统地推行绿色消费，中国陆续发布了多项目标不同的政策，主要包括三个层面：① 战略引领层。这一层主要包括实现资源环境和人类社会可持续健康发展等重大战略的决策性政策。② 总体部署层。这一层主要为绿色消费的推行工作指明具体方向。③ 具体工作层。这一层主要对生产过程、流通过程和消费过程制定具体意见。

绿色消费市场监管的手段包括直接管制手段、经济刺激手段和综合手段三种类型。直接管制手段包括行政手段和法律手段。行政手段是指政府职能部门运用行政权力迫使企业按照政府的意愿组织生产并消除生产过程带来的环境影响。法律手段是指通过制定颁布法律来体现国家在环境管理和环境保护方面的意志。经济刺激手段包括环境经济手段、市场经济手段和非市场经济手段。环境经济手段是指有关政府机构为改善环境而向那些自发的污染行为提供经济刺激的一种手段。市场经济手段是指政府通过市场交易来发挥作用，如目前各国广泛应用的排污权交易就是典型的市场经济手段。非市场经济手段主要是指采取税收优惠、收费等强制性手段，对使用环境资源的相关主体征收费用，迫使生产者和消费者在经济决策中考虑由此产生的外部不经济性。各国的环境政策实践发生了由过去单一的直接管制手段向采用直接管制手段和经济刺激手段的综合手段的转变。综合手段既吸收了直接管制手段的效果可达性和确定性的优点，又保留了经济刺激手段的灵活性和经济高效率的优点，从而成为各国环境政策的发展方向。

在实施绿色监管时，既要考虑监管手段的选择问题，又要考虑被监管企业的反应。在选择监管手段时，不仅要考虑到监管的便利性和监管效果，还要注意监管手段的成本。在可能的情况下应使用成本收益分析法来分析监管政策的可行性和可实施性。绿色监管并不是为了监管而监管，而应当通过设计合理的监管措施，调动被监管企业的参与积极性，从而达到监管部门预期的监管效果。

4.2.3 消费端监管现状

在产品安全方面，绿色产品消费者和绿色产品供应商之间存在严重的信息不对称。绿色产品供应商不可能主动向绿色产品消费者免费提供产品信息。此外，普通消费者由于专业性和技术性限制，难以收集绿色产品的相关信息，往往需要付出巨大成本。

在产品质量信息的不对称研究方面，有研究指出由于绿色产品本身具有信任品或经验品的特性，消费者很难通过观察来判断绿色产品的质量[381]。因此，对产品的质量监管十分重要。有研究表明，欧盟统一的产品质量监管机构对欧洲产品质量安全监管有重要作用[382]。He等证实了“政府加大监管强度—第三方电商平台加强奖惩力度—平台卖家绿色产品质量提升”这一演化路径，指出了政府监管部门加强质量监督、第三方电商平台承担质检责任对提升绿色产品质量的重大意义[383]。吴元元基于社会共治视角，提出构筑政府、市场、社会共同治理格局，即在产品安全信息方面，政府、行业、消费者三方形成信息联盟，借助强有力的声誉机制来有效抑制那些“明知故犯”企业的潜在违法行为[384]。赵翠萍等提出为保障公众“舌尖上的安全”，有必要构建政府监管、生产者自律、消费者参与的质量保障责任体系[385]。Lynch-Wood 和 Williamson 认为面对民间监管，中小型企业更倾向于采取合规化（而非抵抗性）的措施，即民间监管在某种程度上可以推动企业形成合意性社会契约[386]。Campbell 和 Brown 分析了食品质量监管全流程的成本-收益问题，并且提出了政府、企业、消费者等相关主体的“最优化”激励策略[387]。因此，有必要建立明确的监管激励机制和问责机制，以确保公共利益最大化。

国家在绿色消费市场的信息平台建设中，将核心架构划分为三个层级：信息资源层、平台应用层、信息互通共享层。首先，相关部门已经整合政府、企业和消费者的数据，构建了强大的信息资源数据库。其次，大量应用平台进入市场，应用平台包括内部管理系统，履行事中事后监管功能，还构建了对外服务系统，为企业和社会服务，履行职能，同时也促使消费者参与市场监管。最后，各方面的数据信息在市场交汇，通过整合、处理和更新形成完整、全面、便于交互使用的标准化信息，实现了市场信息互通。

4.3 我国绿色消费监管的困境

4.3.1 我国绿色消费监管的法律困境

随着绿色消费时代的发展，绿色产品在进入社会各个领域的同时，也带来了一系列监管问题。这需要国家相关法律法规强制力的保障，即法律法规的建立对我国绿色消费 3.0 监管至关重要。上述分析表明，虽然我国颁发了多项与绿色消费监管有关的政策文件，但这些政策的执行效力较低，以法律、法规形式出现的文件也相对较少。目前我国颁布了多项促进可持续发展和生态文明建设的法律法规，但没有一部是专门规范绿色消费行为的。与此同时，现有的关于绿色消费监管理念的法律法规也仅在《中华人民共和国节约能源法》、《中华人民共和国政府采购法》、《中华人民共和国固体废物污染环境防治法》、《中华人民共和国清洁生产促进法》（简称《清洁生产促进法》）、《中华人民共和国消费者权益保护法》、《中华人民共和国循环经济促进法》（简称《循环经济促进法》）和《中华人民共和国环境保护法》等其他专项立法中体现，虽然这些法律法规在一定程度上规范了绿色消费监管相关层面的执行标准，但无法保障我国绿色消费发展的长效机制。综上所述，我国绿色消费 3.0 阶段的制度法律化水平处于较低水平，具体体现在以下两个方面。

（1）法律制度原则尚未确定。法律制度原则在法律体系构建过程中具有十分重要的指导意义，对后续相关法律的颁布与完善具有导向作用。然而，我国尚未构建系统化的绿色消费监管法律框架，核心问题体现为上位法原则缺失、主体责任模糊和协同约束力断层。

（2）法律体系不完备。目前，我国绿色消费法律体系存在缺乏顶层设计和高位立法统领、尚未制定专门的法律法规、缺乏系统部署、制度配套不完善以及促进绿色消费的总体战略和行动方案尚未形成等问题。现有的与绿色消费相关的法律法规多以“宣传教育”的形式出现，没有具体的执行细则以及针对违反规定的处罚条例。也就是说，现存的绿色消费法律可操作性不强，难以保障绿色消费监管在实践中的持续发展。例如，政府绿色采购法律缺位；强制的生活垃圾分类措施得不到切实执行；监督绿色产品生产的法律缺位、机制受限；促进和保障社区绿色消费的法律法规和政策体系缺乏等。此外，现有与绿色消费相关的政府规范性政策文件在内容与结构上存在问题，没有对绿色产品生命周期的全过程进行规范。

4.3.2　我国绿色消费监管的体制困境

目前，我国未专门设立对绿色消费进行统一领导的机构，绿色消费领域的监管职能往往由多个监管和保障部门承担。这些部门之间的交流通常较少。同时，绿色消费实践的规范性文件还存在内容碎片化、权威性不足等问题。因此，我国目前的绿色消费监管没有形成工作合力。一方面，我国绿色消费监管职能分散，相关部门的协调不充分更是导致政策执行效果不佳。另一方面，地方政府在制定政策时缺乏交流与沟通，导致相同政策在不同地区会出现不同的执行标准和方式，这将对绿色消费监管产生严重的影响。以绿色消费监管平台建设为例，目前各地方政府纷纷围绕绿色消费监管平台建设展开试点工作，但不同的执行标准和方式会给未来地区间的平台融合带来极大的困难。

4.3.3　我国绿色消费监管的制度困境

绿色消费监管制度的完善程度直接影响绿色消费市场的监管效果。目前，我国政府实施了多项监管制度，在一定程度上推动了绿色消费监管。然而，大部分制度的颁布时间较晚，实施时间较短，故存在一些问题，具体表现在以下几个方面。

（1）绿色产品标准制度和市场准入制度不完善。首先，目前我国针对生产端初步形成了绿色产品标准制度，但是缺少政府对企业的奖励机制和信息披露机制。其次，政府没有建立完善的绿色产品市场准入制度，使得绿色产品难以真正进入市场，进而导致消费者对绿色产品的需求得不到满足。再次，我国缺少事前监管的企业绿色技术使用与研发考核制度，同时缺少事中、事后监管的责任处罚制度和考评标准制度。最后，绿色产品管理办法缺少市场支持，社会对绿色产品标准的认知程度低，易成为不法厂商欺骗消费者的工具。

（2）绿色消费责任制度不健全。首先，目前政府颁布的已有政策缺乏对消费过程中各主体违反政策法规行为的惩罚措施，在责任认定上仅从政府和生产端出发，缺少对消费端主体的责任认定，即绿色消费责任制度体系尚未构建。其次，第三方机构在绿色消费监管方面发挥着重要作用。例如，大部分国家政府机构都会将决策依据、原则、过程及关键参数向社会公布，接受公众质询，并利用第三方平台，提高执法透明度与效力，并在此基础上对以前开展过的监管项目、已采取的纠正措施、效果等开展跟踪检查及评价，以作进一步调整。但是我国责任认定并未重视第三方机构，因此无法充分利用社会监管力量来促进绿色消费的发展。

（3）绿色消费经济政策制度缺乏顶层设计。首先，政府对部分绿色产品推出了一系列利好政策，其中以财政补贴和税收减免为主要方式。虽然，在现行经济政策制度中，政府对生产端的奖励补贴制度和税收制度较为规范，但随着绿色产品市场份额的不断增加，我国经济政策手段未能发挥良好效果。其次，我国绿色消费市场端存在“政策热，市场冷”的尴尬局面，缺乏各主体激励政策的顶层设计。政府支持力度在很大程度上决定了消费者对绿色产品的接受度，现有政策在消费者补贴力度和产品涵盖面层面上还有待完善，与此同时，税收制度缺乏引导消费者消费行为的规定，不利于绿色消费的发展。最后，政府缺乏对已有政策效果的评价机制，无法适应市场调节的变化。这是因为随着绿色消费市场的发展，政府利好政策会逐步减少，从而给绿色消费的推广带来很大困难。综上来看，目前政府对绿色消费 3.0 时代的市场激励制度还缺乏顶层设计。

（4）绿色金融制度不完善。我国当前金融法律制度依然存在消费信贷制度尚未构建和绿色生产的保险制度尚未完善的重要问题，导致当前金融体系无法充分发挥对绿色消费监管体系构建的积极引导作用。

（5）情感型手段没有得以充分利用。情感型手段在促进绿色消费态度和行为改变方面具有重要的作用。尽管我国政府部门、非政府组织及志愿者开展了各种各样的绿色消费活动，这些活动大幅度提高了消费者的绿色消费意识，对于提高我国绿色消费水平起到了极大的作用。但是现有活动的人群覆盖面小，宣传力度较弱，没有充分利用现代科技手段，活动缺乏系统性和连续性，导致活动收效甚微。

4.3.4　我国绿色消费监管的社会困境

推动绿色消费是一项复杂的社会公共管理问题，关系到社会各主体的利益，也关系到社会发展的长久利益。因此，绿色消费问题因多元利益主体的异质性诉求与跨期外部性交织，在多主体动态博弈中易陷入协调失灵，导致帕累托最优均衡难以实现。对于绿色消费，政府负有主要的监管职责与义务，是最重要的监管主体，但仅依靠政府的监管容易忽视影响绿色消费的深层次因素。因此，在监管过程中，生产端的社会责任、消费端的自我规范、媒体的监督和行业协会的自律等都发挥着绿色消费市场社会监管不可替代的作用。故建设绿色消费监管体系不仅应建设政府监管体系，还应完善社会管理体系以弥补政府监管的不足，即绿色消费应当社会共治。此外，绿色消费 3.0 时代更重视激发消费者的绿色情感，因此要十分重视消费者的情感监管。政府监管多集中在秩序监管方面，情感监管的主体责任应由社会来承担，在绿色消费 3.0 时代，社会监管能够充分发挥监管效果，提高监管效力。目前，我国绿色消费监管的社会共治存在一些困境，具体表现如下。

（1）消费者认知水平和责任意识较低。消费者了解绿色产品属性信息的渠道少，普遍对绿色产品持有怀疑心理，对绿色产品的生态效益持不信任态度。此外，消费者较低的责任意识逐渐成为绿色发展的重要障碍之一。消费者较低的生态意识和不道德行为会对当前绿色消费社会环境的发展产生消极影响，同时会减弱社会绿色消费的持续意愿。

（2）消费者监管途径不完善。投诉举报是消费者对绿色消费市场进行监管的最主要方式。但当前消费者投诉举报的方式较为单一，参与监管的快捷性和便利性无法保证，即使在现代信息化工具广泛使用的背景下，政府也未形成官方的绿色消费投诉举报途径。此外，部分政府处理投诉举报的办事效率一直处于较低水平，这是阻碍消费者实施主动监管行为的因素之一。

4.4　我国绿色消费监管政策演进研究

目前，我国绿色消费监管主要由政府及其相关部门实施。为构建绿色消费 3.0 监管体系，本书首先对其监管现状进行政策回顾。

4.4.1　数据收集

为了促进绿色消费的发展，中国政府在绿色消费各领域陆续出台了一系列政策，初步建立了包含前端生产和终端消费在内的指导和促进政策框架。本书从国家政府网站、媒体网站、产业协会网站和公开出版物中对这些有关绿色消费国家政策的文件进行了搜索。本书对政策文本的分析侧重于绿色消费监管政策思想的演变，检索了主要集中于绿色消费监管的政策文本。为了保证政策文本选择的准确性，本书按照以下三个标准对政策文本进行筛选。第一，政策文本标题能够体现“绿色消费”主题；第二，政策文本需要直接涉及或间接体现绿色消费监管内容，绿色消费的主要监管手段见表 4-1；第三，在中国，中央政府是绿色消费监管政策的主要决策机构。因此本书将搜索范围限于国家政策文本，政策颁布机构设置为中央政府及其职能部门，暂不考虑地方层面政策。政策搜索范围主要包括法律、行政法规和部门规章，政策文本选择 1992 年为收集起点，2019 年为收集终点。在检索标准下，最终选出 311 份政策文本，政策研究起始年份为 1996 年。

表 4-1 绿色消费的主要监管手段

监管手段	描述
法律体系	现行法律规范系统化分类为不同法律部门，进而构成以宪法为根本法、规范层次分明且功能互补的有机法律体系
技术标准	为实现反复使用的目的，由公认机构批准的非强制性文件
合格评定	直接确定是否达到相应的计数或标准的文件或者标准
市场准入	监管机构允许各类主体或客体进入市场进行交易的制度
信息交流和教育	建立有效的绿色消费监管的辅助手段

4.4.2 绿色消费监管政策文本量化统计

1. 政策年份

政策年份即绿色消费监管相关政策的颁布年份。中国绿色消费起步相对比较晚，但相关监管政策体系也在逐步形成和完善中。1996 年，中国发布了《中国跨世纪绿色工程规划》和《全国环境宣传教育行动纲要》，将环境保护纳入国民经济和社会发展计划，开始注重环境的宣传教育以提升全民的环境意识，这标志着我国可持续发展战略的起步，“三绿工程”在此背景下开始实施。2006 年，《财政部 环保总局关于环境标志产品政府采购实施的意见》的印发是我国推动绿色消费在政策上的一个十分重要的突破。在此基础上，我国政府陆续颁布了《循环经济发展战略及近期行动计划》《关于促进绿色消费的指导意见》《绿色生活创建行动总体方案》等，旨在全方面推动绿色消费。自我国颁布第一部推动绿色消费的政策以来，我国绿色消费取得了跨越式发展，而这种跨越式发展与我国绿色消费监管政策的制定和执行密不可分。对政策年份进行统计分析的目的在于直观了解我国发布绿色消费监管政策的频率和密度。通过梳理，可以总结出不同发展时期我国绿色消费政策的阶段性特征。

图 4-1 为 1996—2019 年国每年在绿色消费方面所出台的监管政策数量。可以发现，我国绿色消费监管政策颁布的数量总体上呈增长趋势，尤其是 2015—2019 年，我国政策颁布较为频繁。具体来说，绿色消费 1.0 阶段，我国出台的政策较少，甚至有政策空白期。绿色消费 2.0 阶段，我国出台的政策开始增多，政府从宏观政策导向方面发布了一系列推动绿色消费的措施。2005 年，我国提出建设资源节约型和环境友好型社会。2007 年，我国提出建设生态文明。这些宏观政策都在一定程度上倡导消费结构升级，推动绿色消费的不断发展。绿色消费 3.0 阶段，我国政府出台的绿色

消费监管政策开始大幅度增加，尤其是在政府出台《关于促进绿色消费的指导意见》后，政府开始逐渐聚焦于绿色消费各领域的推广工作，2016 年政府政策的出台数量在 40 项以上，这对我国推动绿色消费具有重大意义。

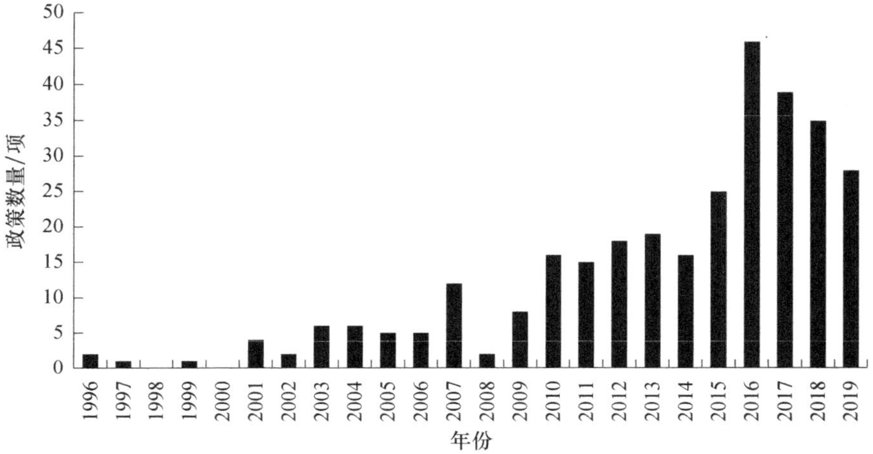

图 4-1　1996—2019 年我国绿色消费监管政策发布数量统计

2. 发布主体

从权利主体的角度来看，可以将绿色消费监管政策分为如下三个类别：第一，由全国人民代表大会常务委员会通过的相关法律法规，如《清洁生产促进法》《循环经济促进法》等；第二，国务院发布的从宏观层面推动绿色消费的监管政策，如《国务院办公厅关于建立完整的先进的废旧商品回收体系的意见》等；第三，各部委就绿色消费某一具体层面发布的监管政策，如国家市场监督管理总局从生产端层面发布的《绿色产品标识使用管理办法》等。我国绿色消费监管政策发布主体统计结果如表 4-2 所示。

表 4-2　我国绿色消费监管政策发布主体统计结果

发布主体	国家发展改革委	国务院	商务部	工业和信息化部	生态环境部	财政部	交通运输部	国家市场监督管理总局
数量/项	48	46	44	43	28	18	11	9

注：权利主体是统计政策发布的第一主体，生态环境部的数据包括原国家环保总局和原环境保护部，交通运输部的数据包括原交通部

表 4-2 列举了不同主体发布绿色消费监管政策的数量。绿色消费的推动是一个系统工程，涉及生产端和消费端，其政策形式、权利主体、政策范围也呈现多样化的特点。结合图 4-2 可以发现，国务院与各部委相比政策数量较多。国家发展改革委

发布的政策有 48 项，主要制定了一系列发展循环经济等方面的监管政策以促进绿色消费的发展。国务院发布的政策有 46 项，大多为宏观指导性政策，着力建设推动绿色消费的各方面渠道，国务院发布的政策缺乏连续性，经常出现“政策空窗期”。商务部发布的政策有 44 项，其政策目的在于促进绿色消费市场的形成与完善。工业和信息化部发布的政策有 43 项，其政策内容大多以促进生产端绿色产品的生产来推动绿色消费，但发布年份集中在2015年之后。生态环境部发布的政策有28项，旨在建立系统的环境保护制度来促进绿色消费的发展。财政部发布的政策有 18 项，旨在通过制定财政补贴、税收征收等政策推动绿色产品的推广，包括对生产端生产成本、生产技术的支持，以及对消费者的补助和优惠，但现有政策的财政补贴范围和补贴力度相对较小，未能有效促进绿色消费的发展。

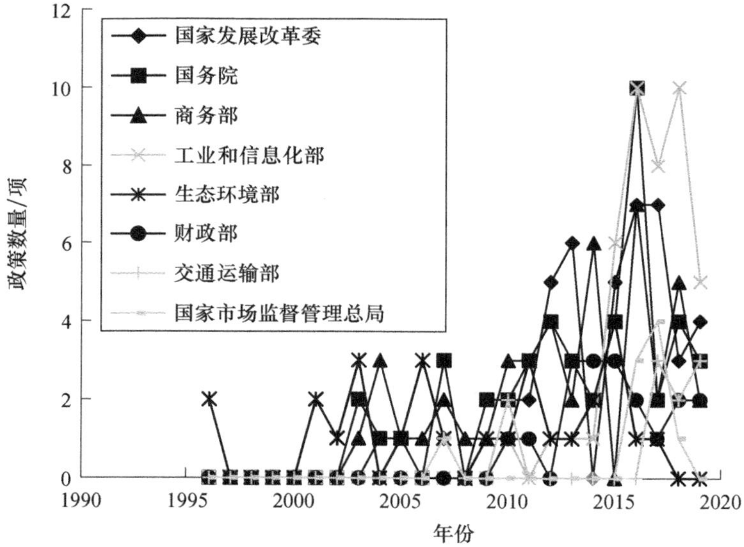

图 4-2　我国绿色消费监管政策发布主体发布的政策数量统计

本书对 1996 年至 2019 年的绿色消费政策进行了统计（表 4-3），联合行文的绿色消费政策共有 75 项。其中两部门联合行文的政策有 22 项，占比 29.33%；三部门联合行文的政策有 41 项，占比 54.67%。可以看出，联合行文是绿色消费领域的普遍现象。随着跨学科、多学科交叉研究的兴起，越来越多的学者开始研究协同治理理论和整体治理理论。由表 4-3 可以看出，绿色消费政策的联合行文部门发布的政策数量较多，且联合发布的政策数量的占比较高，表明绿色消费协同治理决策是一种普遍现象。

表 4-3　联合行文部门数量及相应政策数量

联合行文部门/个	政策数量/项	占比	联合行文部门/个	政策数量/项	占比
2	22	29.33%	8	2	2.67%
3	41	54.67%	10	1	1.33%
4	6	8.00%	14	1	1.33%
7	2	2.67%			

府际关系是指政府各部门之间的合作关系，也就是说，政府部门联合行文这一行为隶属于府际关系。本书聚焦政策文本的联合行文（发文单位≥2），借鉴文献计量学中的合著网络分析方法，同时运用政策引用频次统计方法，识别绿色消费政策的跨部门合作关系。首先，从政策样本中提取政策发文单位，统计单位联合发文次数，形成一个共现矩阵。其次，使用 UCINET 软件分析该共现矩阵，之后利用 NetDraw 软件将政府部门间关系进行了图谱化表达，绘制了政府部门合作网络图（图 4-3）。其中，网络图中的节点表示发文主体，节点大小表示发文频次，节点连线表示主体联系，线段粗细表示合作紧密度，度中心性较高的节点位于网络的核心位置。

箭头的密集程度证实国家发展改革委、科学技术部、商务部、生态环境部以及财政部之间的联系较为密切，合作程度较高。相反，中华全国工商业联合会、国家税务总局、中国共产党中央委员会等部门位于网络边缘，说明与其他主体缺乏联系。

3. 政策形式

从政策形式来看（表 4-4），可以发现我国绿色消费监管政策以通知形式出现的数量最多，共有 138 项，占总数的 44.37%；其次为意见形式，共有 74 项，占总数的 23.79%；方案形式的共 15 项，占总数的 4.82%；规划形式的共 13 项，占总数的 4.18%；计划形式的共 10 项，占总数的 3.22%；办法形式和法律形式共 16 项，占总数的 5.14%，这些政策名称中多出现“加快”“做好”“开展”“应对”等词语，办法和法律等政策形式较少。可见，虽然我国发布了多项有关绿色消费监管的政策文本，但相关政策主要还是国家各部委发布的通知、条例和规定等。综上来看，我国缺乏对绿色消费进行监管的专门法律法规，即在绿色消费 3.0 发展的新时期，我国绿色消费的监管工作还处于起步阶段，制度层面的环境性规范政策较为缺乏。

表 4-4　我国绿色消费监管政策形式统计结果

政策形式	政策数量/项	占比	政策形式	政策数量/项	占比
通知	138	44.37%	计划	10	3.22%
意见	74	23.79%	办法	9	2.89%
方案	15	4.82%	法律	7	2.25%
规划	13	4.18%	其他	45	14.47%

注：数据之和不足 100%是修约所致

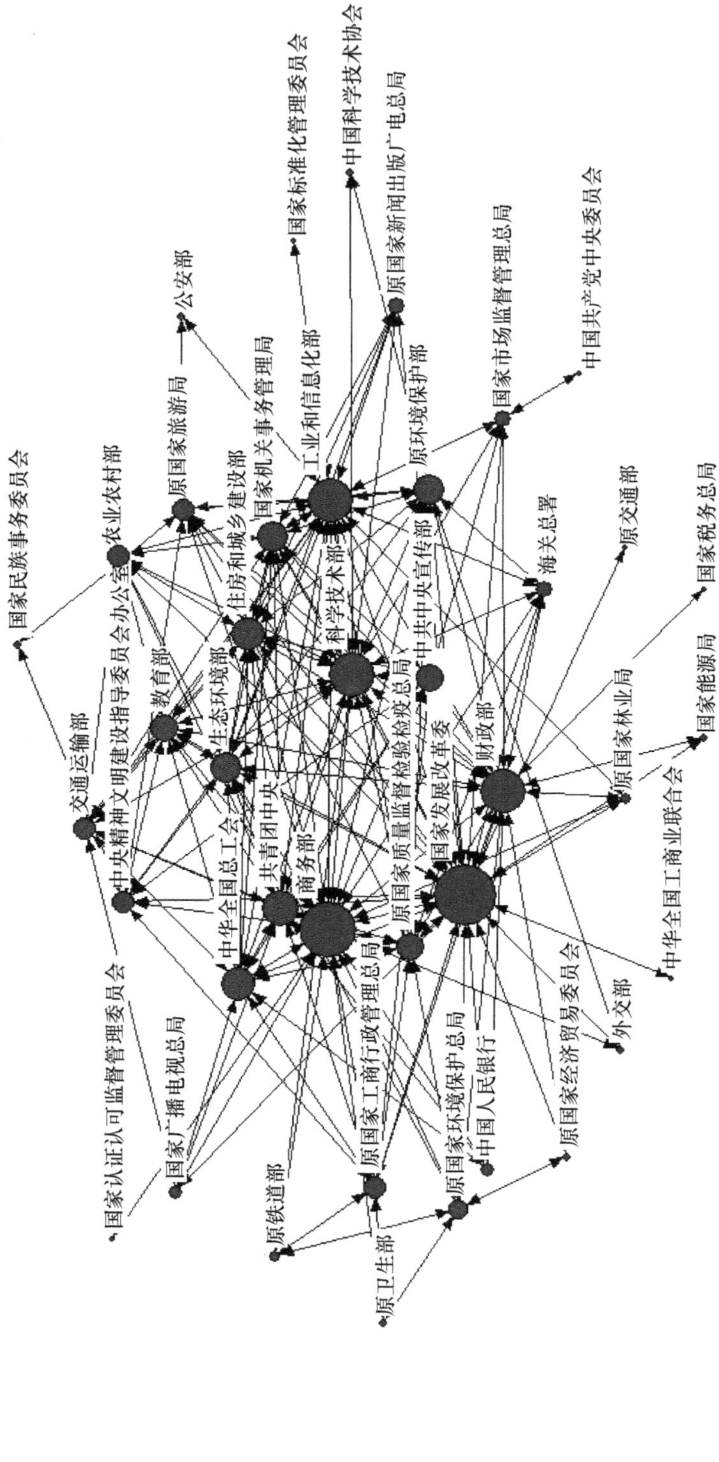

图4-3　发文单位府际关系网络图

共青团中央全称为中国共产主义青年团中央委员会

4. 政策监管环节

在上述分析的基础上，本章对政策内容进行进一步解读，梳理每项政策的主要监管环节（生产端和消费端）并进行频数统计。图 4-4—图 4-6 分别为我国绿色消费 1.0、绿色消费 2.0、绿色消费 3.0 阶段政策监管环节年度统计结果。

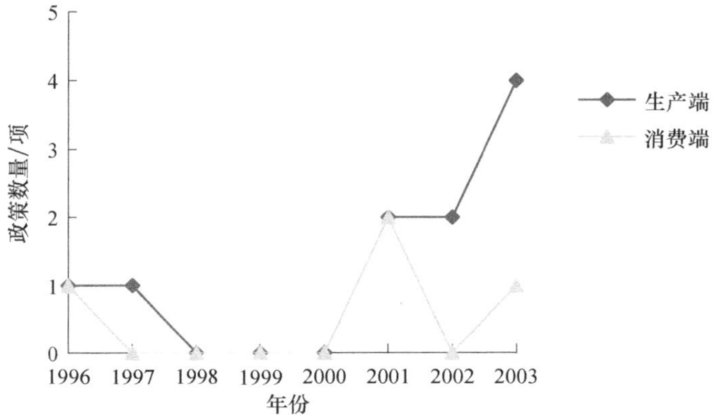

图 4-4　我国绿色消费 1.0 阶段政策监管环节年度统计结果

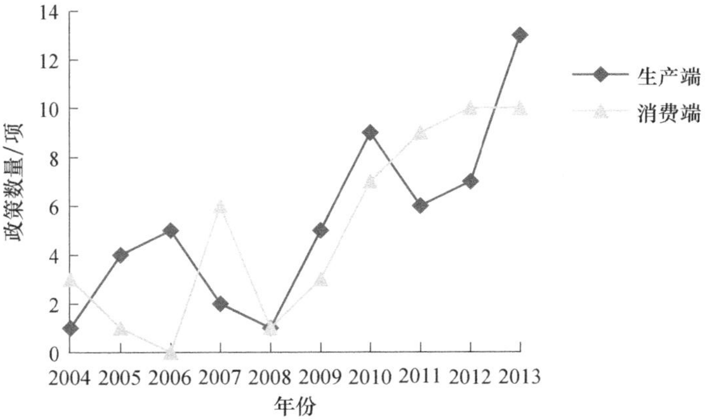

图 4-5　我国绿色消费 2.0 阶段政策监管环节年度统计结果

在绿色消费 1.0 阶段，我国对绿色消费的监管政策较少。相比消费端，我国政府对生产端较为重视，出台了一系列政策，包括鼓励生产企业制定绿色管理战略、开展环境管理体系认证、参与节能产品认证、实行绿色产品设计、推行清洁生产和开展清洁生产审计等。在绿色消费 2.0 阶段，在对生产端监管重视的基础上，我国开始重视消费端对促进绿色消费的重要作用，政策数量总体呈增长趋势。在绿色消费 3.0 阶段，我国政府对消费端的重视程度进一步加强，包括创建绿色商场和创建绿色社区等，消费端的政策数量甚至赶超生产端的政策数量。

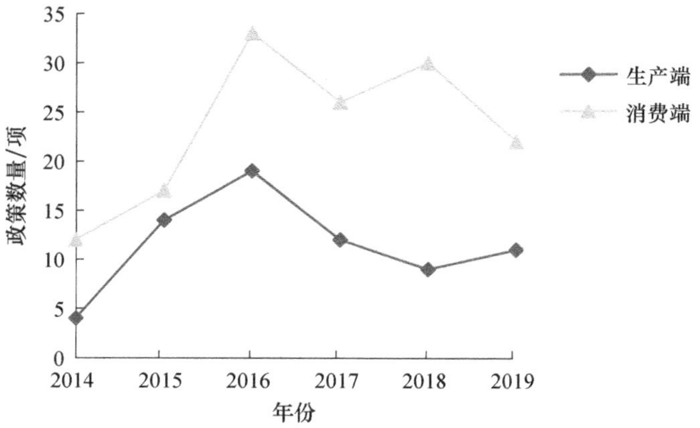

图 4-6　我国绿色消费 3.0 阶段政策监管环节年度统计结果

4.4.3　绿色消费监管政策领域划分及结构分析

1. 政策文本高频关键词统计

借鉴文献计量学对关键词的研究分析方法，本章利用 ROST CM6 这一词频分析软件对收集和整理的绿色消费政策文本内容进行文本挖掘分析，包括词频统计、聚类、情感分析、语义网络构建、社会网络构建、相关性分析等，以实现内容挖掘、文本分析等，并通过定量分析和定性分析的结合，从中归纳出普遍性结论。本书首先利用 ROST CM6 软件进行自动分词和词频分析，得出绿色消费政策文本的高频关键词，利用分词过滤功能，过滤掉与研究主题关联性不强的词组，删除如“单位”“机构”等对研究无价值的词语，最终按照主题词频数高低统计排序，排名前 30 的高频关键词汇总如下（表 4-5）。

表 4-5　中国绿色消费政策文本关键词词频统计

序号	关键词	词频	序号	关键词	词频	序号	关键词	词频
1	绿色	1560	11	生态	658	21	服务	374
2	发展	1189	12	技术	640	22	宣传	372
3	环境	1184	13	环保	510	23	完善	366
4	建设	917	14	经济	500	24	工业	363
5	节能	913	15	标准	496	25	积极	356
6	企业	884	16	保护	469	26	低碳	353
7	资源	741	17	市场	460	27	政策	346
8	消费	725	18	管理	458	28	社会	331
9	循环	690	19	建筑	424	29	质量	327
10	能源	679	20	鼓励	378	30	污染	318

从统计结果看，高频关键词主要包括绿色、发展、环境、建设、节能。根据词频高低来分析政策文本的核心内容和重点，可以推测出中国绿色消费政策文本主要聚焦于资源节约和生态环境保护。

2. 政策文本关键词共现分析

其次针对上述确定的 30 个高频关键词，两两统计它们在绿色消费政策文本中所出现的次数，形成一个 30×30 的共词矩阵。可采用莫奇亚系数（Ochiia coefficient）法来构造相关矩阵，即共词矩阵中每个数字除以与之相关的两个词的总出现频次开方的乘积。其计算公式为

$$O_{ij} = C_{ij} \Big/ \left(\sqrt{C_i} \sqrt{C_j} \right) \tag{4-1}$$

其中，O_{ij} 表示莫奇亚系数；C_{ij} 表示 i、j 两词共同出现的次数；C_i 表示 i 词出现的次数；C_j 表示 j 词出现的次数。通过上式可计算出相似数据，数值越大表示对应的两个词汇距离越近，相似度越高。

在词频分析的基础上，本章根据关键词共现矩阵绘制了共现网络图（图 4-7）。图 4-7 中关键词的色块面积与其共现次数相关，色块越大表示共被引的频次越高，网络连线表示关键词之间的联系，关键词之间的连线越多表示关键词之间的联系越密切。

其中，发展、绿色、环境、建设等词是绿色消费政策文本的核心热点，联系紧密性较高。其他词汇间的联系较为松散，共现频次较低，位置分散。这表明当前绿色消费政策内容相关性不高，政策的衔接性和协调程度较低。此外，尽管图 4-7 中处于边缘的关键词的共现频次较低，但也不能忽视。例如，社会、宣传、参与等在一定程度上反映出绿色消费政策正朝着多元化的方向发展。目前，绿色消费政策体系已初步呈现多主体参与的态势。

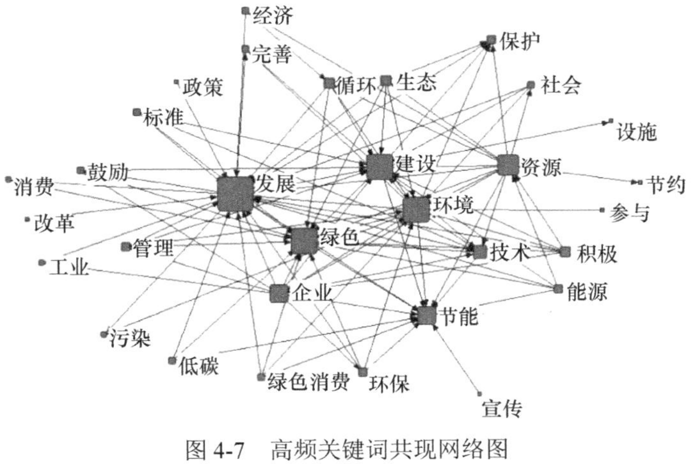

图 4-7　高频关键词共现网络图

3. 高频关键词演进趋势

高频关键词分析在一定程度上揭示了绿色消费发展阶段的政策倾向，为了更加

详细地了解绿色消费政策聚焦点的具体内容，进一步探究绿色消费政策体系的发展脉络及演进趋势，本书选取了绿色消费各个阶段的政策，列举了每个阶段排名前 15 的高频关键词（图 4-8），通过关键词在政策中出现的频率来分析政策的主题、作用、发展趋势等。

图 4-8　绿色消费政策高频关键词演进趋势

图中的数为频次

（1）起步阶段（1989—2006 年）。起步阶段的绿色消费政策强调经济与社会发展，环境保护政策地位有所上升。这一阶段环境、生态、技术是绿色消费政策的高频关键词，可以看出这一阶段的政策体系从环境污染问题入手，针对污染物问题做出了明确的控制、规范和保护的规定。加强节能、提高能效，清洁煤、可再生能源、先进核能等低碳和零碳技术的研发和产业化是这一阶段政策体系的关注重点。与此同时，出现了采购这一关键词，政府通过建立生态设计产品标识制度和环境认证制度、利用政府采购等，积极倡导绿色消费，建立了有利于清洁生产实施的市场环境。

（2）初步发展阶段（2007—2015 年）。在这一阶段，绿色消费政策初步发展，但绿色消费政策体系不完整。相较于前一阶段，这一阶段增加了绿色、循环、建筑等关键词。经过起步阶段的努力，污染治理工作已经取得初步成效。这一阶段，环保问题备受关注，经济红利与环境福利“两手抓”进入政策议程，环境政策的推广广度与力度不断增强，绿色消费政策工具开始涌现。考察这一阶段的政策文本可以看出，该时期政府在绿色消费发展上的工作重心集中在节能减排、生态环境、循环建设上，具体包括开展产品、行业、区域等不同层面的循环经济发展模式示范，建立覆盖全社会的资源循环利用体系，建立以生态环境保护为目的的绿色消费政策体系，推广普及绿色消费模式。

（3）战略发展阶段（2016—2019 年）。在这一阶段，绿色消费政策的战略发展阶段。国家出台了《关于促进绿色消费的指导意见》，这意味着绿色消费越来越受关注。此时绿色消费与经济发展之间的矛盾和冲突仍然突出。环境、生态、发展是这一时期的高频关键词。国家绿色消费政策仍旧关注推广绿色能源，并加大支持力度，进一步完善风电、光伏发电的补贴机制，在全国开展可再生能源绿色电力证书核发和自愿认购工作，促进清洁能源消纳利用。与此同时，随着政策执行效果的逐渐显现，政策主体趋向多元化发展，政府联合社会组织与相关企业，依托传统纸媒、新媒体等渠道，打造高效的绿色消费宣教体系（重点推广环保知识、绿色产品和绿色品牌，有序增播绿色消费公益广告和节目等），引导绿色消费理念深入人心，营造全社会参与绿色消费的浓厚氛围。

4. 政策内容高频关键词聚类分析

为实现对高频关键词的科学聚类，本书采用 UCINET 软件的最优化聚类分析功能，以关键词共现矩阵为分析数据，根据政策文本与提取主题词间距离的远近进行群组划分，依次点击 tools、cluster、analysis、optimization 选项，得到的聚类分析结果如图 4-9 所示。

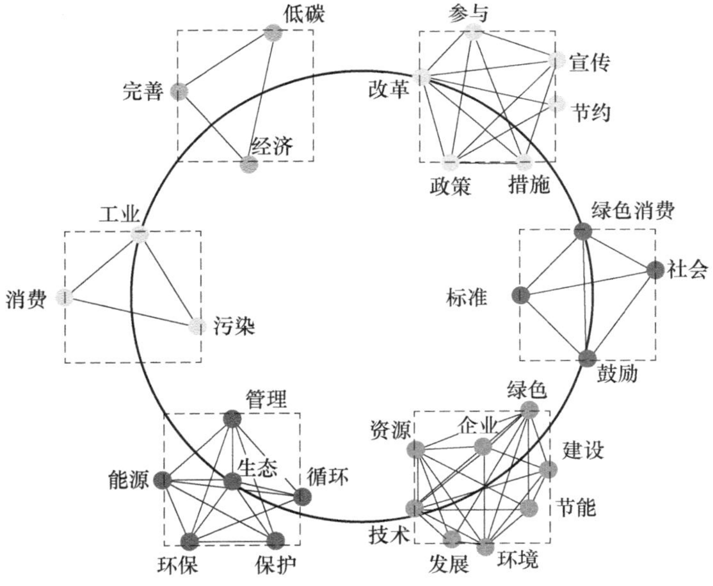

图 4-9　高频关键词聚类分析结果

依据图 4-9，本书将我国绿色消费政策领域划分为六个类别，这些类别代表了我国绿色消费政策的主要子域，分别为 C1——低碳经济，C2——宣传与社会参与，C3——绿色产品认证与标志，C4——资源节约与节能技术发展，C5——环境保护与能源生态循环，C6——工业排污。在各热点领域中，C4（资源节约与节能技术发展）聚类最大，包含八个关键词，这表明政府对该类主题关注更多，相关政策更深入、更广泛。此外，研究还发现各个主题之间的差别相对较小，联系较强，但不同主题间高频关键词的差别相对较大，联系较弱。结合绿色消费发展的实际情况，可以发现，基于聚类分析得到的这六个热点主题反映了绿色消费政策的主要内容。

通过对绿色消费政策文本进行量化分析，发现中国绿色消费政策在各个阶段的演变和发展中表现出了不同的特点，但也有一定的逻辑。

改革开放以来，经济发展是社会的核心和关键任务，各项政策基本围绕经济建设来展开[388]。这种只关注经济的发展模式带来了严重的环境污染与生态危机[389]。中国逐步制定、建立、完善了环境保护法规和环境治理政策体系[390]。20 世纪 80 年代至90年代，以煤炭为主的化石能源消费量迅速增长[391]，高碳排放的能源利用方式造成了巨大的环境污染。这一时期，政策的重点在于污染防治与节约能源[392]。因而，在绿色消费政策体系形成之初，绿色消费问题主要是污染治理、污染防治、清洁生产等[393]。这些政策议题是经济社会发展中的显性问题，与当前的经济发展模式相伴而生，且能够产生直观的环境影响，在多方重视下进入了政府的政策议程。

随着社会的发展，绿色消费政策议题发生了明显的转型。政府开始关注循环经济建设并出台了一系列相关政策，提倡发展高效节能、先进环保和资源循环利用的新装备和产品[394]。国家大力推行绿色消费，加快构建循环型产业体系，为构筑“生态美、产业兴”的宜居家园“添砖加瓦”[395]。在此期间，中国也开始使用绿色消费政策工具，政策覆盖领域逐渐宽泛，充分发挥政府和社会公众“指挥棒”的作用，推动社会公众在衣、食、住、行、游等全领域绿色化[396]。

步入新阶段以来，政策议题突出了技术创新在绿色消费政策中的重要地位。政府开始引导产业逐步创新消费发展机制，并通过改革和创新先进技术以实现生产方式的转型升级。依靠技术创新，企业可以实现绿色可持续发展，并从根本上降低企业生产的环境污染风险，提高资源使用率。这类议题能从根本上影响绿色消费的发展，属于根本性政策议题。

中国建立以绿色消费为核心的政策体系的方向逐渐明确。但略显遗憾的是，虽然绿色消费已经成为政府部门甚至是社会公众的共识，但由于起步较晚，分散的、零星的政策支持对社会消费绿色化的作用效果不显著，目前绿色消费政策体系还在逐步形成与完善中。因此，必须重新审视中国现有的绿色消费政策体系。从消费对象看，绿色消费强调个体应选择天然、无污染、有益于健康的绿色产品。因此在生产环节企业应当尽量减少对自然资源的使用和加大对生态环境的保护力度。从消费过程来看，绿色消费注重环保和生态循环[397]。从消费结果来看，绿色消费遵循人与自然和谐统一的理念，注重当代人利益和后代人发展“两手抓”，且不损害生态系统，最终走向可持续发展道路[398]。因此，我国需要建立健全以保护自然生态环境为宗旨的绿色消费政策体系，培育生态经济发展模式，构建政府引导、市场响应以及公众参与的长效机制。

第 5 章　发达国家绿色消费监管的经验启发

绿色消费监管实践历史悠久，随着发达国家工业化的不断发展，绿色消费监管模式也呈现出持续变化的明显趋势。发达国家在绿色消费市场发展的过程中，积累了丰富的绿色消费市场监管经验。与其他发达国家的绿色消费市场相比，美国、日本、德国、英国和法国的绿色消费市场更加完善，并通过实践获得了大量的监管经验，为本国带来了巨大的生态效益。本章主要论述和总结这些发达国家绿色消费的相关监管政策和实践演进，以期为中国绿色消费监管体系的建立提供借鉴和指导。

5.1　发达国家绿色消费监管的经验

5.1.1　美国绿色消费监管经验

如图 5-1 所示，美国的绿色消费监管经历了五个主要阶段。

第一阶段是 20 世纪初—1968 年。20 世纪初，美国生产企业掺假作弊，各种劣质、冒牌商品充斥市场，对美国消费者的健康和生态环境造成了很大危害。消费者基于对企业不安全产品及环境危害的关心，通常通过游说、投票、新闻曝光来督促政府采取措施，美国社会的消费者运动开始流行。在这一阶段，一些消费者组织（如消费者研究协会、消费者联盟）在监督企业绿色生产上发挥了重要作用，但这些组织通常带有政治动员的色彩。政府在消费者运动的压力下以法律形式制定了产品的责任、价格和质量标准，禁止假冒商品以及防止有潜在危险的消费品进入市场，以保障消费者的绿色消费权益。

第二阶段是 1969—1979 年。随着百货商店的出现，美国民众的消费欲望增强，大部分美国民众倾向通过拥有奢侈品来显示自身的社会地位，再加上百货商店信用的引入和百货商店的非人格化氛围的形成，彻底改变了美国社会消费文化，炫耀性消费成为美国 20 世纪 70 年代的消费主流。这种消费模式没有考虑消费对环境的负面影响，会对自然环境和物种构成巨大的威胁。蕾切尔·卡逊的《寂静的春天》引发了公众对生态环境的关注，点燃了美国环保运动的第一支火炬，各类环保组织纷纷兴起。1969 年美国国会通过《国家环境政策法》，1970 年美国成立环保局，旨在解决民众关心的生态环境破坏问题。《国家环境政策法》生效以后，美国国会在 20 世纪 70 年代又通过了有关环境问题的 16 项重大法案，致使 1970 年以后的美国环境法规和政策走向了一个新的阶段。联邦政府在环境保护上起到越来越大的作用，这些法案不仅成为消费者解决环境问题的主要依据，也为以后的绿色消费立法奠定了基础，加

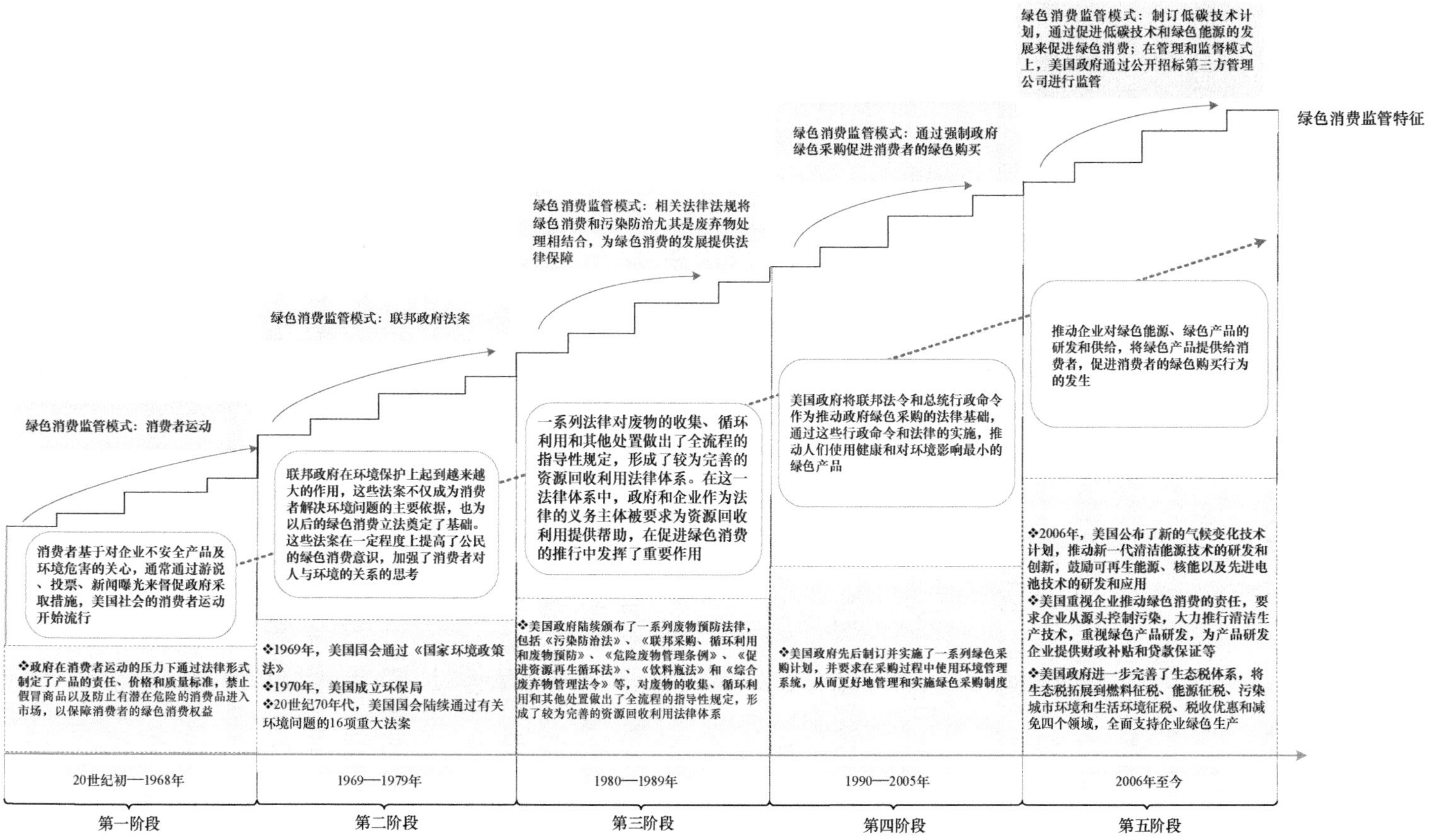

图5-1　美国绿色消费监管模式演变

强了消费者对人与环境的关系的思考。

第三阶段是 1980—1989 年。美国在 20 世纪 80 年代针对绿色消费设立了多项法律法规。这些法律法规通常将绿色消费和污染防治尤其是废弃物处理相结合，为绿色消费的发展提供了法律保障。20 世纪 80 年代，美国制定了《污染防治法》，在预防污染产生的同时推行绿色消费。该法案改变了污染末端治理与控制的做法，从源头入手预防和减少污染物的产生，绿色消费作为污染预防的手段之一被该法案提及。之后，美国政府陆续颁布了预防废物产生的一系列法律，如《联邦采购、循环利用和废物预防》、《危险废物管理条例》、《促进资源再生循环法》、《饮料瓶法》和《综合废弃物管理法令》等。这些法律对废物的收集、循环利用和其他处置做出了全流程的指导性规定，美国形成了较为完善的资源回收利用法律体系。作为法律的义务主体，政府和企业在促进绿色消费的推行中发挥了重要作用，与此同时，它们还被要求为资源回收利用提供帮助。

第四阶段是 1990—2005 年。20 世纪 90 年代初，美国政府先后制订并实施了一系列绿色采购计划，推动人们使用健康和对环境影响最小的绿色产品，并逐步要求在采购过程中使用环境管理系统，从而更好地管理和实施绿色采购制度。

第五阶段是 2006 年至今。在这一阶段，美国政府主张制订低碳技术计划、通过促进低碳技术和绿色能源的发展来推动绿色消费。2006 年，美国公布了新的气候变化技术计划，推动新一代清洁能源技术的研发和创新，鼓励可再生能源、核能以及先进电池技术的研发和应用。在管理和监督模式上，美国政府通过公开招标第三方管理公司进行监管，以更快地将新能源产品提供给消费者，促进消费者的绿色购买行为的发生。这一阶段，美国重视企业推动绿色消费的责任，要求企业从源头控制污染，大力推行清洁生产技术，重视绿色产品研发，为产品研发企业提供财政补贴和贷款保证等。此外，美国政府进一步完善了生态税体系，将生态税拓展到燃料征税、能源征税、污染城市环境和生活环境征税、税收优惠和减免四个领域，全面支持企业绿色生产。

综上所述，美国在绿色消费监管方面具有丰富的经验，在低碳技术和绿色能源领域具有先进的技术。随着全球范围内环境问题的加剧，美国绿色消费监管体系为改善全球环境状况提供了一个典范。

5.1.2　日本绿色消费监管经验

如图 5-2 所示，日本的绿色消费监管经历了四个主要阶段。

第一阶段是 1945—1970 年。第二次世界大战后，日本为摆脱经济困难出台了《国民收入倍增计划》，力图通过“大量生产，大量消费”来拉动经济增长。然而，这导致了市场上的劣质产品涌现和居民生活质量的下降。1965 年，一些有社会责任感的消费者创立了生活俱乐部，其活动宗旨涉及安全、环保和健康等方面。同时，他们开展了一系列“共同购买活动”，以保证所购产品的生态性和安全性。

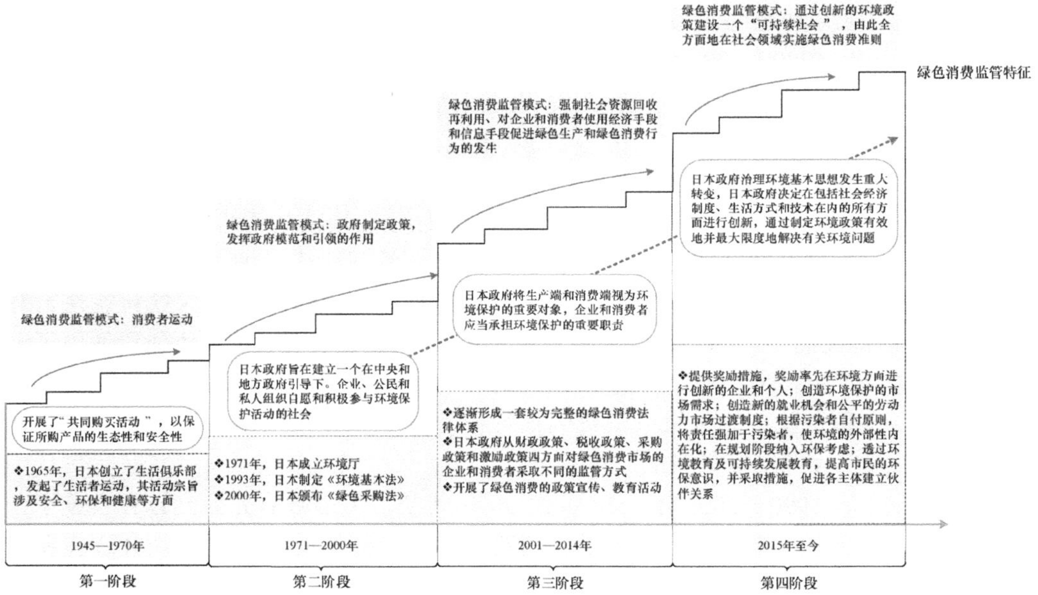

图 5-2　日本绿色消费监管模式演变

第二阶段是1971—2000年。日本在20世纪初建立的以大规模生产、大规模消费和大规模处置为中心的经济和社会体系，产生了一系列环境问题，包括全球气候变化、广泛的化学污染以及由废物造成的环境压力。为了解决这些问题，1971 年日本成立环境厅，制定各种措施逐步建立起不影响环境的社会生产和生活方式。在环境厅成立后的 20 年间，日本的环境状况发生了巨大变化。在日本经济高速增长时期，政府在污染打击方面取得了显著成就。但是，主要城市的空气污染以及由家庭污水和废物处理造成的水污染仍旧存在。此外，日本政府的各种开发项目，如度假胜地，也对自然环境构成了巨大的威胁。为此，环境厅在这一阶段积极制定和实施政策措施，充分发挥政府在绿色消费活动中的引导作用，以实现日本的可持续发展。1993 年，日本制定了《环境基本法》，其中规定了制定环境政策的基本原则和方向。为了最大限度地减少在社会经济活动各个阶段所产生的环境负担，日本通过重新审视以大规模生产、大规模消费和大规模处置为主的现行制度，建立了促进物质无害环境循环的社会经济制度，旨在建立一个在中央和地方政府引导下，企业、公民和私人组织自愿和积极参与环境保护活动的社会。同年 12 月，日本向联合国提交了《21 世纪议程国家行动计划》。1994 年，日本政府通过了一项称为“基本环境计划”的行动计划，这是《环境基本法》规定中最重要的政策措施。该计划系统地阐明了国家和地方政府要采取的措施，以及在 21 世纪之前公民、企业和私人组织应采取的行动。同时，它还说明了有关各方在环境保护中的角色定位以及有效执行环境政策的方式方法。在此基础上，日本政府逐渐实施了政府绿色化行动方案，组建了日本绿色采购网络组织，并颁布了《绿色采购法》。日本政府这一系列的政策措施在绿色消费活动中起到了良好的模范引领作用，在一定程度上提高了消费者的绿色消费意识。

第三阶段是 2001—2014 年。日本是能耗较大且能源匮乏、对外依赖程度较高的国家。因此，推进绿色消费对日本具有重要的意义。在这一阶段，日本政府将生产端和消费端视为环境保护的重要对象，企业和消费者应当承担环境保护的重要职责。2001 年，日本专门颁布了《绿色采购法》，倡导居民实施绿色消费模式。在此基础上，日本陆续颁布了一系列绿色消费法律法规，这些法律法规主要集中在资源回收再利用方面。在这一阶段，日本逐渐形成了一套较为完整的绿色消费法律体系，这一法律体系包括一部基本法、两部综合法和八部特定法（图 5-3）。基本法明确规定了消费者促进产品循环的责任与义务，两部综合法明确标明了企业在废弃物处理以及资源有效利用过程中的规定，《绿色采购法》是一部规范绿色消费的专门法律，它以法律形式明确了各主体（政府、生产主体、消费主体和第三方机构）在绿色消费过程中的执行事项，六部产业性特定法详细规定了各产业资源节约和循环利用的规范。以上这一套政策是充分考虑不同产业特性的、较为完整的法律体系，其为日本政府完成绿色消费监管任务提供了法律保障。

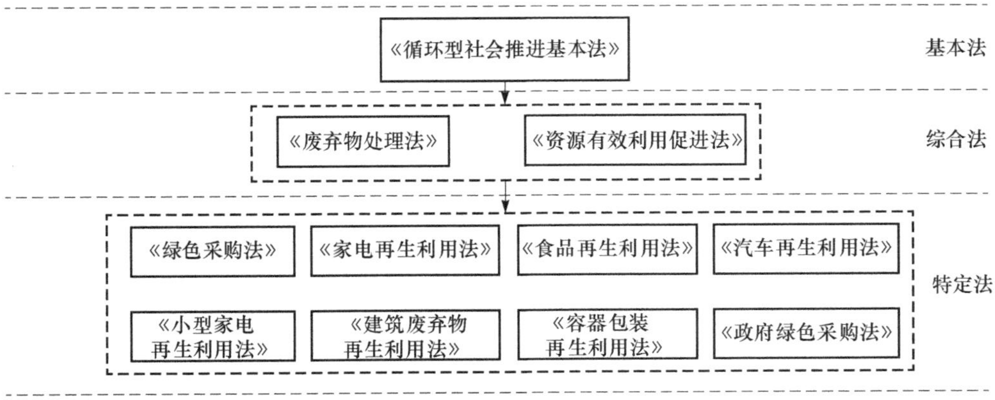

图 5-3　日本绿色消费法律体系

为了促进绿色消费的持续发展，日本出台了一系列政策，建立了包括绿色消费标准化、产业化和生活化在内的政策体系（图 5-4）。日本政府从财政政策、税收政策、采购政策和激励政策四方面对绿色消费市场的企业和消费者采取不同的监管方式。其中，绿色财政政策主要针对消费者，以消费端财政补贴、资助和奖励拉动绿色消费。绿色税收政策主要针对企业和消费者，以税收产生的“价格效应”和“预算效应”减少生产和生活碳排放量。绿色采购政策主要针对绿色消费各主体，包括建立绿色采购网络和环保标志制度、建设绿色产品数据库等。绿色激励政策主要针对消费者，旨在培养消费者的绿色消费意识。这些措施很好地调动了日本企业进行绿色投资生产以及消费者进行绿色消费的积极性，加快了绿色产业的规模形成，促了绿色消费的发展。

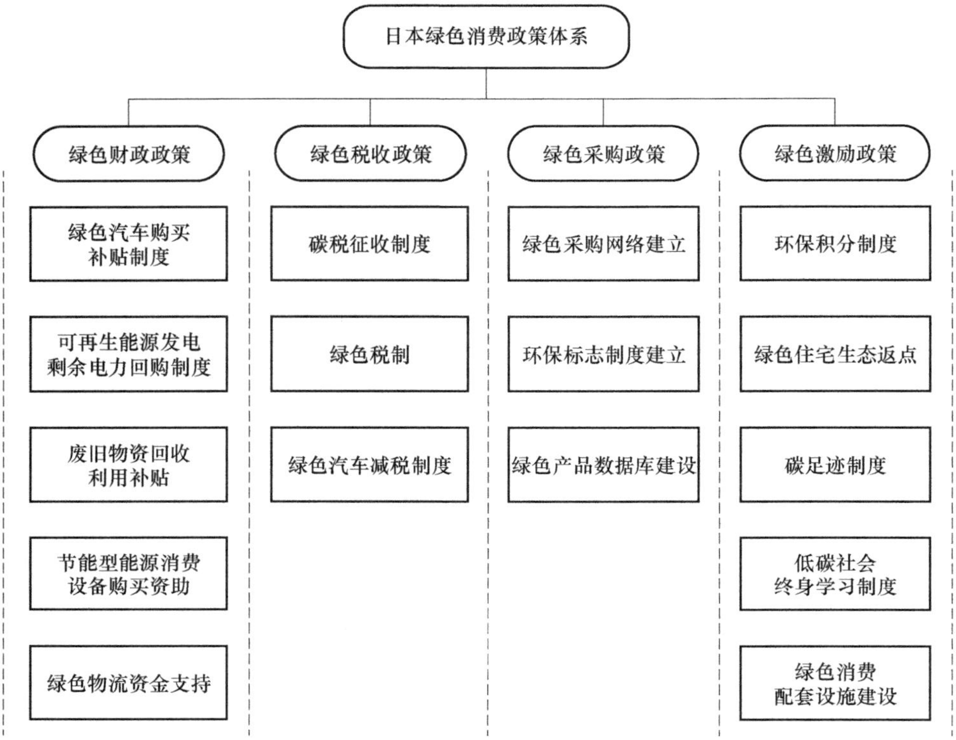

图 5-4　日本绿色消费政策体系

此外，这一阶段日本政府还针对消费者广泛开展了绿色消费的政策宣传、教育活动，鼓励企业和消费者都要进行环保的采购活动，并积极调查和了解了各个阶段社会绿色消费的实际现状，以重新制定绿色消费发展模式。

第四阶段是 2015 年至今。日本的地理位置处于相对弱势的地位，气候变化、环境破坏对日本的影响比其他发达国家要大，日本面临的环境挑战越来越复杂。2016 年，《巴黎协定》正式生效，国际社会为建设碳中和社会做出了巨大努力，环境、社会和治理投资已成为一种重要的国际趋势。因此，日本政府环境治理的基本思想发生了重大转变，日本政府决定在包括社会经济制度、生活方式和技术在内的所有方面进行创新，通过制定环境政策有效地并最大限度地解决有关环境问题。日本政府主张通过创新的环境政策建设一个“可持续社会”，由此全方面地在社会领域实施绿色消费准则。这些环境政策的具体措施包括提供奖励措施，奖励率先在环境方面进行创新的企业和个人；创造环境保护的市场需求；创造新的就业机会和公平的劳动力市场过渡制度；根据污染者自付原则，将责任强加于污染者，使环境的外部性内在化；在规划阶段纳入环保考虑；通过环境教育及可持续发展教育，提高市民的环保意识，并采取措施，促进各主体建立伙伴关系。

综上所述，日本在绿色消费监管方面具有丰富的经验，在节约能源和提高资源效率方面具有先进的技术。随着全球范围内环境问题的加剧，日本绿色消费监管体系为改善全球环境状况提供了一个典范。

5.1.3　德国绿色消费监管经验

如图 5-5 所示，德国的绿色消费监管经历了三个主要阶段。

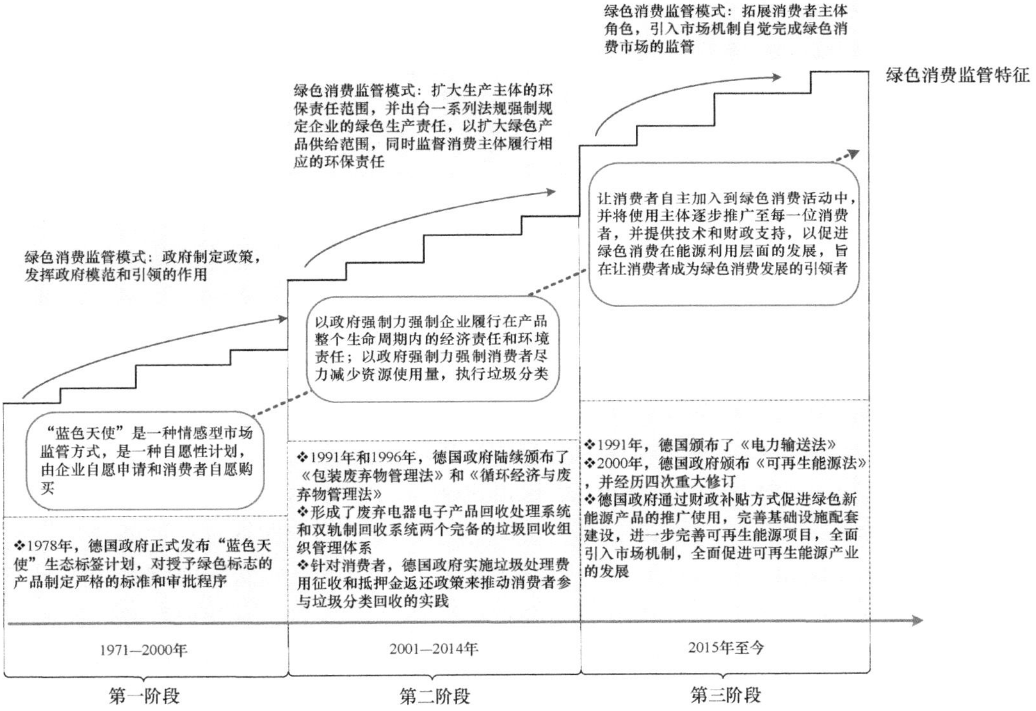

图 5-5　德国绿色消费监管模式演变

第一阶段是 1971—2000 年。为了更好地推行绿色消费，德国政府采取了一系列措施来促进绿色消费的顺利进行。1978 年，德国政府正式发布“蓝色天使”生态标签计划，对授予绿色标志的产品制定严格的标准和审批程序。德国“蓝色天使”生态标签是世界上第一个推行环保标志并开展生态标签认证的制度，也是世界上最成功的生态标签。其他标志，如北欧的“白天鹅”标志、日本的生态标志、美国的“能源之星”标志，都是在“蓝色天使”标志下衍生而来的。“蓝色天使”是一种情感型市场监管方式，也是一种自愿性计划，由企业自愿申请和消费者自愿购买。“蓝色天使”向企业和消费者提供和传播信息，引导其生产和选购有益于环境的产品，间接地影响绿色产品需求。

“蓝色天使”在环保、健康和性能方面设置了严苛的标准，为了保持与技术进步接轨，德国联邦环境署每隔一段时间就会对获证基准进行复核，以促进企业持续提升产品的生态效益。德国“蓝色天使”制度组织机构十分完善，其中包括非政府机构和非营利性社会组织。“蓝色天使”不同机构的责任制度分配较为合理，具有详细的生态标签基准制定与更新流程、认证流程（表 5-1）。“蓝色天使”产品涉及家居&生活、电气设备、建筑、办公、能源&供热、园艺&休闲和商业层面，具有节约资源、易于回收、使用安全、污染小和高质量的特点。在国家相关政策的支持下，“蓝色天使”生态标签为德国绿色消费市场的推动做出了巨大贡献。

表 5-1　德国“蓝色天使”生态标签主要制度组织机构及职责

组织机构	主要职责
德国联邦环境、自然保护与核安全部	标签所有权人，负责标签信息的发布
环境标签评审委员会	决策机构，负责产品的选择和批准
联邦环境署	负责准则的制定和进一步发展技术标准
质量保证与标志委员会	认证机构，负责认证实施与发证

第二阶段是 2001—2014 年。在通过生态标签激励企业绿色生产和消费者绿色购买的同时，德国政府开始实行产品责任制度，扩大生产主体的环保责任范围，并出台一系列法规强制规定企业的绿色生产责任，以扩大绿色产品供给范围，同时监督消费主体履行相应的环保责任。1991 年和 1996 年，德国政府颁布了《包装废弃物管理法》和《循环经济与废弃物管理法》，以政府强制力强制企业履行在产品整个生命周期内的经济责任和环境责任。同时，对于消费者，德国政府要求消费者必须尽力减少资源使用量，必须执行垃圾分类。通过法律法规的实施，鼓励消费者的绿色消费行为。同时，政府设立了专门的监管机构，以实现废弃物的合理利用及安全处置。之后，政府进一步扩大企业责任范围，充分发挥市场调节作用，实现废弃物处理产业化，并以强约束力形式强制管理生产主体的回收处理环节。当前，德国已经形成了废弃电器电子产品回收处理系统和双轨制回收系统两个完备的垃圾回收组织管理体系。同时，针对消费者，德国政府实施垃圾处理费用征收和抵押金返还政策来推动消费者参与垃圾分类回收的实践。这些政策体系的实施减少了环境污染和破坏，对推动消费者的绿色消费行为起到了重要作用。

第三阶段是 2015 年至今。德国 2000 年的能源转型目标提出预计替代 75%的传统能源。德国早在 1991 年就颁布了《电力输送法》，明确规定电力运营商有义务接纳居民生产出来的可再生能源电力，从法律上保证绿色电力都能进入电网。2000 年，德国政府颁布《可再生能源法》，进一步强调可再生能源的发电实施鼓励和奖励政策，让消费者自主加入到绿色消费活动中，并将使用主体逐步推广至每一位消费者，并提供技术和财政支持，以促进绿色消费在能源利用层面的发展，旨在让消费者成为绿色消费发展的引领者。2004 年、2008 年、2012 年和 2014 年，德国《可再生能源法》经历了四次大规模修订，进一步完善了可再生能源项目，全面引入了市场机制，并全面促进了可再生能源产业的发展。在大力发展新能源的同时，德国政府一直致力于通过财政补贴方式促进绿色新能源产品的推广使用，并完善基础设施配套建设，进一步增强消费者的绿色消费意愿。

综上所述，德国在绿色消费监管方面具有丰富的经验，在新能源领域具有先进的技术和市场配套体系。随着全球范围内环境问题的加剧，德国绿色消费监管体系为改善全球环境状况提供了一个典范。

5.1.4　英国绿色消费监管经验

如图 5-6 所示，英国的绿色消费监管经历了三个主要阶段。

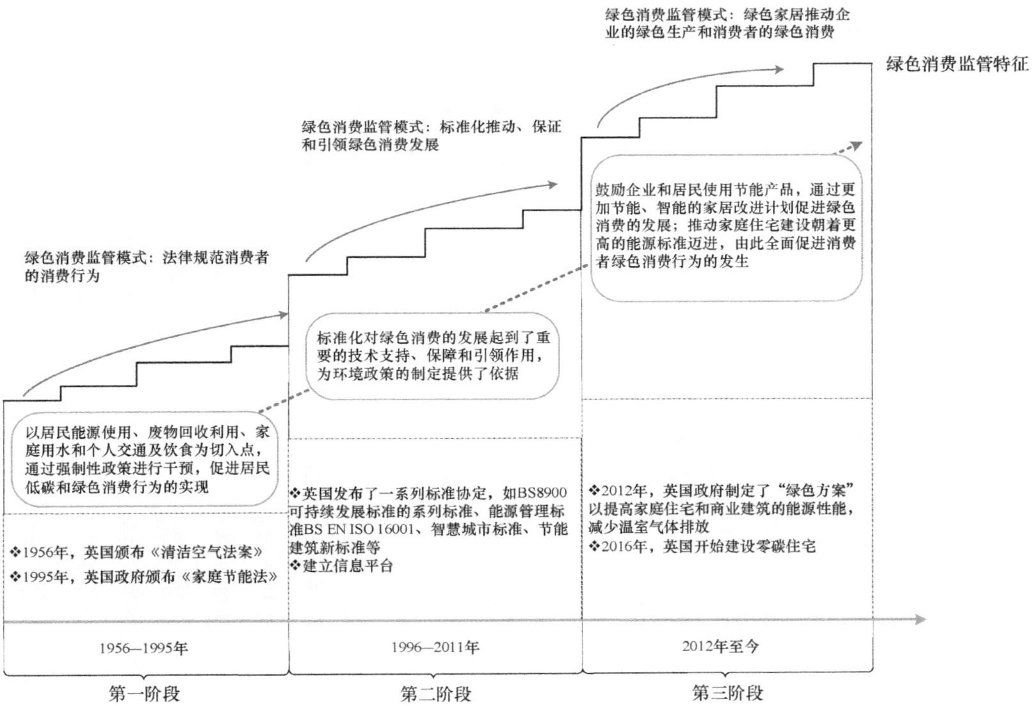

图 5-6　英国绿色消费监管模式演变

第一阶段是 1956—1995 年。19 世纪末 20 世纪初，英国在推进工业化的进程中无视生态规律，对生态环境造成了较大的破坏。1956 年，英国颁布《清洁空气法案》，强制停止居民的燃煤使用，实现天然气替代，环境质量得到明显改善。1995 年，英国政府颁布《家庭节能法》，以居民能源使用、废物回收利用、家庭用水和个人交通及饮食为切入点，运用一系列政策进行干预，促进居民低碳和绿色消费行为的实现。

第二阶段是 1996—2011 年。英国是最早启动标准化的国家之一，标准化对绿色消费的发展起到了重要的技术支持、保障和引领作用。这一阶段，英国发布了一系列标准协定，如 BS 8900 可持续发展标准的系列标准、能源管理标准 BS EN ISO 16001、智慧城市标准、节能建筑新标准等，均为环境政策的制定提供了依据。此外，英国政府关注信息平台的建立，致力于让消费者得到更多绿色产品的信息。

第三阶段是 2012 年至今。建筑业既是典型的“表观低碳、隐含高碳”产业，也是不可再生资源的主要消耗者。世界各国建筑业的完全碳排放量均排在行业碳排放前列。其中，英国建筑部门的碳排放量甚至占总二氧化碳排放量的一半，远高于其他经济部门[399]。因此，降低与建筑能源消耗相关的温室气体排放和与建筑材料相关的温室气体排放对英国碳减排目标的实现具有举足轻重的意义[400]。2012 年，英国政府制订了“绿色方案”，以提高家庭住宅和商业建筑的能源性能，鼓励企业和居民使用节能产品。2016 年，英国开始建设零碳住宅，推动家庭住宅建设朝着更高的能源标准迈进，全面促进消费者绿色消费行为的发生。

综上所述，英国在绿色消费监管方面具有丰富的经验，在标准化制定方面具有领先地位，同时具有先进的绿色建筑建造技术。随着全球范围内环境问题的加剧，英国绿色消费监管体系为改善全球环境状况提供了一个典范。

5.1.5　法国绿色消费监管经验

如图 5-7 所示，法国的绿色消费监管经历了三个主要阶段。

第一阶段是 1975—2000 年。1975 年，法国颁布《垃圾处理法》，其以卫生和健康为主要目的，要求企业妥善处理垃圾废品，尽量减少对环境的污染，属于被动环保。随着垃圾处理技术与管理的逐渐成熟，法国于 1992 年颁布了第二部《垃圾处理法》，明确了居民主动参与环保的责任和义务。在这两项法律的基础上，法国政府还陆续制定了各种垃圾处理的法规，垃圾的收集、运输到最终处理都有章可循，促进了消费者绿色消费行为的发生。

第二阶段是 2001—2007 年。法国日益推进的城市化进程导致绿色空间逐步减少，这种趋势抑制了消费者绿色消费行为的发生。作为回应，法国在 21 世纪初出现了代表健康、区域和社会责任的消费者运动。这些运动的目标是创造集体差异，减少温室效应，促进绿色消费，并鼓励使用创造性的方案解决环境污染问题。

第三阶段是 2008 年至今。2008 年，法国政府颁布了一系列旨在发展可再生能源的计划，用于推动公共建筑、工业和第三产业的能源发展。法国政府将新能源产品作为一项长期发展战略，并投入大量资金用于产品研发，同时通过正向的财政优惠政策、负向的税收政策和基础设施的建设来保障新能源市场的顺利运行。

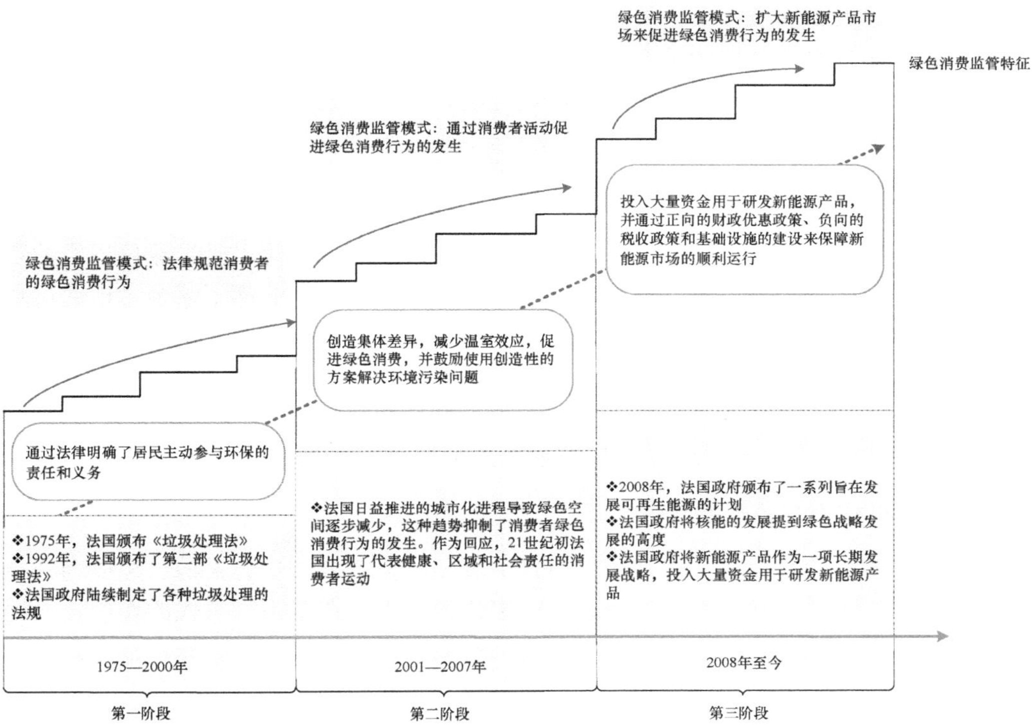

图5-7　法国绿色消费监管模式演变

综上所述，法国在绿色消费监管方面具有丰富的经验，在垃圾回收和新能源产业建设方面具有领先地位。随着全球范围内环境问题的加剧，法国绿色消费监管体系为改善全球环境状况提供了一个典范。

5.2　发达国家绿色消费监管经验总结

通过对国外绿色消费发展较好、监管体系较完善的发达国家市场监管经验进行总结分析，可以发现各国政府均以可持续发展为切入点，促进绿色消费发展。发达国家在实施绿色消费监管的过程中有很多经验值得我国借鉴，这些经验可以帮助完善我国绿色消费监管体系，促进绿色消费的良好发展。

5.2.1　完善的绿色消费法律体系

目前，发达国家制定了涵盖生产-消费-处置过程的全生命周期链和涉及政府、企业和消费者等多个主体的较为完善的法律法规，界定了不同主体的职责和义务，从而确保绿色消费实践的稳定运行。政府部门对绿色消费市场进行监管的方式多以法律等硬手段为主，利用法律的强约束力督促各主体实施绿色消费行为，具有较高的执行效力，取得的监管效果较好。建立完善的法律体系成为各国推行绿色消费的重要举措和实施绿色消费的重要保障。当前，中国绿色消费市场的监管法律尚未明确，国家层面尚无实质性的法律条例，地方政策思想不统一，即政府实施绿色消费市场监管无法可依。

5.2.2 完善的绿色消费经济调控手段

绿色消费本质上属于市场经济活动的一部分，以经济手段来引导绿色消费的实施可以达到事半功倍的效果。世界各国对生产绿色产品的企业都不遗余力地通过财政补贴支持企业的技术研发和产品生产，并通过一系列税收手段、奖励措施等减少企业税负压力，提高企业排污成本，降低企业绿色产品生产成本，提升企业绿色生产的积极性。对于消费者，各个国家制定了一系列减税和补助优惠政策，明显提高了消费者的购买意愿，对绿色消费的发展产生了重要推动作用。

5.2.3 完善的政府绿色采购政策

政府是国家的管理者，也是绿色消费中重要的消费者，政府采购已经成为社会绿色消费中的重要组成部分，在带动社会绿色消费上发挥着不可替代的作用。发达国家政府都通过相对完善的政策体系对公共机构的绿色采购进行指导，以专门的法律条例促进和规范政府绿色采购的执行，并建立相应的绿色采购评估和监管机制。这些政府绿色采购政策在引导企业绿色生产和消费者绿色购买方面起到了有效作用，是推动绿色消费的坚实后盾。

5.2.4 完善的监管体制

从国际视野看，绿色消费监管体制主要有分散式和统一式两种形式。在长期的监管实践中，各国政府普遍认识到绿色消费是一个贯穿产品生产、流通和交易的有机连续过程，应当从企业生产开始，对消费链的各个环节进行监督，并尽可能减少监管机构的数量。因此，大多数发达国家，除设立环保部门外，还会下设或专门成立一个机构负责推动绿色消费，从而增强绿色消费监管的实施效果。从实践上看，设置专门的监管机构更突出了绿色消费监管的专业性和独立性，更能有效地促进绿色消费的发展。

5.2.5 积极的社会团体运动

促进绿色消费是一项复杂的社会公共管理问题，绿色消费监管体系不仅应包括政府监管体系，还应包括社会管理体系以弥补政府监管体系的不足。其中，社会团体运动作为社会结构的三大组成部分之一，对监督企业绿色生产、管理市场绿色营销、鼓励消费者绿色购买有重要作用，是促进绿色消费发展不可或缺的重要力量之一。当前，各发达国家都存在与绿色消费活动相关的社会团体，这些社会团体不仅开展了一系列绿色消费活动，还对消费者进行绿色消费的宣传教育，成功促进了绿色消费的发展。

5.2.6　完善的绿色消费信息平台

当前，各个国家政府都建立了促进绿色消费发展的信息系统和增强绿色消费实施技能的咨询服务体系，向社会提供实施绿色消费的途径和具体操作流程、绿色消费政策扶持等方面的信息和服务，并在制定本国绿色产品标准的基础上向社会提供绿色产品名录查询服务，定期向社会组织开展绿色消费宣传活动。绿色消费信息平台成为企业、消费者选择和识别绿色产品信息的重要载体，在促进绿色消费方面发挥了重要作用。

5.2.7　积极的社会协作监管

绿色消费监管是十分复杂的工作，需要各利益主体的广泛参与，如消费者、社会团体和非政府组织等。在发达国家，为了更好地促进绿色消费的发展，确保社会参与绿色消费监管，各种法律和行政命令都明确规定了各利益主体的监管权利，并以适当的方式向社会公开绿色消费信息。这种公开、透明的决策方式将绿色消费置于广泛的监管之下，提高了绿色消费的监管效率。

5.2.8　积极的绿色消费社会教育

教育是引导消费者进行绿色消费的有效手段之一，通过教育，消费者能够获知实现绿色消费的必要技能和知识。部分发达国家更是将绿色消费理念写进了中小学教材。例如，英国在学校开展“可持续学校”活动，鼓励学生高效培养绿色消费的生活习惯。日本则在 20 世纪 60 年代就由非政府组织在学校实施环境教育。此后，日本成立了专门的环境教育协会，陆续出版了《环境教育指导资料》《增进环保热情及推进环境教育法》等一系列环境教育材料。这些教育活动从思想上直接影响了人们的生态环境情感，极大地提高了人们的环保意识，为绿色消费的顺利推行营造了必要的思想环境。

当然，由于各个国家的地理位置、气候条件、经济发展水平等基本情况存在差异，所以各个国家的绿色消费监管实践不完全一致，各国政府会根据自身的特定条件和具体情况制定并实施相应的政策来促进绿色消费发展。例如，法国是一个核能利用大国，所以法国将核能的发展摆在绿色经济的重点领域。德国通过制定产业责任制度来推动垃圾处理的市场化和产业化，从而产生了“垃圾经济”，很好地带动了国家的经济发展。由此可见，发展绿色消费是一项长期和综合的系统工程，需要各国依据自身的条件和特点制定适合自己国家绿色消费发展的监管体系。

5.3　国内外绿色消费市场监管体系对比分析

通过对国内外绿色消费市场监管情况进行总结分析，可以发现在建立绿色消费市场的过程中，国家的经济体制和文化都会影响绿色消费市场的建立，进而导致绿色消费市场监管体系存在差异。具体说来，在监管手段和监管重心上都会存在一定的差异。

（1）监管手段不同。国外发达国家的政府部门对绿色消费市场进行监管的方式多以法律等硬手段为主，利用法律的强约束力督促各主体绿色消费行为的实施，具有较高的执行效力，取得的监管效果较好。在具体制度设计上，各国政府不仅颁发了关于绿色消费的指导性文件，而且对绿色消费的全生命周期过程进行了相应的立法，界定了不同主体的职责和义务，确保绿色消费实践的稳定运行。而中国的绿色消费市场监管法律并不明确，国家层面尚无实质性的法律。

（2）监管重心不同。国内外绿色消费市场监管重心存在不一致的现象。国内外绿色消费市场监管体系在重心配置上呈现显著差异。国际通行的监管模式通常将产品全生命周期管理作为核心框架。相较于国际实践，我国现行监管体系存在明显的结构性失衡。政策着力点主要集中于消费端激励环节，通过能效标识、绿色认证等市场化手段引导购买行为，但在生产环节的生态设计标准、回收处置环节的逆向物流体系等关键领域，尚未形成有效的制度约束。这种监管重心的错位实质上反映了制度设计层面的深层矛盾。当国际社会普遍采用源头预防加末端治理的双重管控模式时，我国仍主要依赖消费端的柔性引导，这种路径差异在全球化竞争背景下可能会形成显著的制度性落差。

第6章　我国绿色消费嵌入式监管的理论构建与政策效力评估

6.1　绿色消费3.0嵌入式监管的挑战

虽然绿色消费3.0的直接外在表现是消费者对绿色产品的购买意愿增强，但为了达到监管目的，监管内容必须涉及生产端绿色产品的生产过程和消费端绿色产品的购买过程，将其全部纳入绿色消费3.0监管体系中。此外，政府需要结合两方面的监管内容设计监管手段。在具体的监管中，根据被监管主体的特点，采取合适的监管手段，才能对绿色消费进行高效的管理。

绿色消费3.0的监管手段应当刚柔并济，秩序监管外化于行，情感监管内化于心，秩序监管和情感监管相结合，有利于推进监管的创新。通过数值仿真可以发现，政府秩序监管情景下，企业演化到参与绿色生产策略的速度要快于政府情感监管情景，这是因为秩序监管强调“以法律法规为中心”的强制性管理，监管成本也会更高。因此，相对于情感监管，秩序监管更适合于大规模主体，用于监管生产端层面。此外，当政府采取秩序监管手段时，我们发现消费者的演化路径并无显著变化，而当政府采用情感监管手段时，消费者的演化速度大幅度增加，这可能是因为情感监管更强调人本管理，以达到激励人的目的。相对于秩序监管，情感监管的监管成本更低，负面作用较小，被监管对象接受意愿较高，监管效应也更持久。因此，情感监管更适合于单独个体，用于监管消费端层面。

由于绿色消费主体的特点不同，所以绿色消费3.0时代促进各绿色消费主体进行绿色消费的方式存在差异。对于生产主体而言，更强调秩序监管作用，以免造成“公地悲剧”现象。对于消费主体而言，更强调情感监管作用，以完成自身情感和消费观念的转变，但不可忽视秩序监管的执行效应。此外，通过数值仿真可以揭示监管体系中消费者发挥着促进绿色消费发展的重要作用。因此，绿色消费3.0时代更强调消费者的主体地位，通过转变消费者观念，树立公平消费和适度消费的消费观，注重消费者资源环境情感建设，以及可持续消费观和生态消费观的建立。绿色消费3.0监管的短期目的是保证绿色消费活动更规范、更高质量地开展，长期目的是充分激发消费者的绿色情感，在社会中营造一种长期的主动进行绿色消费的氛围。绿色消费在宏观层面是顺应国内消费升级的趋势，能保障和促进国家可持续发展战略的实现，在微观层面能够满足居民对美好环境和美好生活的需求。

基于我国当前绿色消费的突出问题，在发达国家的绿色消费监管实践经验的基础上，本书从监管主体、监管理论和监管机制三个方面论述我国绿色消费监管升级的现实挑战。

6.1.1 监管主体挑战

“互联网+”时代的经济模式创新带来了监管思维的革新，互联网经济高速发展，面对互联网经济业态下日益增多的跨部门、跨层级的监管需求，中央政府应当协调政府部门、企业、消费者和社会媒体等主体的利益关系和监督权限，从而形成多元主体监管模式[401]。就目前来看，政府绿色消费监管职能分散，横向部门间职能交叉和监管矛盾突出，负外部性问题凸显，未能形成监管合力；绿色消费市场存在监管机制缺失，企业自律意识薄弱、发展眼光狭隘，消费者环境意识不强，社会媒体导向不明、理性批判不足等问题。政府不再是市场监管的唯一主体，其他主体在监管“补位”过程中，未能有效承接政府转移的职能，从而导致绿色消费 3.0 监管失效。

6.1.2 监管理论挑战

绿色消费行为在给消费者自身带来利益（如舒适的体验和健康的生活）的同时，还会给其他消费者、社会和生态环境带来较高的效益（如减少经济活动的负外部性），但同时也会给消费者带来新的成本（如支付更昂贵的价格和花费额外的时间），所以绿色消费行为的心理机制与其他消费行为必然会有所差异。绿色消费行为特有的心理机制会使价格的影响作用大幅度下降，而情感因素的影响将会增强。因此，随着绿色消费的进一步升级，情感监管的地位和作用越来越突出。基于秩序监管和情感监管的理念，我国绿色消费 3.0 监管理论具有其特殊性。

6.1.3 监管机制挑战

在已有的监管体系中，政府的监管手段一般分为命令、禁止、特许、产品或服务标准与技术生产标准，以及产权与权利界定等强制性监管政策[402]，而对如何激发市场主体活力、适应市场经济体制，以及更好地实现市场有效监管的激励性监管政策的研究还较少。绿色消费 3.0 监管注重通过价值与信任等体系建设来促使生产者、市场和消费者等各类主体绿色消费理念的情感认同，对各类主体自觉主动地实施绿色消费进行激励性监督与管理。因此，绿色消费 3.0 的监管机制具有一定的特殊性，与其他领域的监管机制存在很大的差异。

6.2 绿色消费嵌入式监管理论构建

绿色消费 3.0 的升级亟须相应监管体系的建立。绿色消费监管是政府和社会各领域实施监管职能的一系列活动的总称，具有政策性强、可操作性要求高、追求实际效果等特点。进行绿色消费监管是为了实现推动绿色消费行为的社会目标，因此监管的含义为对生产端和消费端等各主体的行为所采取的一系列引导、激励、限制、约束和惩罚措施，因此监管具有一定的复杂性。此外，绿色消费 3.0 时期的监管内涵与能源监管、环境污染监管、金融监管和公共安全监管等不同，绿色消费 3.0 监管更偏向于对绿色环保等正面积极行为的引导和激励，但又不可忽视生态破坏、资源浪费等负面消极行为的限制、约束和惩罚。绿色消费监管的复杂性决定了其需要一定的理论支持。

因此，本节主要讨论与绿色消费 3.0 监管相关的嵌入性理论、外部性理论、公共产品理论、信息不对称理论、激励性监管理论和消费者行为理论，为绿色消费 3.0 监管体系的科学制定与有效实施提供理论基础。

6.2.1　绿色消费 3.0 监管相关理论

1. 嵌入性理论和绿色消费 3.0 监管

嵌入性理论是新经济社会学研究中的一个核心理论，许多经济学家对嵌入性理论进行了深入研究[403]。“嵌入性”概念引起了广泛的关注。目前，相关研究已经在组织理论、组织适应、社会战略和企业家精神等领域展开。同时，也有部分学者借用这一概念框架来分析当代中国国家社会关系中的局部现象。

从嵌入性理论的发展来看，经济史学家 Karl 最先提出“嵌入性”概念[404]，他认为经济行为作为一种过程，嵌入并缠结于经济与非经济的制度之中。在 Karl 提出嵌入性概念之后的几十年里，这一概念并没有受到关注。随后 Granovetter 对嵌入性概念进行了进一步修正和完善，他认为经济行为嵌入于社会结构，而社会结构的核心就是人们生活中的社会网络[405]。经济行为嵌入社会网络使其成为个体与组织沟通的桥梁。

学者将经济与社会的关系分为两种，一种是强嵌入性关系，即经济完全受社会关系支配，不能独立运行，另一种是零嵌入性关系，即社会关系对理性和利己行为的影响很小。进一步，Granovetter 提出了弱嵌入性概念，即经济既植根于社会关系，又具自主性。

嵌入可分为关系性嵌入与结构性嵌入。关系性嵌入是指交易双方对彼此的重视程度和信任程度。结构性嵌入是指网络中各种交易关系和非交易关系相互交织形成的网络总体性结构[406]。关系性嵌入的结构维度主要包括强度、凝聚力、尺度和周期四个方面。其中，强度是指网络组织中各节点之间联系的紧密程度，可以用互动频率、情感强度、亲密程度和互惠性四个指标来衡量关系性嵌入结构维度的强度。此外，Halinen 和 Törnroos 认为嵌入性是各种类型的网络之间的关系和依赖，并将网络嵌入性划分为时间嵌入性、空间嵌入性、社会嵌入性、政治嵌入性、市场嵌入性和技术嵌入性六种类型[407]。Gulati 和 Gargiulo 认为网络机制是重要的信息来源，并将其划分为关系、结构和位置嵌入性[408]。Hagedoorn 从宏观、中观和微观三个层面将嵌入性划分为环境嵌入性、组织间嵌入性和双边嵌入性[409]。Simsek 等把网络嵌入性划分为结构嵌入性、关系嵌入性和认知嵌入性[410]。Zukin 和 DiMaggio 认为按照企业经济活动所处的社会情景，嵌入性包含认知、文化、结构和政治四个维度[411]。

嵌入性理论最早应用于经济学、社会学领域，主要用于分析环境因素对经济组织运行逻辑和发展趋势的嵌入性影响。因而，在政府与社会组织的关系中，应该引入嵌入式监管的概念。嵌入式监管是指为了有效地摆脱多主体协同治理困境，将垂直关系嵌入到协同治理网络之中。嵌入式监管寓监督于管理之中，是一种整体和个体权衡、互相推进的法治观，其高度契合监管对象的实际情况[412]。嵌入式管理体制具有由入口管理转向过程管理、由片段管理转向全过程管理、由规制管理转向激励管理的优势，同时弥补了双重管理体制的不足。

当利益相关主体之间差异较大或其对自主权感知较低时，有必要加强政府嵌入力度。一方面，各子系统之间的差异会导致横向机制的交易成本提高，在这种情况下，单纯依靠横向机制无法从根本上提升治理效率[413]。另一方面，在行动主体的权力和责任边界差异较大时，政府具有关键决策权。相反地，若仅仅依赖多个利益相关主体的自主式协商整改，缺乏政府的嵌入式监管，那么多主体协同治理的“痛点”将难以被有效治愈[414]。因此，有必要在嵌入性理论中添加嵌入式监管，这样可以准确了解、推测嵌入式治理中政府的心理特征及其行为。

2. 外部性理论和绿色消费 3.0 监管

在经济学中，外部性是指影响未承担某一特定成本或未获得某一特定收益的第三方的成本或收益。首先，外部性可以是正面积极的，也可以是负面消极的，可以来自生产或消费过程中的一种商品或服务。例如，环境污染是消费过程中存在的一种常见的负外部性，其成本影响着整个社会。消费的负外部性问题主要是环境污染问题，即传统消费模式对环境造成了较大危害，而绿色消费模式并不会直接对环境产生较大污染。因此，相比于传统消费模式，绿色消费模式具有很明显的正外部性。但对于消费者而言，个人的绿色消费行为对环境所产生的正向影响往往微不足道，因此这部分的正向环境效益很难被发现以及衡量，也较容易被其他负向的效益所抵消（如时间成本）。对于消费者而言，绿色消费在一定程度上属于外部性收益，短期内并不会给自身带来明显的收益。

其次，外部性是非排他的，不能通过市场机制自动设置价格机制来实现优胜劣汰。由于消费具有十分明显的外部性特征，因此需要通过监管促进具有正外部性的绿色消费行为的产生，以减少甚至消除诸如环境污染的负外部性。当然，绿色消费的外部性问题不仅仅局限于消费环节，产品在生产、交易和处置过程中的处理不当也会对环境产生一定的负外部性。例如，生产端企业大规模生产绿色产品使得集体环境得到改善，但企业需要承担的产品研发成本可能导致其无法获取收益，企业可能会放弃绿色生产，继续使用传统生产方式，从而对环境产生较大负面影响。为了控制这些外部性，政府需要进行监管，以尽可能减少甚至消除绿色消费领域的各种负外部性问题。传统意义上，当涉及负外部性时，存在消除部分负外部性的方法。例如，以市场驱动来纠正负面外部成本，将第三方不愿承担的成本“内部化”（如收取排污费以要求污染者赔偿对环境造成的损害、制定处罚政策等监管手段）。但在许多情况下，这种“内部化”方法是不可行的，特别是在难以用金钱衡量的环境损失方面。因此，在绿色消费3.0时期，在制定处罚措施的同时，还应当通过一定的奖励机制来鼓励绿色消费行为，充分激发生产到消费全产业链过程中各主体的绿色情感。

3. 公共产品理论和绿色消费3.0监管

公共产品的基本特征是非竞争性和非排他性。绿色消费活动中的公共产品是指与绿色消费相联系、属于社会基础设施的那部分公共产品（如垃圾回收装置、新能源汽车充电桩、绿色能源）。政府为了推动社会绿色消费的发展，必须保证这部分公共产品的普遍供给。而对于农村或偏远落后地区，由于人口居住分散、地理环境恶劣、消费水平低等问题，在这些地区提供这类产品的成本较高，产品供给可能存在问题。此外，随着绿色消费实践的不断演进，这类公共产品将逐渐成为生活必需品。因此在促进绿色消费发展的同时，也可能存在一些疏漏，抑制了绿色消费的持续发展。就某些地区而言，一些行业可能会以低成本的价格提供与这类公共产品相类似的产品，但这些行业提供的产品往往会对环境造成较大破坏。就当前消费者购买的绿色产品而言，绿色产品会对全社会成员产生良好的环境效益，但绿色产品通常具有较高的成本。因此，消费者的边际私人成本将远远高于边际社会成本，即当消费者个人利益较小时，消费者难以产生绿色消费的意愿。综上，受绿色消费市场普遍的公共产品的影响，绿色消费市场是一个市场失灵的领域，仅靠市场机制不能解决绿色消费市场的公共产品供给问题，这就需要政府制定监管政策来促进绿色消费市场的稳定。

在绿色消费3.0时期，监管要以维护消费者利益为主要目标，同时要维持公共产品市场的稳定。此外，为防止一些行业对公共产品市场的破坏，政府应当通过监管来促进企业不断提高生产效率，消除企业生产绿色产品的各种风险。这里的风险主要是指绿色产品产业链中蕴含的技术风险、市场风险等。绿色产品通常具有高新技术特征，因而产品的研发过程往往存在诸多技术难题需要解决，同时在市场交易中也需要投入大量资金以获取市场认同，这对于大部分技术还很薄弱的企业而言存在较大的市场竞争风险。因此，政府需要对企业、市场进行监管来保证企业生产绿色产品的积极性，并在提升企业绿色产品的竞争力的基础上使企业主动放弃非绿色产品的生产。

4. 信息不对称理论和绿色消费3.0监管

市场交易过程中，当交易双方中的一方比另一方掌握更详细的信息时，就会产生信息不对称。消费者在消费过程中掌握的信息有限，与此同时，消费者还受信息搜寻高成本（主要是时间成本）的限制，即消费者在市场交易过程中往往处于信息劣势地位。由于绿色产品在性能等方面可能会受到消费者的青睐，企业可能会向消费者发出一些不真实信息（如价格、性能），以实现自身利益最大化。因此，在信息不对称理论的情景下，消费者无法判断绿色产品的内在信息，只能凭借自身知识对产品进行评价并支付价格，这在很大程度上导致消费者成为企业欺骗的对象。同时，由于企业比监管机构更了解在没有监管的情况下可采取的行动，因此监管的有效性可能会受到损害。在此背景下，消费者往往无法识别真正的绿色产品，从而无法直接提升购买绿色产品的意愿。

大多数现有研究表明，对绿色产品的熟知程度越高，消费者越能激发绿色消费的意愿[87]。在绿色消费 3.0 时期，政府需要通过制定价格监管、质量监管、信息公平开放等方面的政策，充分实现绿色交易市场的信息透明化，防止不法企业和销售商利用其信息优势损害其他交易主体的合法利益。

5. 激励性监管理论和绿色消费 3.0 监管

从国外绿色消费监管的历史经验来看，大部分国家的政府倾向通过强制性的法律对绿色消费进行监管，并取得了一定的成效。但传统的强制性监管方式在绿色产业链中的实施效果较差，这是因为各主体间的竞争较小。因此，对于生产端而言，强制性监管政策难以刺激企业努力降低成本，提高生产技术和效率。同时，由于企业独自掌握经营成本等方面的信息，强制性监管方式可能会使政府难以了解企业真实的负面信息，从而影响政府的监管效率。对于消费端而言，强制性监管政策虽会在短期内对市场产生特定的直接效应，但由于缺乏对市场监管绩效的评价，因此无法充分激发市场消费潜力。长期实行强制性监管政策还可能产生“累积效应”或“抵消效应”，从而影响监管效果。另外，强制性监管政策使得消费者在绿色消费活动中往往处于被动地位，难以积极且自愿地参与绿色产品推荐、创新、监管和反馈等活动。

因此，在绿色消费 3.0 时期，需要设计一种新的政府监管理念来指导政府监管实践。激励性监管理念和强制性监管理念不同，激励性监管是一种软监管，属于情感监管概念范畴，可以通过价值与信任等体系的建设促进生产者、市场和消费者等各类主体对绿色消费理念的认同，进而激发各类主体自觉主动地实施绿色消费行为。

对生产端而言，政府采取激励性监管理念会对生产端产生以下两方面的影响。第一，政府通过出台一系列激励政策，明确绿色消费市场的发展方向，可以直接鼓励企业改变原有传统的生产方案，加快绿色产品的研发、生产进程。第二，政府出台政策支持企业进行技术研发能够降低企业生产成本和市场进入成本，保证绿色产品质量和持续供给，不仅有利于企业开拓绿色市场，还有助于推进企业绿色发展战略及活动过程。

对消费端而言，政府采取激励性监管理念会对消费端产生以下五方面的影响。第一，政府的激励性政策会提升非绿色产品的市场进入门槛，降低绿色产品的市场交易成本，从而扩大绿色产品的市场规模，提升绿色产品市场效应。第二，政府的激励性监管能够提高市场绿色产品的透明性，并提升绿色产品欺骗等违法行为的成本，从而保护消费者利益。第三，政府的激励性政策可以减轻消费者对绿色产品的疑虑，增加消费者对这类产品的了解和接受程度，提升消费者的感知效应和信心，改变其对绿色产品的态度，从而提升其购买意愿。第四，政府通过优惠、补贴等激励性政策可以减少消费者购买绿色产品所付出的短期成本，降低消费者的购买支出，从而提升消费者对绿色产品长期效益的感知，帮助消费者对绿色产品进行更为理性的评估[415]。第五，政府的激励性政策会增加消费者使用绿色产品的便利性，从而在一定程度上直接提升消费者对绿色产品的偏好程度。

6. 消费者行为理论和绿色消费 3.0 监管

在环境心理学决策研究中，国内外研究人员提供了多种理论模型来解释个体的亲环境行为，如决策模型、行为变化模型等。决策模型的目的在于通过集中描述某一个时间点的行为决策来表明个人如何做出决定、是否以及如何参与环保行为。相反，行为变化模型试图描述个体在一段时间内如何改变自己的行为。行为变化模型似乎更适合于行为干预研究，而决策模型更适合通过提供全面的理论背景来解释个人的行为[416]。这些模型为绿色消费行为的研究提供了理论起点。在这些模型中，一类模型主要关注环境行为表现中的道德方面，如规范激活模型。当前，已有越来越多的研究支持环境情景下的规范激活模型，如亲环境行为、能源节约研究[417]。其他模型则侧重于个人成本和收益。其中，计划行为理论（theory of planned behavior，TPB）为其他模型的典型代表。

计划行为理论被研究人员广泛应用于解释消费者的行为机理和内在机制，是当前绿色消费行为研究中应用最多且较为成熟的理论之一。计划行为理论源自理性行为理论（theory of reasoned action，TRA）[418]。如图 6-1 所示，理性行为理论只考虑了个人意志方面，如态度（行为信念）和主观准则（主观规范信念）。计划行为理论则在此基础上拓展到非自愿方面。如图 6-2 所示，计划行为理论将感知的行为控制纳入个体行为的决策过程。具体来说，计划行为理论认为一个人实际行为的表现是由他们的行为意图决定的[419]，行为意图被描述为“人们愿意付出多大的努力以及打算做出多大的努力才能表现出某种行为”。尽管计划行为理论已被证明是预测个体行为的有效框架，但仍有许多学者主张通过增加新的重要变量或根据特定情况修改因果关系来进一步拓展该理论。当前，计划行为理论及其拓展理论已经被广泛应用于绿色消费、环境保护和道德行为等领域[420, 421]。例如，Yang 等使用拓展的计划行为理论模型来分析中国“双 11”购物节气氛对中国消费者可持续消费的影响，研究结果表明气氛对消费者的可持续消费意图有负面影响[421]。

此外，期望价值理论也是绿色消费领域最有影响力的理论之一。要想消费者产生某一具体的绿色消费行为，首先得让消费者明确践行这一绿色消费行为的具体流程，进而增加其对践行这一行为成功的可能性的期望。在此基础上，要让消费者意识到践行这一绿色消费行为为其自身带来的益处，使得消费者真正意识到这一绿色

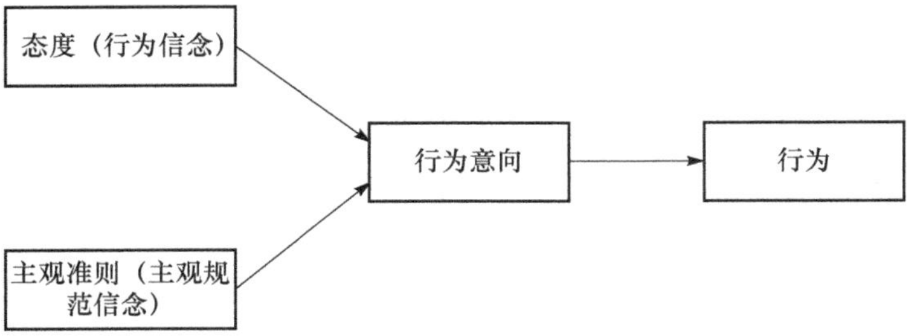

图 6-1　理性行为理论

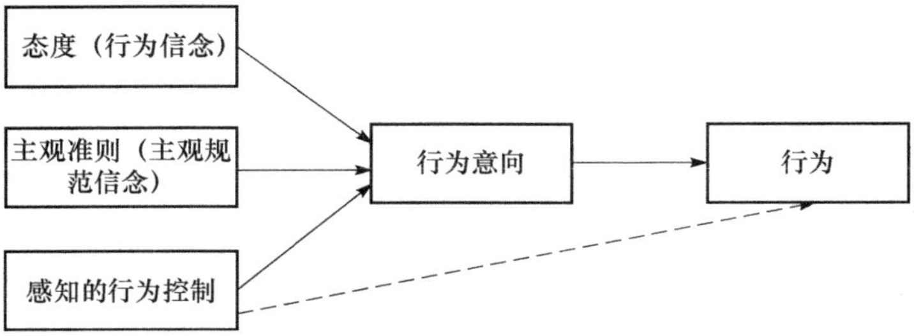

图 6-2　计划行为理论

消费行为的价值，由此增强消费者践行某一绿色消费行为的动机。

Hines 等学者在对文献进行分析的基础上提出了负责任环境行为模型[95]。如图 6-3 所示，该模型提出环境行为意向对负责任环境行为有显著影响，而环境行为意向又受到行动技能、行动策略知识、环境问题知识和个性变量的影响。该模型还指出情景因素是实施负责任环境行为的重要外在因素。鉴于此，Hines 等学者建议环境行为研究还应深入分析促使个体环境行为发生的外在情景变量。

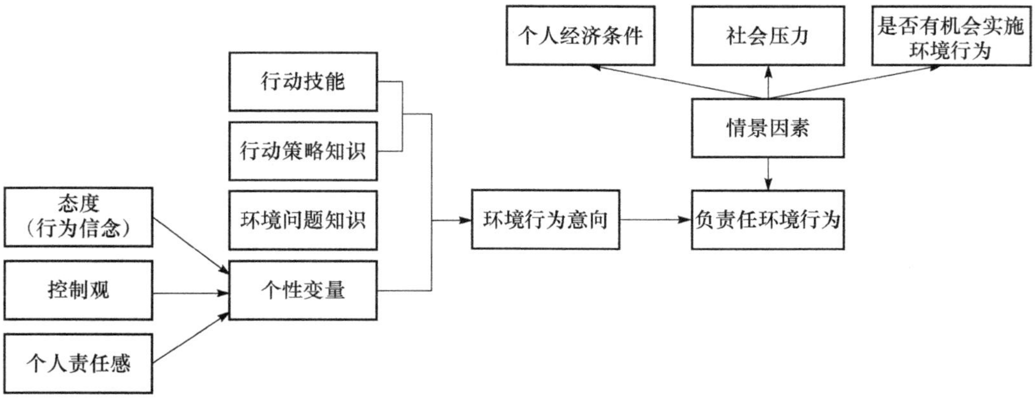

图 6-3　负责任环境行为模型

综上所述，绿色消费 3.0 时期，政府在制定监管政策时应当重点关注消费的行为变化模式和购买决策模式，以充分提升消费者对绿色产品的需求和购买意愿，最终引导消费者绿色消费行为的产生。此外，绿色消费 3.0 还强调情感监管的重要性，期望价值理论为绿色消费 3.0 监管体系框架构建使用情感型激励方法奠定了基础，而 Hines 的负责任环境行为模型则强调了外在情景因素、监管因素的重要性。

6.2.2 嵌入式监管理论构建

绿色消费系统是包含个体、群体和社会的多主体结构，且不同主体之间存在着心理和行为的交互关系。本书将绿色消费主体分为生产主体、消费主体和监管主体。各主体之间通过信息、物质、能量的交换，实现不同主体之间的交互作用，并影响消费行为的演进方向。

生产主体主要进行绿色产品的开发决策工作，如他们是决定是否开发绿色住宅的重要主体。生产主体也是进行绿色消费选择的主体，生产主体对于绿色产品的开发决策决定了绿色产品设计、属性和整体性能的总体效果。消费主体是绿色消费行为的具体执行者，其根据自己的经济状况、对绿色消费的认知和绿色产品的属性来做出购买决策，他们决定了绿色消费的需求量。环境资源具有公共属性，消费主体在实施绿色消费行为过程中对自身行为成本和收益的平衡往往会导致外部性问题，如环境污染等。解决这样的外部性经济行为所带来的问题不能完全依靠消费者自身行为的校正，还应依靠政府的干预。在绿色消费的多主体系统中，如果仅仅依靠生产主体和消费主体之间的行为互动，很难使其朝着绿色方向发展。与此同时，由于绿色消费的社会效益和环境效益的冲突，必须加入政府的有效监督，由政府承担由这部分效益导致的增量成本，才能促进绿色消费行为的有效推广，即监管主体参与绿色消费活动，能够对整个绿色消费系统起到正向引导作用，充分激发社会效益和环境效益，促进社会总体效益最大化。绿色消费系统关系示意图如图 6-4 所示。

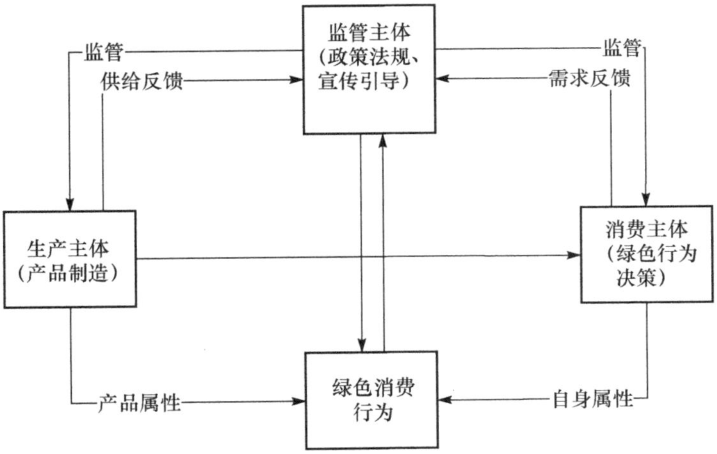

图 6-4　绿色消费系统关系示意图

6.3　绿色消费嵌入式监管政策效力评估

6.3.1　政策效力的评估维度和标准

政策效力是指政府政策文本的内容效度及其影响力[422]。彭纪生等在对政策进行文本量化评估时，构建了包含政策力度、政策措施和政策目标的三维度政策文本量化评估模型[423]。其中，政策力度由政策发布机构的行政级别决定，政策措施主要考察政策颁布的形式，政策目标主要考察政策内容的明确性。绿色消费监管政策效力评估还需要根据绿色消费监管政策的特点区分不同类型监管政策的作用机理。芈凌云和杨洁在政策文本效应研究中指出政策反馈也是评估政策文本效力的重要维度，因为反馈能够反映政策文本能否顺利执行[424]。绿色消费监管政策的反馈效应主要体现在是否具有详细的监管细则和明确的监管机构上，这在很大程度上直接决定绿色消费监管政策的执行效果，即政策执行力。

为了全面评估绿色消费监管政策的政策效力，本书基于彭纪生等、芈凌云和杨洁的模型设定，从政策力度、政策目标和政策执行力等四个维度建立绿色消费监管政策文本评估模型。其中，政策力度维度用于评估绿色消费监管政策的行政影响力，政策发布部门的行政级别越高，政策力度越大，具体评分方法参照彭纪生等的政策力度评估方法，分别赋予 1—5 的分值；政策目标维度用于评估政策目标的可度量程度，具体评分方法参照彭纪生等的政策目标评估方法，分别赋予 1—5 的分值；政策执行力维度用于评估绿色消费监管政策在执行过程中是否有详细的监管细则和具体的监管机构，监管细则越详细，监管机构越明确，政策执行力的评分越高，具体分别赋予 1—5 的分值。绿色消费监管政策生产端和消费端的具体标准，见表 6-1 和表 6-2。

表 6-1　生产端监管政策力度、政策目标和政策执行力的评分标准

项目	赋值	评分标准
政策力度	5	全国人民代表大会及其常务委员会颁布的与绿色生产监管相关的法律文件
	4	国务院颁布的与绿色生产监管相关的条例、指令、规定
	3	国务院颁布的与绿色生产监管相关的暂行条例和规定、方案、决定、意见、办法、标准，以及各部委颁布的与绿色生产监管相关的条例、规定和决定
	2	各部委颁布的与绿色生产相关的意见、办法、方案、指南、暂行规定、细则、条件和纲要
	1	各部委颁布的与绿色生产监管相关的通知、公告、规划
政策目标	5	绿色生产监管政策目标明确且可量化，目标实施路径清晰，明确指出了生产端绿色生产的环境指标或绿色产品的生产指标
	4	绿色生产监管政策目标明确且可量化，但未提及目标的具体实施路径

续表

项目	赋值	评分标准
政策目标	3	绿色生产监管政策目标明确，但没有量化的标准
	2	绿色生产监管政策目标较为宏观，具体实施路径较为模糊
	1	绿色生产监管政策目标仅仅提及绿色生产的发展愿景
政策执行力	5	绿色生产监管政策有明确的监管方法和具体的监管部门
	4	绿色生产监管政策有明确的监管方法，但监管部门较为模糊
	3	绿色生产监管政策有明确的监管部门，但监管方法较为模糊
	2	绿色生产监管政策的监管方法和监管部门均较为模糊
	1	绿色生产监管政策没有明确的监管方法和具体的监管部门

表 6-2　消费端监管政策力度、政策目标和政策执行力的评分标准

项目	赋值	评分标准
政策力度	5	全国人民代表大会及其常务委员会颁布的与绿色消费监管相关的法律文件
	4	国务院颁布的与绿色消费监管相关的条例、指令、规定
	3	国务院颁布的与绿色消费监管相关的暂行条例和规定、方案、决定、意见、办法、标准，以及各部委颁布的与绿色消费监管相关的条例、规定和决定
	2	各部委颁布的与绿色消费监管相关的意见、办法、方案、指南、暂行规定、细则、条件和纲要
	1	各部委颁布的与绿色消费监管相关的通知、公告、规划
政策目标	5	绿色消费监管政策目标明确且可量化，目标实施路径清晰，明确指出了消费端绿色产品的推广率和市场占有率等的数字标准
	4	绿色消费监管政策目标明确且可量化，但未提及目标的具体实施路径
	3	绿色消费监管政策目标明确，但没有量化的标准
	2	绿色消费监管政策目标较为宏观，具体实施路径较为模糊
	1	绿色消费监管政策目标仅仅提及绿色生产的发展愿景
政策执行力	5	绿色消费监管政策有明确的监管方法和具体的监管部门
	4	绿色消费监管政策有明确的监管方法，但监管部门较为模糊
	3	绿色消费监管政策有明确的监管部门，但监管方法较为模糊
	2	绿色消费监管政策的监管方法和监管部门均较为模糊
	1	绿色消费监管政策没有明确的监管方法和具体的监管部门

此外，为了更好地理解政府绿色消费监管措施，我们将对政府监管政策进行分

类。以往的研究因为分类依据的角度不一致，对政策的分类标准不一，很难形成公认的分类模式。例如，van der Doelen[425]将政策分为法律型政策、经济型政策和交流型政策；McDonnell 和 Elmore[426]以政策要实现的目标为依据将政策分为命令型政策、激励型政策、能力建设型政策和系统变化型政策；Howlett 等[427]依据政策的强制性程度将政策分为自愿型政策、强制型政策和混合型政策。本书借鉴发达国家在推动绿色消费行为领域颁布政策的成功经验，充分参考以往的研究成果和研究结论，结合本书梳理出的绿色消费监管政策文件的内容特征，将促进绿色消费发展的监管政策分为秩序型监管政策和情感型监管政策。

秩序型监管政策包括法律、法规等硬规范性质的政策，其监管特点体现为政府通过制定和推行国家环保法律法规等来实施对各类主体绿色消费行为的监督，具有强制性。除法律法规外，秩序型监管政策还涉及物质奖励、补贴、价格、税收等方面的经济激励手段。最初，绿色消费属于经济学范畴，因此价格和税收一直是发达国家推动绿色消费的主要政策手段。当前，绿色消费是经济学、消费行为学和环境科学领域学者共同关注的焦点，因此，绿色消费的经济监管手段越来越丰富。以往研究将经济监管手段划分为正向激励、反向激励和限制激励。其中，正向激励是指对绿色产品进行财政补贴或税收减免，从而提升消费者购买绿色产品的意愿，进而促进绿色消费的发展。反向激励是指通过提高非绿色产品的价格和征收传统能源税等提高消费者对非绿色产品的支付成本，从而降低消费者对非绿色产品的消费意愿。限制激励是指通过限制非绿色产品的购买来减少消费者对非绿色产品的购买需求，从而使消费者将购买对象转向绿色产品。

当前我国法律、法规等秩序型监管政策多运用在生产端层面，较少用于消费端领域。从以往的研究来看，法律的强制性往往导致社会支持感不足，因此需要以柔为主的情感型监管政策作为秩序型监管政策的补充。情感型监管政策包括道德、价值等软规范性质的政策，其监管特点体现为政府通过价值与信任体系的建设来促进生产者、市场和消费者各类主体绿色消费理念的情感认同，进而改变消费者行为，具有自愿性。与秩序型监管政策不同，情感型监管政策是社会管理主体运用舆论宣传、说服教育和社会疏导等非强制性手段引导社会成员主动进行行为改变的政策。孙悦和郭松洋指出情感型监管是一种人本管理，并进一步指出该类监管是在充分理解人们需求的基础上，通过教育、引导和帮扶等非强制性手段培养人们的自觉行为[428]。因此，情感型监管政策更强调激发社会成员的自觉性，是一种引导式监管，被监管对象的行为改变是主动的。与秩序型监管政策相比，情感型监管政策更适合改变消费者的态度，而不是直接改变消费者的行为，只有当消费者的绿色情感内化为社会成员的价值导向时，消费者才会自觉践行绿色消费行为。基于中国庞大的人口基数，我国情感型监管政策对于提高绿色消费意识从而引导绿色消费行为具有重要的意义，其实施路径在于通过说服等手段来影响行为主体，常见的绿色消费情感型监管手段包括关于绿色产品或生产商的信息披露、教育活动宣传以及媒体宣传等。情感型监管政策被广泛地应用于提高消费者的绿色消费意识，为消费者提供绿色产品信息，由此引导、促使消费者改变消费行为。

综上所述，秩序型监管政策和情感型监管政策对绿色消费的影响在行为动力、行为约束力和强制化程度上各有不同。秩序型监管政策的行为动力主要体现在政府的行政权力或行为主体的经济利益上，行为约束力主要体现在硬规范上，强制化程度处于较高水平；情感型监管政策的行为动力主要体现在行为主体基于环境情感的自主意愿上，行为约束力主要体现在行为主体的意愿强度上，强制化程度处于较低水平。绿色消费监管政策生产端、消费端的秩序型监管政策和情感型监管政策的监管措施评分标准见表 6-3 和表 6-4。

表 6-3　生产端不同类型政策措施的评分标准

政策类型	赋值	评分标准
秩序型监管政策	5	制定了生产端清洁生产相关推广、管理和审计办法，制定了生产端绿色产品环境标志制度，并强制生产端健全和实施产品质量控制体系，制定了强制淘汰落后产能产品的目录
	4	制定了生产端专门促进绿色生产的强制性管理办法等，制定了详细的奖励、补贴、价格、税收等制度，提出了财政支持额度或支持办法
	3	明确要求制定生产端清洁生产相关推广、管理和审计办法，明确要求制定绿色产品的市场准入条件，明确要求制定生产端绿色产品环境标志制度，并要求生产端健全和实施产品质量控制体系，明确要求加大淘汰落后产能产品的力度
	2	明确要求制定推动绿色生产的相关监管制度，明确要求建立促进绿色生产的奖励、补贴、价格、税收等制度，但均未制订相关方案
	1	政府对绿色消费生产端控制较松，只提及秩序型监管政策评价标准中 2—5 分的条款
情感型监管政策	5	大力引导生产端绿色生产，制定了相关宣传的具体实施办法或方案，制定了详细的绿色产品推荐目录，制订了绿色生产相关的示范、推广实施方案
	4	制定了社会参与绿色生产监督或评价的具体办法等
	3	明确提出要大力推广生产端绿色生产，但未制定相关宣传的具体实施办法或方案
	2	鼓励社会参与绿色生产监督和评价，但均未制订相关方案
	1	只提及情感型监管政策评价标准中 2—5 分的条款

表 6-4　消费端不同类型政策措施的评分标准

政策类型	赋值	评分标准
秩序型监管政策	5	制定了绿色产品的市场准入条件，制定了消费端强制履行环境责任的制度，制定了禁止购买落后产能产品的目录
	4	制定了专门促进绿色消费的强制性管理办法等，制定了详细的奖励、补贴、价格、税收等制度，提出了财政支持额度或支持办法
	3	明确要求减少使用落后产能产品，明确要求消费者履行环境责任，制定了推动绿色消费的相关监管制度，但均未制订相关方案

续表

政策类型	赋值	评分标准
秩序型监管政策	2	明确要求建立推动绿色消费的奖励、补贴、价格、税收等制度，但均未制订相关方案
	1	政府对绿色消费监管的控制较松，只提及秩序型监管政策评价标准中 2—5 分的条款
情感型监管政策	5	大力引导消费端绿色消费，制定了相关宣传的具体实施办法或方案，制定了详细的绿色消费引导体系及措施，制定了绿色消费相关平台建设和基础设施完善的具体实施办法或方案
	4	制定了绿色消费相关的推广活动及推广方式，制订了加大绿色消费宣传力度的实施方案、社会参与监督或评价的具体办法等
	3	明确提出要大力推广消费端绿色消费，但未制定相关宣传的具体实施办法或方案，明确提出实施绿色消费宣传，明确表示要制定绿色产品推荐目录和绿色消费引导体系及措施，以及明确表示要推动绿色消费相关平台和基础设施的建设，但均未制定相关目录或相关实施办法
	2	明确要求要推广绿色消费活动，鼓励社会参与监督和评价，但均未制订相关方案
	1	只提及情感型监管政策评价标准中 2—5 分的条款

6.3.2　政策效力评估模型的建立

在确定政策效力评估维度和评分标准后，可根据量化标准对绿色消费监管政策分别打分，得到各个政策在四个维度上的分值。具体计算公式如下：

$$\mathrm{PE}_i=\sum_{j=1}^{N}\frac{\left(m_j+t_j+f_j\right)e_j}{N} \tag{6-1}$$

其中，PE_i 表示第 i 年政府颁布的绿色消费监管政策的平均政策效力，$i\in\left(1996,2019\right)$；$N$ 表示政府颁布绿色消费监管政策的具体数目；m_j 表示绿色消费监管政策的政策措施得分；t_j 表示绿色消费监管政策的政策目标得分；f_j 表示绿色消费监管政策的政策执行力得分；e_j 表示绿色消费监管政策的政策力度得分。

在此基础上，为研究我国绿色消费监管政策的执行效果，本书通过构建多元回归模型对政策效力进行计量分析。由于没有专门条目统计绿色消费，因此，我们使用居民人均生活用能（数据来源于《中国统计年鉴》）来反映绿色消费实践状况。此外，考虑到政策的执行效果具有一定的滞后性，多元回归方程的因变量应当为滞后一期的变量。具体回归模型如下：

$$E_t=\alpha_0+\alpha_1E_{t-1}+\alpha_2\mathrm{POR}_{t-1}+\alpha_3\mathrm{PEM}_{t-1}+\alpha_4\mathrm{COR}_{t-1}+\alpha_5\mathrm{CEM}_{t-1}+\varepsilon_t \tag{6-2}$$

其中，E_t 表示第 t 年居民人均生活用能；POR_t 表示第 t 年生产端秩序型监管政策效力；PEM_t 表示第 t 年生产端情感型监管政策效力；COR_t 表示第 t 年消费端秩序型监管政策效力；CEM_t 表示第 t 年消费端情感型监管政策效力；ε_t 表示随机扰动项。表 6-5 为描述性统计结果。

表 6-5　1996—2019 年中国绿色消费监管政策效力描述性统计结果

项目		均值	极小值	极大值	标准差
生产端	总	12.852	0	21.960	6.383
	秩序型监管政策	13.147	0	22.216	6.567
	情感型监管政策	4.534	0	6.452	3.653
消费端	总	6.640	0	13.675	3.398
	秩序型监管政策	3.156	0	4.250	1.789
	情感型监管政策	6.745	0	14.012	4.014

6.3.3　实证分析

1. 政策效力演变分析

1996—2019 年，我国政府在生产端和消费端发布的绿色消费监管政策的政策效力演变情况见图 6-5。

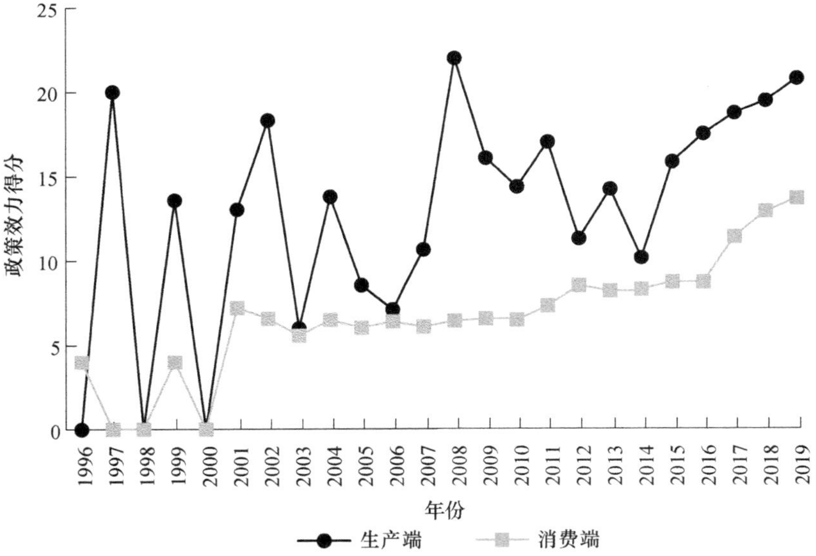

图 6-5　1996—2019 年中国绿色消费监管政策效力演变

由图 6-5 可知，我国生产端的监管政策效力呈现周期性波动。1996—2007 年，生产端的监管政策效力出现了多个小高峰，这与我国生产端法律法规的颁布有关。例如，1997 年颁布的《中华人民共和国节约能源法》，对生产端的节能管理、能源使用和技术进步等提出了具体要求，在一定程度上标志着我国已经将生产端污染解决问题放在我国绿色消费工作的首位。2002 年颁布的《清洁生产促进法》，鼓励、组织企业实施清洁生产，从而保障绿色消费活动。在2003年、2004年、2005年、2006年和2007年，我国陆续提出一系列有关绿色消费的重要政策，其中包括科学发展观思想、构建社会主义和谐社会和建设生态文明等，绿色消费开始进入新时期，政府对绿色消费监管领域的重视程度也随之提升，更多的绿色消费监管方式开始出现。2004年，全国人大常委会修订了《中华人民共和国固体废物污染环境防治法》，由此促进有利于环境保护的生产方式转型。除法律外，我国在绿色消费生产端方面也陆续颁布了一系列法规。

2008年，生产端的政策效力又出现一个小高峰。当年，全国人大常委会颁布《循环经济促进法》，严格强调了生产端企业的绿色生产责任。2008年后，生产端的监管政策数量虽然总体以较大幅度递增，但政策效力却有所减弱。随后，我国虽未对生产端颁布强制性的法律政策，但其他监管政策的颁布在一定程度上促进了生产端清洁生产的发展。此外，为了推行企业清洁生产，我国政府实施了多项税收制度，这对于企业的绿色投资和绿色生产、保护环境和资源节约有比较大的激励和推动作用，为绿色消费提供了一个良好的政策环境。总体来说，我国生产端的监管效力还未充分显现，但政策效力整体呈现递增趋势，反映了我国政府对生产端的重视程度，但政策质量对生产端监管效力的提升的贡献不足。

此外，由图6-5可知，我国消费端的监管政策效力大致呈现缓慢递增的趋势。1996—2016年，我国政府对消费端的重视程度较低，但为了推动绿色消费的发展，我国在消费端的具体实践方面做了很多工作，尤其是我国政府部门，需要承担推动绿色消费的重任，是绿色消费的主要推动者。在消费端，政府绿色采购通过庞大的采购力量在促进绿色消费发展方面发挥了重要作用。我国政府通过颁布一系列政府采购法规，对政府绿色采购给予强制性法律法规约束，要求建立政府强制采购绿色节能产品制度，开创了我国公共机构采购的新局面。对于消费者而言，包含强制性行为约束的法律法规条例不多，政策条例多以引导和鼓励消费者为主。此外，受到生产技术限制、生产成本高等因素的影响，绿色产品的价格通常比同类普通产品的价格稍高，导致消费者购买意愿和购买力度不强。为了增加消费者对绿色产品的需求，政府采取了一系列经济手段，通过降低环保产品的购买价格，从而吸引更多的消费者。

2016年后，我国消费端的监管政策效力开始呈现逐年递增的趋势，这一时期正是我国绿色消费3.0发展的新阶段，我国政府开始逐步重视消费端对绿色消费的促进作用。随着“互联网+”时代的崛起，政府对情感监管方式的关注也越来越多。2018年前后，作为经济绿色转型的重要载体，“共享经济”一词在政府工作报告中多次被提及。一般来说，每次发布新监管政策文件时，都会有许多关于共享经济监管方式的新想法，更重要的是，消费端绿色行为开始受到政府的重视。

为了进一步探究监管政策在生产端和消费端效果不佳的原因，本书分别对政策效力评估模型的四个评分维度的得分情况进行分解，结果如图6-6和图6-7所示。

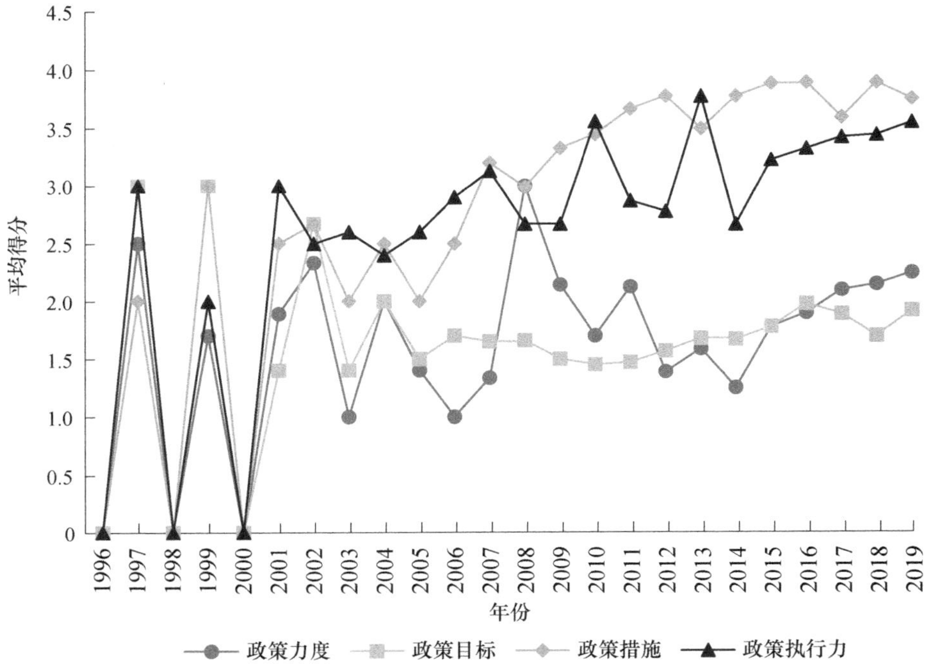

图 6-6　1996—2019 年中国绿色消费监管政策效力评估维度的平均得分演变（生产端）

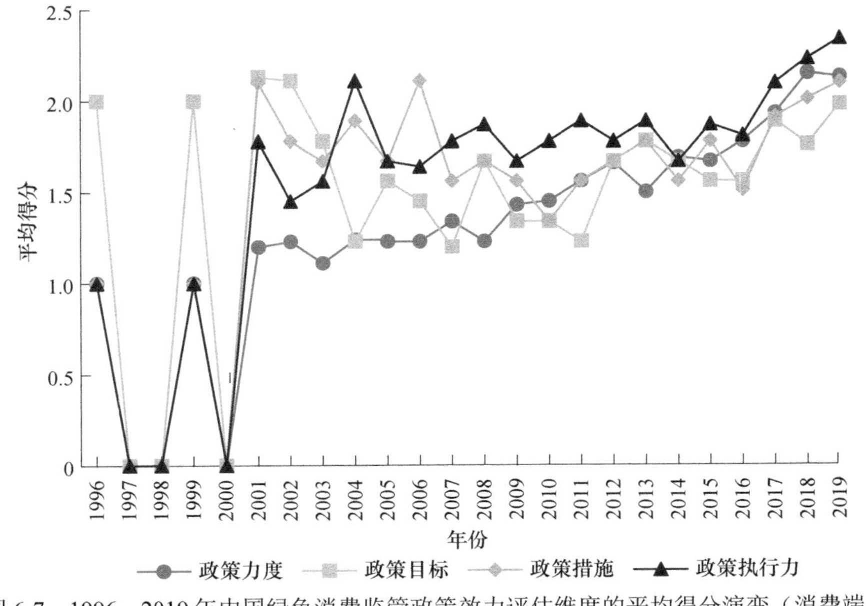

图 6-7　1996—2019 年中国绿色消费监管政策效力评估维度的平均得分演变（消费端）

由图 6-6 可知，生产端层面，首先，大多数年份的政策力度平均得分都低于 2.5

分，我国以法律法规形式颁布的绿色消费监管政策较少，政策发布缺乏战略性和系统性，导致政策力度偏低，影响了政策的平均效力。政策措施和政策执行力的得分较高，政策目标得分较低，虽然政府对于政策的具体监管内容和形式有较为详细的规定，但政策目标不够明确，使绿色消费监管的动力和压力均不足，难以从生产端得到足够的重视，也导致政策平均效力偏低。其次，1996—2019 年生产端政策效力的四个维度的变化趋势并不一致，没有形成稳定的监管体系结构，间接反映出政府在制定生产端监管政策时，不重视政策有效性的协同作用，导致政策年均效力水平难以提升。

由图 6-7 可知，消费端层面，首先，大多数年份的政策力度平均得分都低于 1.5 分，远低于生产端层面政策力度的得分。与发达国家相比，我国对消费端的强制性监管政策较少，在很大程度上导致政策力度偏低，影响了政策的平均效力。政策目标、政策措施和政策执行力的得分基本低于 2.0 分，并没有引起消费端的足够重视，也导致政策平均效力偏低。其次，1996—2019 年消费端政策效力的四个维度的变化呈现较低水平的平稳趋势，间接反映出政府对消费端的重视程度不足，导致政策年均效力水平一直难以提升。

2. 不同监管政策的政策效力演变分析

对两类政策工具在绿色消费发展的三个阶段的效力进行对比（表 6-6）可以发现，生产端层面，秩序型监管政策和情感型监管政策的效力在绿色消费发展的三个阶段递增，其中，秩序型监管政策的效力得分一直高于情感型监管政策，且秩序型监管政策效力得分的增长幅度要高于情感型监管政策，两者之间的差距逐渐增大，这说明我国政府通常采用较为严格的规章制度监管生产端的生产行为。消费端层面，秩序型监管政策和情感型监管政策的效力在绿色消费发展的三个阶段也呈现递增趋势，但情感型监管政策的效力得分一直高于秩序型监管政策，且秩序型监管政策效力得分的涨幅较小，由绿色消费 1.0 阶段的 1.897 上涨至绿色消费 3.0 阶段的 3.560，远远低于情感型监管政策效力的得分，这说明我国政府通常采用较为宽松的制度监管消费端的消费行为。例如，我国利用各种网络平台，通过各种各样的形式（如电视、广播、公益广告、公益活动、学术研讨、论坛、沙龙和信息公开等）向公众传播有关绿色消费的信息，其中包括中国环境资源网、中国绿色采购网、中国节能网、“节水中国”网站和中国低碳网等。从个人、家庭、社区到社会层面是绿色消费运动参与范围逐步扩大的过程，因此，我国重视通过公共活动交流信息，如从 1991 年开始的“全国节能宣传周”活动、从 2013 年开始的“全国低碳日”活动等。这些活动为消费者提供信息，鼓励广大消费者积极参与到绿色消费的实践中去，在很大程度上提高了消费者的绿色消费意识，对实施绿色消费行为起到了极大的促进作用。

表 6-6　绿色消费不同阶段监管政策效力统计结果

阶段	项目	监管政策	均值	极小值	极大值	标准差
绿色消费 1.0	生产端	秩序型	8.987	0	20.000	8.012
		情感型	1.450	0	2.500	1.125
	消费端	秩序型	1.897	0	4.561	2.348
		情感型	3.610	0	7.456	3.890
绿色消费 2.0	生产端	秩序型	13.567	7.103	21.989	4.431
		情感型	5.566	3.578	7.678	4.456
	消费端	秩序型	2.890	1.568	5.678	1.976
		情感型	6.908	6.234	8.580	2.678
绿色消费 3.0	生产端	秩序型	17.565	10.872	22.216	7.567
		情感型	6.890	4.560	9.780	5.680
	消费端	秩序型	3.560	1.278	4.250	1.980
		情感型	10.890	8.886	14.012	2.180

3. 不同监管政策的节能效果分析

我国不同类型监管政策效力的估计结果见表 6-7。其中 Adj R^2=0.995，大于 0.9，同时 F 值检验通过（F 统计量的概率=0.000），说明多元回归方程的整体拟合程度较好。考虑到数据上的多重共线性问题，通过计算发现，各个变量的 VIF（variance inflation factor，方差膨胀因子）值均小于 10，表明潜在的多重共线性不会对研究结果产生严重影响。

表 6-7　我国不同类型监管政策效力的估计结果

变量	滞后	效应	回归系数	概率（Prob.）
常数项			1.628	0.087
E	1	P	0.948	0.000
POR	1	P	−0.149	0.062
PEM	1	N	1.396	0.092
COR	1		3.059	0.375
CEM	1	N	1.881	0.037

注：显著性水平为 10%；“滞后”中的数值表示滞后期；效应中“P”表示加强该变量对推动绿色消费具有积极作用，同理，“N”表示加强该变量对推动绿色消费具有消极作用

由表 6-7 可知，首先，只有生产端秩序型监管政策显著地促进了绿色消费的发展，其系数为-0.149（Prob.=0.062＜0.1）。政府通过较为严格的政策限制了生产端传统的生产方式，促进了绿色产品的规模生产，在一定程度上促进了绿色消费的发展。然而，生产端秩序型监管政策数量最多，政策文本的整体效力最强，但实际产生的促进效应相对较小（POR 系数绝对值相对较小），与我国绿色消费的发展目标差距依旧较大。其次，生产端情感型监管政策和消费端情感型监管政策对绿色消费的发展并未起到积极的促进作用，其系数分别为 1.396（Prob.=0.092＜0.1）和 1.881（Prob.=0.037＜0.1），这可能是因为情感型监管政策间接影响消费者的认知和行为，对消费者的“感化”需要较长时间，也可能与情感型监管政策的执行力较低有关。此外，消费端秩序型监管政策未能通过检验，可能是因为我国对消费端的强制性监管不足。表 6-7 还显示，上一年居民人均生活用能对之后的生活用能形成了显著制约，其系数为 0.948，（Prob.=0.000），说明居民绿色消费习惯无法形成是绿色消费转型的一个重要障碍，因此，需要进一步发掘绿色消费监管对绿色消费发展的促进作用，通过建立绿色消费 3.0 监管体系，对企业的生产行为和消费者的消费行为进行监督，化阻力为动力，以促进绿色消费更好地发展。

通过以上分析可知，总体来说，我国生产端和消费端的监管政策效力普遍不高，未能对绿色消费的发展起到较好的促进作用。此外，我国秩序型监管政策多应用于生产端层面，虽然对促进绿色消费的发展有一定的积极作用，但秩序型监管政策大部分提供的是环境支撑力，与消费端并不存在直接联系，因此在一定程度上削弱了秩序型监管政策对消费端践行绿色消费行为的驱动力。情感型监管政策能够更直接地建立政策与行为的关联，对绿色消费发展的促进作用更为显著，同时也能带动生产端生产理念的变革，但情感型监管政策效果的显现时间通常较长，在当前的信息经济和大数据时代，如何充分协调秩序监管和情感监管是值得政府部门高度重视的问题。

第7章　绿色消费嵌入式监管路径选择与模型构建研究

7.1　绿色消费3.0嵌入式监管体系的路径选择

一个国家的环境状况与政府、生产端和消费端三方活动的共同影响有关。对保护生态环境起重要作用的绿色消费，离不开三方的共同努力。绿色消费的监管是为了实现推动绿色消费行为的社会目标，社会目标充分体现了社会成员的共同利益。政府的宏观控制，生产端和消费端的微观实施，政府和生产端对消费端绿色意识的教育与激励，以及政府和消费端对生产端的监督、鼓励与配合缺一不可。其中，各类主体在绿色消费监管体系中的作用具体如下。

7.1.1　政府

在经济学理论中，市场这只“看不见的手”在对经济进行调节时也会导致盲目性、自发性等一系列“市场失灵”问题，这就需要政府这只“有形的手”进行市场干预。推动绿色消费、建立绿色消费监管体系是政府约束行为的需要，具体体现在政府制定相关的监管政策和法律法规上。此外，政府在充当监管者的同时，应当在监管过程中自觉做到自身经济、社会和环境的平衡发展，加强自身管理（如绿色采购），努力构建绿色政府，规范政府工作人员的环境不友好行为，在提高政府对绿色消费的监管水平的同时，发挥政府在绿色消费中的模范带头作用。

7.1.2　生产端

企业是绿色消费生产端的一个重要主体，绿色市场的形成离不开企业自身的“绿化”。首先，企业是绿色产品的设计和研发主体，企业应当综合考虑生产链可能会污染环境的各方面，在各个环节上尽量减少污染，积极研发节能降耗的绿色产品。其次，企业是绿色产品流通的主导者，企业通过实施绿色流通、绿色推销和营业推广，能够使社会充分了解绿色产品信息，激发社会绿色消费的欲望。

7.1.3　消费端

消费者是绿色消费消费端的一个重要主体。消费者参与绿色消费的各个环节，对绿色产品形成个体认知，从而形成绿色消费需求。消费者在意识到绿色消费对自身健康和环境的重要性的同时应当积极充当绿色消费的推广者，积极推动绿色消费深入消费者人群并落实到实践之中。在秩序混乱、假冒伪劣产品充斥的绿色消费市场中，消费者应当坚决抵触该类市场的产品，同时充当绿色消费的监管者，对该类产品进行揭发，维护自身的合法权益。

总之，政府、生产端和消费端应首先明确各自在推动绿色消费中的责任和义务，而在这一过程中，政府作为决策的制定者，应当积极主动地推动绿色消费的发展。因此，本书的绿色消费监管对象不仅仅局限于政府，还应包括生产端和消费端；被监管对象不仅仅局限于消费端，还应包括政府（绿色采购）和生产端。

进行绿色消费 3.0 监管是为了实现推动绿色消费行为的社会目标，因此监管包括引导、限制和约束各类主体的行为，具有一定的复杂性。绿色消费 3.0 时代主要强调消费者的主体地位，通过转变消费者观念，树立公平消费和适度消费的消费观，注重消费者资源环境情感建设，以及可持续消费和生态消费观的建立。绿色消费 3.0 嵌入式监管体系如图 7-1 所示，我国绿色消费 3.0 嵌入式监管体系建设的基本途径是：建立绿色消费 3.0 监管理论，设计高效的监管机制，完善绿色消费监管的保障体系，包括建立绿色消费 3.0 监管体系的运行模式、明确绿色消费 3.0 监管体系的立法导向、构建绿色消费 3.0 监管体系的支持平台，以及明确绿色消费 3.0 监管体系的文化导向，从整体上构建与中国可持续发展目标相适应的中国绿色消费 3.0 监管体系。

（1）绿色消费监管是指政府对生产行为和消费行为的合法性、有效性、科学性、公平性和可持续性进行全面管理与促进。绿色消费监管主要想实现以下三个目标：一是克服市场监管失灵；二是提高监管效率；三是促进绿色消费的发展。由于绿色消费的不同主体的被监管特点不同，因此应当建立不同主体的监管理论和监管机制。

（2）当前我国绿色消费领域监管职能的实施涉及政府多个监管和保障部门，部分监管部门相关职能定位不清晰，职责不明确，且部分管理部门之间的相互沟通与协调少，没有总部门对其进行统一规划、部署，没有形成合力。此外，在已有的监管体系中，政府的监管手段一般分为命令、禁止、特许、产品或服务标准与技术生产标准，以及产权与权利界定等强制性监管政策[300]，而对如何激发市场主体活力、适应市场经济体制，以及更好地实现市场有效监管的激励性监管政策的研究还较少。绿色消费 3.0 监管注重通过价值与信任等体系建设来促进生产者、市场和消费者等各类主体绿色消费理念的情感认同，并对各类主体自觉主动地实施绿色消费行为进行激励性监督与管理。因此，绿色消费 3.0 监管的一般体系框架、过程和手段具有一定的特殊性，与其他领域的监管存在很大的差异。因此，我国在绿色消费监管中应当结合我国绿色消费的发展实际，进行绿色消费监管模式的创新。

（3）完善绿色消费监管法规政策体系。绿色消费 3.0 的发展需要明确绿色消费监管的立法导向。在传统绿色消费监管体系下，中国绿色消费监管的法规政策主要体现在强制生产端清洁生产方面。随着中国绿色消费 3.0 的升级，中国绿色消费市场的规模不断扩大、发展模式不断丰富，客观上要求转变绿色消费监管的立法导向，以满足绿色消费 3.0 新形势下对绿色消费监管法规政策的新需求。

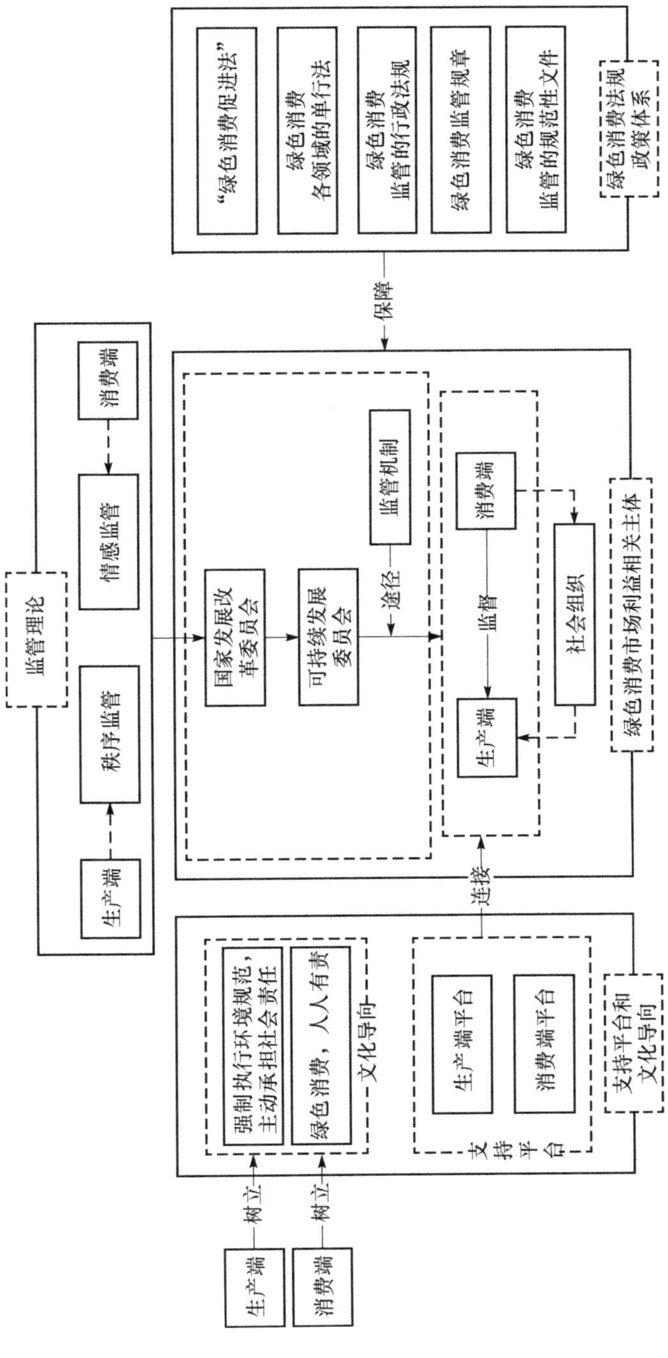

图7-1　绿色消费3.0嵌入式监管体系

（4）目前我国绿色消费监管在整体层面重视事前管理和事后管理，缺乏事中管理措施，而事中管理能够起到风险控制的重要作用。造成这一现状的重要原因是绿色消费相关平台建设尚未完善。因此，建设绿色消费的专项平台有利于提高绿色消费的监管效率。

（5）文化是一个社会在自身发展过程中形成的以价值为核心的独特的认知体系，是一种凝聚人心以实现自我价值的无形力量和资本。绿色消费 3.0 升级主要体现在消费主体情感转变上，情感的转变更需要文化氛围的建立。文化具有激励作用，绿色消费所形成的文化氛围和价值导向是一种精神激励，能够调动与激发社会各主体的积极性、主动性和创造性，对绿色消费监管效果的提升具有潜移默化的作用。

7.2　嵌入式监管对绿色消费的影响机理研究：以绿色产品扩散为例

7.2.1　研究方法

1. *方法选择*

随着通信技术的发展，绿色消费行为扩散被嵌入复杂的关系网络中，其中，潜在采纳者之间的关系是绿色消费信息在扩散系统中的重要传播渠道[429]。绿色消费行为的扩散是一个受到生产端、消费端、政府等不同层面因素影响的长周期的动态过程。当绿色消费行为在复杂的社会系统中扩散时，不仅需要考虑网络中参与者之间相互作用形成的空间结构，还需要考虑外部政策环境变化时各主体的策略选择。绿色产品扩散的重要动力和有效渠道是同行企业之间的博弈竞争。目前，关于政府的不同“秩序-情感”监管如何帮助绿色产品在多个利益相关者中成功扩散的博弈研究仍然较少，特别是涉及复杂网络特征的影响。因此，有必要基于复杂网络情景探讨不同监管政策对绿色产品扩散的影响。

本书采用复杂网络演化博弈的方法，探讨“生产端-消费端”不同政府监管在绿色产品扩散中的作用。作为博弈中的主要参与者，生产商的决策一方面受到政府监管、消费者需求等外部因素的影响，另一方面受到社交网络中会对它们产生直接影响的生产商的策略的影响。综上所述，本书使用博弈模型描述有限理性的生产商在政府监管下的策略选择，并用复杂网络描述生产商之间的交互作用，探讨了秩序监管和情感监管对复杂网络中绿色产品扩散的影响。

2. *模型设定*

1）问题假设和参数设定

绿色产品扩散是指随着时间的推移绿色产品生产策略在生产商之间扩散的过程。在绿色产品扩散过程中，生产商有两个纯策略：一是生产绿色产品，二是生产普通产品。生产商通过权衡采取绿色产品策略和普通产品策略的收益，来决定是否进入绿色产品市场。生产商的行为会受到生产成本、消费者购买意愿、政府监管等内外部因素的影响。生产商通过产业网络进行博弈与策略学习，其微观决策最终决定了绿色产品在宏观层面的扩散程度。根据 Wu 等[430]的研究，绿色产品和普通产品的环境友好度分别为 g_a 和 g_b， $g_a > g_b > 0$，消费者的环境意识为 θ 。假设绿色产品的单位售价和成本为 p_a 和 c_a，普通产品的则为 p_b 和 c_b，其中 $p_a > p_b > 0$， $c_a > c_b > 0$，生产绿色产品和普通产品的利润分别为 π_a 和 π_b，参数设定具体如表 7-1 所示。

表 7-1　参数设定

符号	定义
g_a / g_b	绿色产品/普通产品的环境友好度
c_a / c_b	绿色产品/普通产品的单位成本
p_a / p_b	绿色产品/普通产品的单位售价
q_a / q_b	绿色产品/普通产品的需求量
$U_a / U_b / U_n$	消费者购买绿色产品/普通产品/什么都不够购买的净效用
π_a / π_b	绿色产品/普通产品的利润
S	政府对绿色产品生产商的绿色补贴
T	政府对普通产品生产商的环境税
F	碳配额
F_a / F_b	绿色产品/普通产品生产商的碳使用量
v	政府给予消费者的绿色消费券
α	政府给予绿色产品生产商的补贴率
γ	普通产品生产商的环境税率
μ	碳交易的市场参与程度
ε	消费券折扣率
θ	消费者的环境意识
β	消费者的价格敏感度

政府实施了多项监管政策，这些政策同时影响绿色产品的工序，并通过这种影响促进绿色产品的生产和消费。在供给端，政府补贴绿色产品生产商，对其的绿色补贴记为 S；对普通产品生产商征收环境税，环境税记为 T；同时设定碳交易市场，碳配额记为 F，并允许绿色产品生产商和普通产品生产商之间进行碳交易。在需求端，政府给公众发放绿色消费券鼓励其购买绿色产品，同时举行一系列绿色消费宣传教育活动改变其对绿色产品的价值感知，进而影响其价格敏感度。

2）消费端购买行为

消费者共有三种选择：购买绿色产品 U_a 、购买普通产品 U_b 、什么都不购买 U_n 。

借鉴著名的 Mussa 和 Rosen 消费者效用公式[431]，消费者三种效用的计算公式如下：

$$U_a = \theta_a g_a - \beta_a p_a + v \quad (7\text{-}1)$$

$$U_b = \theta_b g_b - \beta_b p_b \quad (7\text{-}2)$$

$$U_n = 0 \quad (7\text{-}3)$$

令式（7-1）等于式（7-2），可以得到购买绿色产品和普通产品的临界点，称之为θ_a，$\theta_a = \dfrac{\beta_a p_a - \beta_b p_b - v}{g_a - g_b}$，令式（7-2）等于式（7-3），可以得到购买普通产品和不购买产品的临界点，称之为θ_b，$\theta_b = \dfrac{\beta_b p_b}{g_b}$，$0<\theta_b<\theta_a<1$的关系表明了需求端异质性消费者的不同购买行为。如果$\theta \in [\theta_a, 1]$，消费者将购买绿色产品，如果$\theta \in [\theta_b, \theta_a]$，消费者将购买普通产品，如果$\theta \in [0, \theta_b]$，消费者将什么都不购买。

根据消费者购买行为，可以得到绿色产品和普通产品的需求量，绿色产品的需求量$q_a = 1 - \theta_a$，普通产品的需求量$q_b = \theta_a - \theta_b$。因此绿色产品和普通产品需求量的计算公式为

$$q_a = \frac{g_a - g_b - \beta_a p_a + \beta_b p_b + v}{g_a - g_b} \quad (7\text{-}4)$$

$$q_b = \frac{\beta_a p_a g_b - \beta_b p_b g_a - v g_b}{(g_a - g_b) g_b} \quad (7\text{-}5)$$

3）生产商利润

所有生产商都期望实现利润最大化，因此绿色产品生产商和普通产品生产商的利润函数总结为

$$\pi_a = (p_a - c_a)\left(\frac{g_a - g_b - \beta_a p_a + \beta_b p_b + v}{g_a - g_b}\right) \quad (7\text{-}6)$$

$$\pi_b = (p_b - c_b)\left(\frac{\beta_a p_a g_b - \beta_b p_b g_a - v g_b}{(g_a - g_b) g_b}\right) \quad (7\text{-}7)$$

4）政府监管下的生产商收益

每个生产商都有两种纯策略，即生产绿色产品或者生产普通产品。如果生产商选择生产绿色产品，那么除了基本利润外，因为生产更清洁、环保的产品，每生产一件绿色产品就会获得政府补贴。政府补贴有多种具体形式，本书中只考虑政府对绿色产品的直接补贴。

$$S = \alpha c_a \quad (7\text{-}8)$$

因此绿色产品生产商的收益为

$$U_a = \pi_a + S q_a \quad (7\text{-}9)$$

可以拓展为式（7-10）：

$$U_a = (p_a - c_a)\left(\frac{g_a - g_b - \beta_a p_a + \beta_b p_b + v}{g_a - g_b}\right) + \alpha c_a q_a \tag{7-10}$$

如果生产商选择生产普通产品，政府将对每件普通产品征收环境税。

$$T = \gamma p_b \tag{7-11}$$

因此普通产品生产商的收益为

$$U_b = \pi_b - Tq_b \tag{7-12}$$

可以拓展为式（7-13）：

$$U_b = (p_b - c_b)\left(\frac{\beta_a p_a g_b - \beta_b p_b g_a - v g_b}{(g_a - g_b) g_b}\right) - \gamma p_b q_b \tag{7-13}$$

此外，如果一个生产商生产普通产品，而其邻居生产绿色产品，且邻居的收益较大，生产商则会在复杂网络中学习邻居的策略。普通产品生产商可以从其邻居那里购买碳配额，从而抵消超标的碳排放。根据碳市场规律，用 F 表示碳配额，F_a 和 F_b 分别表示绿色产品生产商和普通产品生产商的碳使用量，假设 $F_a < F < F_b$，P 为碳价格，μ 为碳交易的市场参与程度。

此时绿色产品生产商和普通产品生产商的收益分别为

$$U_a' = \pi_a + Sq_a + \mu P(F - F_a) \tag{7-14}$$

$$U_b' = \pi_b - Tq_b - \mu P(F_b - F) \tag{7-15}$$

相应地，可以拓展为如下等式：

$$U_a' = (p_a - c_a)\left(\frac{g_a - g_b - \beta_a p_a + \beta_b p_b + v}{g_a - g_b}\right) + \alpha c_a q_a + \mu P(F - F_a) \tag{7-16}$$

$$U_b' = (p_b - c_b)\left(\frac{\beta_a p_a g_b - \beta_b p_b g_a - v g_b}{(g_a - g_b) g_b}\right) - \gamma p_b q_b - \mu P(F_b - F) \tag{7-17}$$

因此不同产品的生产商在不同策略下的收益矩阵如表 7-2 所示。

表 7-2　收益矩阵

		生产商 2	
		绿色产品	普通产品
生产商 1	绿色产品	(U_a,U_a)	(U_a',U_b')
	普通产品	(U_b',U_a')	(U_b,U_b)

3. 生产商在复杂网络中的演化机制

复杂网络中生产商的演化机制一般分为以下几个步骤，如图 7-2 所示。

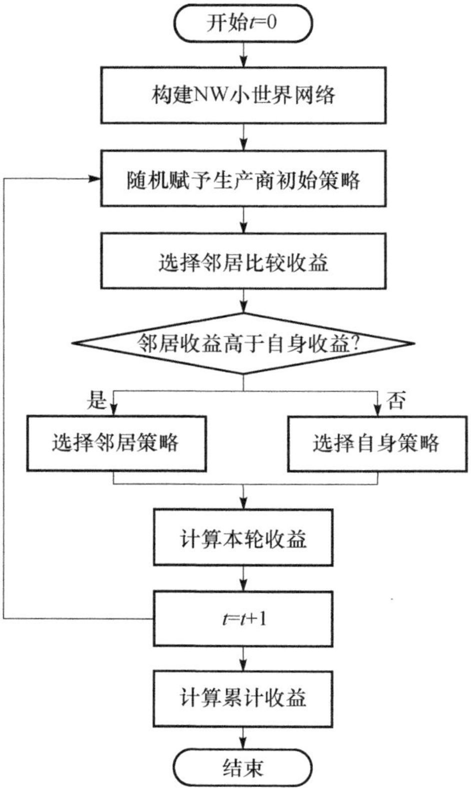

图 7-2 复杂网络中生产商的演化机制

（1）构建复杂网络。在互联网高速发展的今天，生产商之间的联系更加紧密，更能体现小世界的特点。小世界网络被广泛应用于企业网络或集群网络研究。本书借鉴 Fan 等对复杂网络的选择，认为小世界网络比无标度网络更适合用于研究企业战略扩散问题[432]。此外，在现实中，生产商的连接方式也更接近 NW 小世界网络[433]。因此，本书使用 NW 小世界网络。

（2）随机赋予网络中的节点即生产商初始策略。

（3）每个生产商随机选择邻居进行收益比较。比较两者的累计收益后选择新的策略作为下轮的策略。因此，本书构建了这样的学习机制：每一轮博弈中，每个生产商会随机选择邻居进行收益比较。根据 Femi 演化规则的计算[434]，生产商以一定的概率模仿邻居的博弈策略，并累计收益。

$$F_{(i\leftarrow j)}=\frac{1}{1+\exp\left[\left(U_i-U_j\right)/\sigma\right]} \tag{7-18}$$

其中，$F_{(i\leftarrow j)}$ 表示生产商从 j 到 i 的演化决策计算公式；U_i 和 U_j 表示生产商 i 和 j 的累计收益；σ 表示噪声级，表示个体可能会做出非理性的选择，在本章的研究中噪声表明生产商是一个有限理性个体，在决策时无法获得所有信息。σ越接近 0 表明个体越能做出理性决策。基于以往的研究，本章将噪声级表示为σ=0.1[435]。

（4）逐次博弈，直到 t 次结束。

7.2.2　研究结果

1. *参数初始值设置*

本书选择比亚迪电动汽车为研究对象，首先构建生产商复杂网络。本书将复杂网络的节点总数 N 设置为 257，对网络参数进行初始化，$k=4$，$p=0.3$，k 表示每个节点的初始连接数，p 表示重新连接概率。为了评估政府监管对绿色产品扩散的影响，本书在模拟中改变了五种政策工具的强度，强度因子越高表明监管力度越强。电动汽车和燃油汽车的单位销售价格分别为 339 800 万元和 128 900 万元，单位生产成本分别为 250 000 万元和 55 400 万元。电动汽车和燃油汽车的环境友好度分别为 0.90 和 0.72，这些值在模拟过程中保持不变。2018 年《关于调整完善新能源汽车推广应用财政补贴政策的通知》对消费者购买电动汽车的补贴进行了调整。按照补贴标准，消费者购买一辆电动汽车可获得补贴即消费券 50 000 元，覆盖 5%—25%的消费者，而生产商的补贴为 22 500 元，覆盖范围为 10%—30%。生产商生产一辆燃油汽车需缴纳的环境税为销售价格的 4%，覆盖 2%—6%的生产商。本书探索性地分析了碳市场的相关因素，参照天津碳交易市场的价格，设置 P=25.28 元。根据行业专家的经验和中国企业的碳排放量，相关参数设置如下：F=5，F_a=2，F_b=8。基于上述参数进行模型仿真，参数初始值如表 7-3 所示。

表 7-3　参数初始值

参数	值	参数	值
N	257	c_b	55 400
k	4	S	22 500
p	0.3	v	50 000
σ	0.1	T	5 156
p_a	339 800	P	25.28
p_b	128 900	F	5
g_a	0.90	F_a	2
g_b	0.72	F_b	8
c_a	250 000		

2. *基准情景下绿色产品在复杂网络中的扩散*

为了直观地展示绿色产品在复杂网络中的演化状态，本章采用参数初始值构建基准情景，并随机选取仿真情景下的小世界网络。复杂网络中共有 257 个节点，代表 257 家生产商，包括绿色产品生产商以及普通产品生产商。在复杂网络的初始状态下，共有 37 家绿色产品生产商经历了 10 次重复博弈，部分普通产品生产商演化为绿色产品生产商。经历 50 次演化博弈后，70%以上的生产商为绿色产品生产商，网络演化状态达到了一个相对稳定的状态。绿色产品的扩散不仅和网络的初始状态有关，也和政府监管力度因子有关。本书运行了 50 次重复博弈，以避免网络结构和初始状态对绿色产品扩散造成的影响。

3. 生产端政府监管的影响

1）绿色补贴

基于复杂网络的博弈模型，生产商可以在博弈的每一轮中决定是否生产绿色产品。所有生产商的行为都可以通过扩散率曲线表示。绿色补贴是政府鼓励生产商生产绿色产品的一种秩序监管手段。从图 7-3 可以看出，绿色补贴对绿色产品扩散率有非常明显的影响。在博弈次数为 50 次时，若补贴率α从 0.05 增加到 0.25，则绿色产品扩散率从 0.55 增加到 0.84。由此可见，绿色补贴正向影响复杂网络中绿色产品的扩散，可以增强绿色产品生产商生产绿色产品的积极性。当补贴率达到 0.20 时，政府进一步增加补贴不再显著引起绿色产品扩散速度的差异。值得注意的是，在博弈重复 30 次后，扩散率曲线近乎平稳，最终绿色产品不会完全扩散。因为市场对普通产品也有一定需求，生产商不会完全转型。此外，补贴的增加会给政府带来财政负担，因此政府也会采取其他措施进行监管。

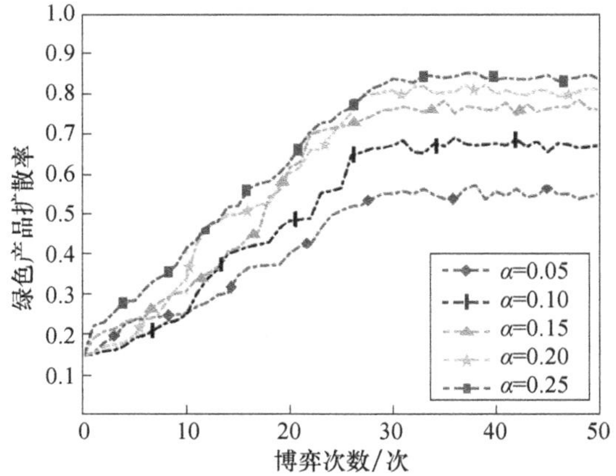

图 7-3　补贴率对绿色产品扩散率的影响

2）环境税

环境税是政府为控制污染物排放而征收的一种税。图 7-4 为不同环境税率对应的绿色产品扩散情况。在扩散初期，绿色产品扩散率快速增长，而在扩散后期逐渐平稳趋缓。一般而言，随着环境税率的增加，绿色产品的扩散程度也相应增加。然而随着环境税率的持续上升（超过 0.04），绿色产品扩散率开始下降。这意味着政府的环境税率达到一定门槛后，会开始抑制绿色产品的进一步扩散，而不是激励它。由此可见，政府应当适当征收绿色产品的环境税，才能提高绿色产品的扩散水平。

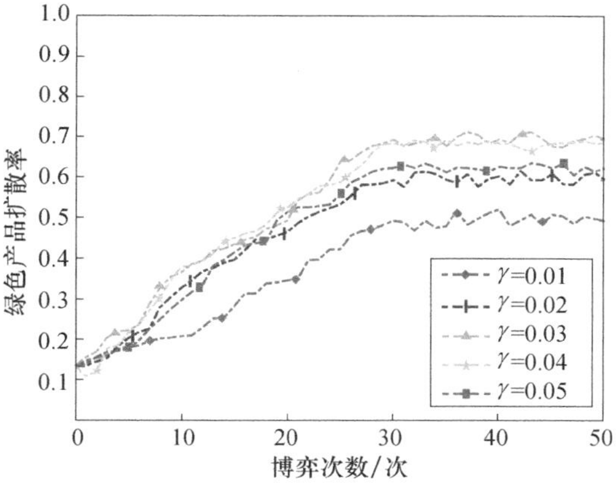

图 7-4　环境税率对绿色产品扩散率的影响

3）碳交易市场

碳交易的市场参与程度对绿色产品扩散率的影响如图 7-5 所示。当市场参与程度较低时（μ=1 和 3），绿色产品扩散率并没有上升，反而在下降。当市场参与程度超过 3 后，随着市场参与程度的增加，绿色产品扩散率也在不断增加。当市场参与程度达到 9 时，复杂网络中绿色产品扩散率最大，有 66.6%的生产商都生产了绿色产品。碳交易是政府在市场缺乏弹性时，利用经济激励来约束和纠正市场力量的机制。碳交易的市场参与程度越高，企业竞争环境越好，市场效率越高。

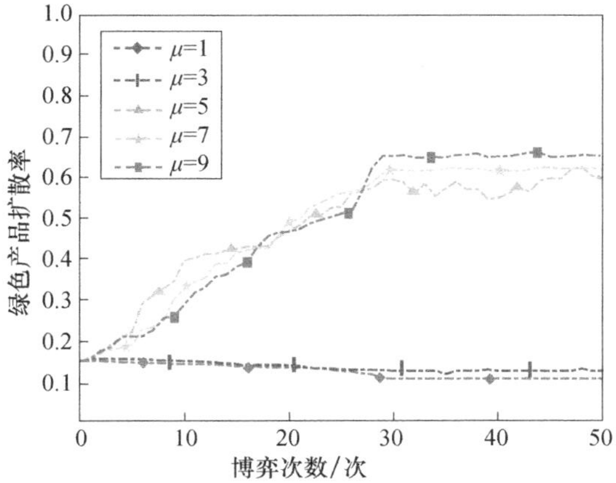

图 7-5　碳交易的市场参与程度对绿色产品扩散率的影响

4. 消费端政府监管的影响

1）绿色消费券

绿色消费券是激励绿色消费的有效手段。总体而言，绿色产品扩散率随着绿色消费券折扣率的增加而增加，如图 7-6 所示。当绿色消费券折扣率较低时，绿色产品扩散率并没有显著提升；当绿色消费券折扣率从 0.2 增加到 0.6 时，绿色产品扩散率迅速从 0.21 上升到 0.7，说明为消费者提供绿色消费券是有效的激励措施，但在博弈重复 50 次后，绿色消费券同样不能使绿色产品完全扩散。

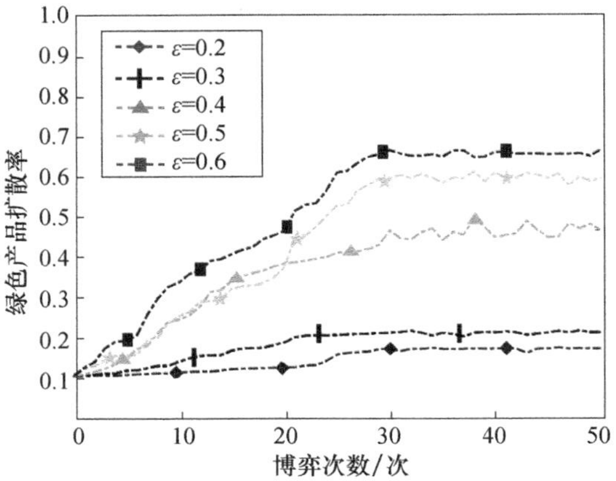

图 7-6　绿色消费券对绿色产品扩散率的影响

2）宣传教育

政府对消费者的宣传教育力度用消费者的价格敏感度β表示，政府通过对消费者进行宣传教育改变消费者对绿色产品的感知价值，从而改变其对绿色产品的价格敏感度。从图 7-7 可以看出，β的变化对绿色产品扩散率具有明显的影响。绿色产品扩散率随着β的增加而增加，这意味着随着政府宣传教育力度的增加，消费者会逐渐选择绿色产品。这些结果表明加强宣传教育、提高消费者对绿色产品的感知价值可以有效地促进绿色产品的推广和使用。

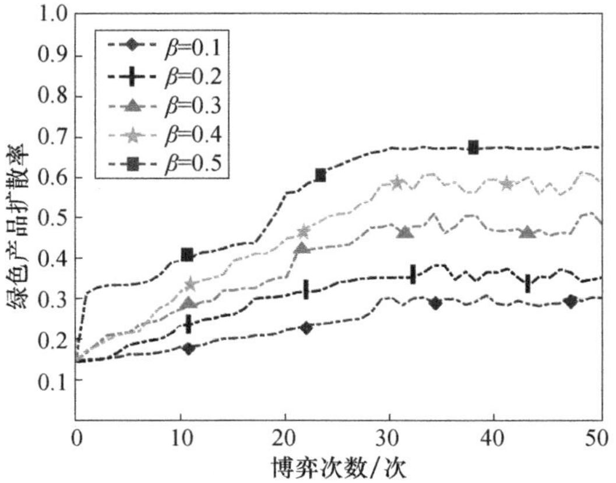

图 7-7　消费者的价格敏感度对绿色产品扩散率的影响

7.3　绿色消费3.0嵌入式监管多主体演化博弈模型构建

“互联网+”时代的经济模式创新带来了监管思维的革新。面对高速发展的互联网经济，以及互联网经济业态下日益增多的跨部门、跨层级的监管需求，绿色消费3.0监管体系的建立需要政府、生产端和消费端的共同配合。其中，政府是绿色消费3.0的主要管理者，生产端是绿色消费3.0的主要保障者，消费端是绿色消费3.0的实施者。因此，本书以政府、企业和消费者作为博弈主体，构建了“政府-企业-消费者”三方绿色消费3.0监管博弈模型，分别探究在政府秩序监管和情感监管下的系统演化路径，观察参与主体的共同努力是否可以有效地促进绿色消费3.0的发展。在此基础上，对绿色消费3.0监管博弈模型进行仿真分析，直观展示绿色消费3.0监管博弈系统中利益相关者的行为策略选择演化过程，为政府制定行之有效的监管机制提供理论依据，为促进绿色消费3.0的发展提供借鉴。

演化博弈是研究两方或多方群体战略互动的有效方法。参与主体通过模仿和学习，将低效益策略替换为高效益策略。经过长时间的重复博弈，模拟系统最终达到了稳定的平衡点[436]。不同于静态博弈的完全理性和完全信息交流的假设，演化博弈建立在有限理性和有限信息交流的基础上，更适合研究实际博弈问题。在“政府-企业-消费者”三方绿色消费3.0监管博弈模型中，本书引入了演化博弈理论，以阐明绿色消费3.0监管博弈系统中政府、企业和消费者之间的博弈关系，并探讨政府不同类型监管政策对博弈三方主体的影响。

7.3.1　模型假设

1. 问题描述

绿色消费3.0时期，消费者作为绿色消费3.0的主体，其行为直接决定了企业的生产行为，同时消费者行为也受到企业是否进行绿色产品生产的影响，企业和消费者之间存在博弈。在绿色消费3.0监管博弈系统中，消费者有两种消费模式可选，即绿色消费模式和传统消费模式。若企业环保意识强，能够积极研发节能降耗的绿色产品，在自身因素、外部干预因素、社会因素和市场因素的驱动下，消费者极有可能采取绿色消费模式，即购买企业生产的绿色产品。但是，若企业环保意识弱，不参与绿色生产，则消费者可能采取传统消费模式，即购买非绿色产品。

消费者行为对企业是否选择进行绿色生产也会产生重要影响。消费者是绿色消费的实践者，消费者对绿色消费的态度和意识决定了企业的生产行为。此外，中国的绿色消费市场还不成熟，监管力度薄弱，无法吸引较多消费者。具体来说，消费者行为的选择决定了企业是否进行绿色生产。若消费者环保意识较强，同时意识到传统消费模式造成的严重的环境问题，呼吁传统消费模式向绿色消费模式转变，企业出于声誉和社会责任的考虑可能会转变态度，积极进行绿色生产。但是，进行绿色生产需要投入大量资金，特别是生产初期，绿色产品开发难度大、政府政策导向模糊和市场需求的不确定性都会导致企业进行绿色生产的风险较高，在一定程度上可能导致企业出现亏损，从而迫使企业放弃绿色生产模式。

绿色消费 3.0 具有公共产品属性，存在外部性，因此无法依靠理性的经济主体主动解决现有问题。在中国的环境政策方面，政府与企业之间也存在利益冲突。政府官员的主要职责之一是要求企业遵守环境法规并监督企业对环境法规的遵守情况[437]。然而，环境法规的实施可能会增加企业的生产成本，如果企业的收入不能支付绿色生产的投入成本，企业将没有动力投入绿色生产[438]。同理，政府和消费者之间也是如此。因此，政府在绿色消费 3.0 中扮演重要监管角色，其监管策略的选择会直接影响企业生产行为和消费者购买行为的选择。在绿色消费 3.0 监管博弈系统中，企业和消费者依据政府的监管策略，计算各自选择不同策略的预期收益，并通过模仿和学习绿色消费 3.0 监管博弈系统，以寻求各自在绿色消费 3.0 监管博弈系统中的最大化收益。不参与绿色生产的企业和采取传统消费模式的消费者将会依据政府策略的选择进行相应的动态调整，同时政府的策略选择也是动态变化的，政府依据企业生产行为和消费者购买行为的选择，以及在绿色消费 3.0 监管博弈系统中的收益最大化原则，动态地调整现有策略。

2. 问题假设

H7-1：主体行为策略假设。

绿色消费 3.0 监管活动中，由于信息不对称，政府可选择的行为策略有两种，一种是对企业的生产行为和消费者的购买行为实施监管，即监管策略，另一种是不对企业的生产行为和消费者的购买行为实施监管，即不监管策略，其中政府选择监管策略的概率为 X（$0 \leqslant X \leqslant 1$），选择不监管策略的概率为 $1-X$。企业出于市场竞争的目的，其可选择的行为策略有两种，一种是参与绿色生产，即参与绿色生产策略，另一种是不参与绿色生产，即不参与绿色生产策略，其中，企业选择参与绿色生产策略的概率为 Y（$0 \leqslant Y \leqslant 1$），选择不参与绿色生产策略的概率为 $1-Y$。同时，消费者出于自身消费体验的目的，其可选择的行为策略也有两种，一种是践行绿色消费行为，即绿色消费模式策略，另一种是不践行绿色消费行为，即传统消费模式策略，其中消费者选择绿色消费模式策略的概率为 Z（$0 \leqslant Z \leqslant 1$），选择传统消费模式策略的概率为 $1-Z$。

H7-2：有限理性假设。

绿色消费 3.0 监管博弈系统中，在企业和消费者信息不完全对称的情景下，政府、企业和消费者三方主体的认知能力有限，即都是有限理性的。其中，政府作为社会公共部门，会优先追求社会整体利益的最大化。在绿色消费监管博弈系统中，除考虑政府经济利益外，还应当考虑环境利益，企业和消费者会优先追求自身利益的最大化。此外，企业和消费者会在绿色消费 3.0 监管博弈系统中持续学习，以实现自身利益的最大化。

H7-3：成本收益假设。

为了不失一般性，在绿色消费 3.0 监管博弈系统中，假设政府选择监管策略需要付出监管成本，如投入较高成本制定绿色消费的法律、法规和制度等，投入较多人力进行监督和管理，投入较多财力完善基础设施和建设监管平台。同时，假设政府将环境效应纳入到财政体系中，可获得企业和消费者缴纳的环境处理基金。绿色消费 3.0 时期，政府进行监管的方式有两种，分别是秩序监管和情感监管。秩序监管以法律规范和经济激励为主要手段，涉及生产、交易、消费和处置各个阶段，对各主体的行为限制具有强制性，政府的实施成本、执行成本和管理成本会较高，即监管成本较高；情感监管主要通过价值与信任等体系的建设来促进生产者、市场和消费者等各类主体绿色消费理念的情感认同，对各类主体自觉主动地践行绿色消费进行激励性监督与管理，没有硬规范的强制要求，对各类主体的行为限制不具有强制性，政府的实施成本、执行成本和管理成本不高，即监管成本较低。

具体来说，在绿色消费 3.0 监管博弈系统中，政府的秩序监管主要体现在经济激励和惩罚两个方面。对企业来说，若企业选择绿色生产方式，政府会给予该企业一定的经济激励，如财政奖励和税收优惠等，以降低企业参与绿色生产的成本；若企业不选择绿色生产方式，政府会给予该企业一定的惩罚，如罚款和停业整顿，以提高企业不参与绿色生产的成本。对于消费者来说，若消费者选择绿色消费模式，政府会给予该消费者一定的经济激励，如财政补贴和税收优惠等，以降低消费者选择绿色消费模式的成本；若消费者选择传统消费模式，政府会给予该消费者一定的惩罚，如罚款等。

在绿色消费 3.0 监管博弈系统中，政府情感监管主要体现在价值与信任体系建设方面。对企业来说，若企业选择绿色生产方式，虽然企业不会得到政府的经济激励，但通过建设价值与信任体系，企业在消费者中的声誉会提升，消费者会更多地选择该企业产品，企业在未来将会获得更多的利益；若企业不选择绿色生产方式，虽然企业不会受到政府的惩罚，但企业在消费者中的声誉会降低，消费者不会更多地选择该企业产品，企业在未来将会损失更多的利益。对消费者来说，若消费者选择绿色消费模式，虽然消费者不会得到政府的经济激励，但由于价值与信任体系的建设，消费者在较长时间内会更多地选择绿色消费模式，因此获得的收益将会更多；若消费者选择传统消费模式，消费者不会受到政府的惩罚，由于消费者选择不变，因此消费者收益也不变。

此外，假设政府不采取监管策略时不存在监管成本，但需要付出环境治理成本。由于消费者选择传统产品时所产生的负面环境效应可以追溯至生产环节，因此，当政府不采取监管策略时，应当让企业对不选择绿色生产方式所产生的负面环境效应付出治理成本。同时，若政府部门不采取监管策略，因监管不力，会受到上级政府的行政问责，并受到一定的惩罚。

同样，由于绿色产品的成本包含企业在设计、技术、材料、包装、物流以及废物处理等方面的费用，因而成本比一般产品要高，因此假设企业选择绿色生产方式的成本大于不选择绿色生产方式的成本。由于绿色产品会比传统产品获得更高的市场占有率，因此，在绿色消费 3.0 监管博弈系统中，企业参与绿色生产的收益大于不参与绿色生产的收益。同样，绿色产品价格视成本而定。假设消费者选择绿色消费模式的成本大于选择传统消费模式的成本，虽然绿色产品成本比传统产品高，但绿色产品会给消费者带来更多的利益，如较低的互补产品成本和健康成本，因此假设消费者选择绿色消费模式的收益大于选择传统消费模式的收益。

H7-4：公众参与假设。

绿色消费 3.0 时期，消费者是绿色消费的核心推动力，消费者应当积极且自愿地参与绿色产品的监管活动，与社会共创绿色消费的经济价值、产业价值和环境价值。因此，假设绿色消费意愿较高的消费者在一定的激励条件下，会主动监督绿色消费行为，进而形成一种良性的社会监管氛围，成为促进绿色消费发展的驱动力。具体来说，消费者在绿色消费监管模型中以 $\lambda(0<\lambda<1)$ 的概率依法监督企业生产行为，并直接通过影响价值与信任体系建设来改变企业损益。

H7-5：消费者奖惩动态机制假设

绿色消费 3.0 期间，价值与信任体系的建设不仅会直接影响企业的损益，同时会对消费者的损益产生重大影响。为促进绿色消费的升级，提升对消费的绿色偏向动机，假设政府给予绿色消费个体更多的优惠奖励，同时对传统消费模式进行惩罚，以提升未来传统消费模式的成本。具体来说，从贴近现实的情况来看，政府应当根据绿色消费平台的建设和相关制度的建立，对消费者绿色消费行为的具体情况和后果采取不同的奖惩，即动态奖惩机制。对于动态奖惩机制，假设消费者选择绿色消费模式的未来收益与消费者的绿色消费行为成正比，即 $f(X)=XT_1$，其中 T_1 表示最大收益，该收益为不固定常数，X 为采取绿色消费行为的概率；同样，假设消费者选择传统消费模式的未来损失与消费者的传统消费行为成正比，即 $f(X)=(1-X)T_2$，其中 T_2 表示最大损失，该损失为不固定常数。

3. 主要变量

根据消费者影响因素及其作用机制和演化博弈理论，绿色消费 3.0 监管博弈模型的主要参数及含义如表 7-4 所示。

表 7-4 绿色消费 3.0 监管博弈模型的主要参数及含义

参数	参数含义
C_1	政府监管时投入的监管成本
C_1'	政府不监管时投入的环境治理成本，假设企业不参与绿色生产造成的环境负外部性以企业污染物排放衡量
C_2	企业参与绿色生产时投入的成本

续表

参数	参数含义
C_2'	企业不参与绿色生产时投入的成本
C_3	消费者选择绿色消费模式时投入的成本
C_3'	消费者选择传统消费模式时投入的成本
H	企业和消费者缴纳的环境处理基金，其中 $H = H_1 + H_2$，H_1 为企业缴纳的环境处理基金，H_2 为消费者缴纳的环境处理基金
R_2	企业参与绿色生产时的收益
R_2'	企业不参与绿色生产时的收益
R_3	消费者选择绿色消费模式时的收益
R_3'	消费者选择传统消费模式时的收益
F_1	政府对企业不参与绿色生产的处罚金
F_2	政府对消费者选择传统消费模式的处罚金
E_1	政府对参与绿色生产的企业的经济激励
E_2	政府对选择绿色消费模式的消费者的经济激励
S_1	企业参与绿色生产时在消费者中产生良好的信誉、声誉获得的未来收益
S_2	企业不参与绿色生产时在消费者中产生较差的信誉、声誉损失的未来收益
T_1	消费者选择绿色消费模式获得的最大收益
T_2	消费者选择传统消费模式损失的最大损失

注：① $(R_2 - C_2) - (R_2' - C_2') + E_1 - F_1 > 0$，$(R_2 - C_2) - (R_2' - C_2') + \lambda(S_1 - S_2) > 0$（政府采取监管策略和消费者选择绿色消费模式时，绿色消费 3.0 监管博弈系统中的生产端主体企业参与绿色生产的净收益大于不参与绿色生产的净收益），λ 为未来收益系数；② $(R_3 - C_3) - (R_3' - C_3') + E_2 - F_2 > 0$，$(R_3 - C_3) - (R_3' - C_3') + T_2 > 0$（政府采取监管策略和企业参与绿色生产时，绿色消费 3.0 监管博弈系统中的消费端主体消费者选择绿色消费模式的净收益大于选择传统消费模式的净收益）

7.3.2　演化博弈模型的构建

为了更好地描述绿色消费 3.0 监管模型参与主体间的博弈过程，本书构建了绿色消费 3.0 监管三方博弈树，具体如图 7-8 所示。

从绿色消费 3.0 监管三方博弈树中可以看出，绿色消费 3.0 监管博弈系统参与主体之间的博弈共存在八种策略组合。当政府选择监管策略时，企业有参与绿色生产和不参与绿色生产两种行为策略，而针对企业的每个行为策略，消费者有选择绿色消费模式和选择传统消费模式两种行为策略。同样，当政府选择不监管策略时，企业仍有参与绿色生产和不参与绿色生产两种行为策略，针对企业的每个行为策略，消费者仍有选择绿色消费模式和选择传统消费模式两种行为策略。绿色消费 3.0 期

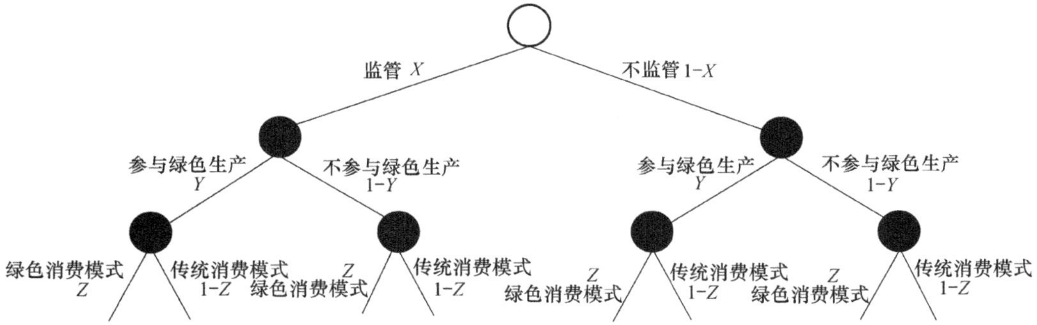

图 7-8　绿色消费 3.0 监管三方博弈树

间，政府存在不同监管方式（秩序监管和情感监管），因此，本书分别讨论政府不同监管方式下，绿色消费 3.0 监管博弈系统参与主体的策略演变过程，具体的博弈支付矩阵如表 7-5（秩序监管）和表 7-6（情感监管）所示。

表 7-5　政府秩序监管情况下三方博弈收益矩阵

政府策略	企业策略	消费者策略	
		绿色消费模式 (Z)	传统消费模式 ($1-Z$)
监管 (X)	参与绿色生产 (Y)	$\begin{bmatrix} H-C_1-E_1-E_2 \\ R_2+E_1-C_2-H_1 \\ R_3+E_2-C_3-H_2 \end{bmatrix}$	$\begin{bmatrix} H-C_1-E_1 \\ R_2'+E_1-C_2-H_1 \\ R_3'-C_3'-F_2-H_2 \end{bmatrix}$
	不参与绿色生产 ($1-Y$)	$\begin{bmatrix} H-C_1-E_2 \\ R_2'-F_1-C_2'-H_1 \\ R_3'-C_3'-H_2 \end{bmatrix}$	$\begin{bmatrix} H-C_1 \\ R_2'-F_1-C_2'-H_1 \\ R_3'-C_3'-F_2-H_2 \end{bmatrix}$
不监管 ($1-X$)	参与绿色生产 (Y)	$\begin{bmatrix} H-C_1' \\ R_2-C_2-H_1 \\ R_3-C_3-H_2 \end{bmatrix}$	$\begin{bmatrix} H-C_1' \\ R_2'-C_2-H_1 \\ R_3'-C_3'-H_2 \end{bmatrix}$
	不参与绿色生产 ($1-Y$)	$\begin{bmatrix} H-C_1' \\ R_2'-C_2'-H_1 \\ R_3'-C_3'-H_2 \end{bmatrix}$	$\begin{bmatrix} H-C_1' \\ R_2'-C_2'-H_1 \\ R_3'-C_3'-H_2 \end{bmatrix}$

表 7-6　政府情感监管情况下三方博弈收益矩阵

政府策略	企业策略	消费者策略	
		绿色消费模式 (Z')	传统消费模式 ($1-Z'$)
监管 (X')	参与绿色生产 (Y')	$\begin{bmatrix} H-C_1-E_1 \\ R_2+\lambda S_1+E_1-C_2-H_1 \\ R_3+Z'T_1-C_3-H_2 \end{bmatrix}$	$\begin{bmatrix} H-C_1-E_1 \\ R_2'+E_1-C_2-H_1 \\ R_3'-(1-Z')T_2-C_3'-H_2 \end{bmatrix}$

续表

政府策略	企业策略	消费者策略	
		绿色消费模式 (Z')	传统消费模式 $(1-Z')$
监管 (X')	不参与绿色生产 $(1-Y')$	$\begin{bmatrix} H-C_1 \\ R_2'-C_2'-H_1-\lambda S_2 \\ R_3'-C_3'-H_2 \end{bmatrix}$	$\begin{bmatrix} H-C_1 \\ R_2'-C_2'-H_1 \\ R_3'-C_3'-H_2 \end{bmatrix}$
不监管 $(1-X')$	参与绿色生产 (Y')	$\begin{bmatrix} H-C_1' \\ R_2-C_2-H_1 \\ R_3-C_3-H_2 \end{bmatrix}$	$\begin{bmatrix} H-C_1' \\ R_2'-C_2-H_1 \\ R_3'-C_3'-H_2 \end{bmatrix}$
	不参与绿色生产 $(1-Y')$	$\begin{bmatrix} H-C_1' \\ R_2'-C_2'-H_1 \\ R_3'-C_3'-H_2 \end{bmatrix}$	$\begin{bmatrix} H-C_1' \\ R_2'-C_2'-H_1 \\ R_3'-C_3'-H_2 \end{bmatrix}$

7.3.3　演化博弈的复制动态方程的构建

u_{ij} 代表第 i 个主体的第 j 个策略的收入，其中 $i=1,2,3$，分别代表政府、企业和消费者。$j=1,2$，分别代表两种策略。根据演化博弈的原理，复制动态方程是描述特定策略的频率的动态差分方程。复制动态方程可以表示特定策略随时间变化的频率。因此，基于上述收益矩阵可以得到每个特定策略的复制动态方程。

1. 政府进行秩序监管时的复制动态方程

（1）政府复制动态方程求解。绿色消费 3.0 监管博弈系统中，政府选择监管策略的期望收益函数为

$$\begin{aligned} u_{11} &= YZ(H-C_1-E_1-E_2)+Y(1-Z)(H-C_1-E_1) \\ &\quad +(1-Y)Z(H-C_1-E_2)+(1-Y)(1-Z)(H-C_1) \\ &= H-C_1-YE_1-ZE_2 \end{aligned} \tag{7-19}$$

政府选择不监管策略的期望收益函数为

$$\begin{aligned} u_{12} &= YZ(H-C_1')+Y(1-Z)(H-C_1')+(1-Y)Z(H-C_1') \\ &\quad +(1-Y)(1-Z)(H-C_1') \\ &= H-C_1' \end{aligned} \tag{7-20}$$

政府的平均期望收益为

$$\overline{u_1} = Xu_{11}+(1-X)u_{12} \tag{7-21}$$

政府的复制动态方程的微分为

$$\begin{aligned} F(X) &= \frac{\mathrm{d}X}{\mathrm{d}t} = X\left(u_{11}-\overline{u_1}\right) = X(1-X)(u_{11}-u_{12}) \\ &= X(1-X)(C_1'-C_1-YE_1-ZE_2) \end{aligned} \tag{7-22}$$

（2）企业复制动态方程求解。绿色消费 3.0 监管博弈系统中，企业参与绿色生产的期望收益函数为

$$\begin{aligned} u_{21} &= XZ\left(R_2+E_1-C_2-H_1\right)+X\left(1-Z\right)\left(R_2'+E_1-C_2-H_1\right) \\ &\quad +\left(1-X\right)Z\left(R_2-C_2-H_1\right)+\left(1-X\right)\left(1-Z\right)\left(R_2'-C_2-H_1\right) \\ &= R_2'-C_2-H_1+XE_1 \end{aligned} \tag{7-23}$$

企业不参与绿色生产的期望收益函数为

$$\begin{aligned} u_{22} &= XZ\left(R_2'-F_1-C_2'-H_1\right)+X\left(1-Z\right)\left(R_2'-F_1-C_2'-H_1\right) \\ &\quad +\left(1-X\right)Z\left(R_2'-C_2'-H_1\right)+\left(1-X\right)\left(1-Z\right)\left(R_2'-C_2'-H_1\right) \\ &= R_2'-C_2'-H_1-XF_1 \end{aligned} \tag{7-24}$$

企业的平均期望收益为

$$\overline{u_2}=Yu_{21}+\left(1-Y\right)u_{22} \tag{7-25}$$

企业的复制动态方程的微分为

$$\begin{aligned} F\left(Y\right)=\frac{\mathrm{d}Y}{\mathrm{d}t} &= Y\left(u_{21}-\overline{u_2}\right)=Y\left(1-Y\right)\left(u_{21}-u_{22}\right) \\ &= Y\left(1-Y\right)\left(C_2'-C_2+XE_1+XF_1\right) \end{aligned} \tag{7-26}$$

（3）消费者复制动态方程求解。绿色消费 3.0 监管博弈系统中，消费者选择绿色消费模式的期望收益函数为

$$\begin{aligned} u_{31} &= XY\left(R_3+E_2-C_3-H_2\right)+X\left(1-Y\right)\left(R_3'-C_3'-F_2-H_2\right) \\ &\quad +\left(1-X\right)Y\left(R_3-C_3-H_2\right)+\left(1-X\right)\left(1-Y\right)\left(R_3'-C_3'-H_2\right) \\ &= Y\left(R_3-C_3\right)+XYE_2+R_3'-C_3'-H_2-Y\left(R_3'-C_3'\right) \end{aligned} \tag{7-27}$$

消费者选择传统消费模式的期望收益函数为

$$\begin{aligned} u_{32} &= XY\left(R_3'-C_3'-F_2-H_2\right)+X\left(1-Y\right)\left(R_3'-C_3'-F_2-H_2\right) \\ &\quad +\left(1-X\right)Y\left(R_3'-C_3'-H_2\right)+\left(1-X\right)\left(1-Y\right)\left(R_3'-C_3'-H_2\right) \\ &= R_3'-C_3'-H_2-XF_2 \end{aligned} \tag{7-28}$$

消费者的平均期望收益为

$$\overline{u_3}=Zu_{31}+\left(1-Z\right)u_{32} \tag{7-29}$$

消费者的复制动态方程的微分为

$$\begin{aligned} F\left(Z\right)=\frac{\mathrm{d}Z}{\mathrm{d}t} &= Z\left(u_{31}-\overline{u_3}\right)=Z\left(1-Z\right)\left(u_{31}-u_{32}\right) \\ &= Z\left(1-Z\right)\left[Y\left(R_3-C_3\right)+XYE_2-Y\left(R_3'-C_3'\right)+XF_2\right] \end{aligned} \tag{7-30}$$

因此，该博弈模型的复制动态方程为

$$\begin{cases}\dfrac{dX}{dt}=X(1-X)(C_1'-C_1-YE_1-ZE_2)\\ \dfrac{dY}{dt}=Y(1-Y)(C_2'-C_2+XE_1+XF_1)\\ \dfrac{dZ}{dt}=Z(1-Z)\left[Y(R_3-C_3)+XYE_2-Y(R_3'-C_3')+XF_2\right]\end{cases} \tag{7-31}$$

2. 政府进行情感监管时的复制动态方程

（1）政府复制动态方程求解。绿色消费 3.0 监管博弈系统中，政府选择监管策略的期望收益函数为

$$\begin{aligned}u_{11}'&=Y'Z'(H-C_1-E_1)+Y'(1-Z')(H-C_1-E_1)\\&\quad+(1-Y')Z'(H-C_1)+(1-Y')(1-Z')(H-C_1)\\&=H-C_1-Y'E_1\end{aligned} \tag{7-32}$$

政府选择不监管策略的期望收益函数为

$$\begin{aligned}u_{12}'&=Y'Z'(H-C_1')+Y'(1-Z')(H-C_1')+(1-Y')Z'(H-C_1')\\&\quad+(1-Y')(1-Z')(H-C_1')\\&=H-C_1'\end{aligned} \tag{7-33}$$

政府的平均期望收益为

$$\overline{u_1'}=X'u_{11}'+(1-X)u_{12}' \tag{7-34}$$

政府的复制动态方程的微分为

$$\begin{aligned}\frac{dX'}{dt}&=X'\left(u_{11}'-\overline{u_1'}\right)=X'(1-X')(u_{11}'-u_{12}')\\&=X'(1-X')(C_1'-C_1-Y'E_1)\end{aligned} \tag{7-35}$$

（2）企业复制动态方程求解。绿色消费 3.0 监管博弈系统中，企业参与绿色生产的期望收益函数为

$$\begin{aligned}u_{21}'&=X'Z'(R_2+\lambda S_1+E_1-C_2-H_1)+X'(1-Z')(R_2'+E_1-C_2-H_1)\\&\quad+(1-X')Z'(R_2-C_2-H_1)+(1-X')(1-Z')(R_2'-C_2-H_1)\\&=R_2'-C_2-H_1+X'E_1+X'Z'\lambda S_1\end{aligned} \tag{7-36}$$

企业不参与绿色生产的期望收益函数为

$$\begin{aligned}u_{22}'&=X'Z'(R_2'-C_2'-H_1-\lambda S_2)+X'(1-Z')(R_2'-C_2'-H_1)\\&\quad+(1-X')Z'(R_2'-C_2'-H_1)+(1-X')(1-Z')(R_2'-C_2'-H_1)\\&=R_2'-C_2'-H_1-X'Z'\lambda S_2\end{aligned} \tag{7-37}$$

企业的平均期望收益为

$$\overline{u_2'}=Y'u_{21}'+(1-Y')u_{22}' \tag{7-38}$$

企业的复制动态方程的微分为

$$\begin{aligned}\frac{\mathrm{d}Y'}{\mathrm{d}t}&=Y'\left(u'_{21}-\overline{u'_2}\right)=Y'(1-Y')\left(u'_{21}-u'_{22}\right)\\&=Y'(1-Y')\left(C'_2-C_2+X'Z'\lambda S_1+X'Z'\lambda S_2\right)\end{aligned}\tag{7-39}$$

（3）消费者复制动态方程求解。绿色消费 3.0 监管博弈系统中，消费者选择绿色消费模式的期望收益函数为

$$\begin{aligned}u'_{31}&=X'Y'\left(R_3+Z'T_1-C_3-H_2\right)+X'(1-Y')\left(R'_3-C'_3-H_2\right)\\&\quad+(1-X')Y'\left(R_3-C_3-H_2\right)+(1-X')(1-Y')\left(R'_3-C'_3-H_2\right)\\&=R'_3-C'_3-H_2+Y'\left[\left(R_3-C_3\right)-\left(R'_3-C'_3\right)\right]+X'Y'Z'T_1\end{aligned}\tag{7-40}$$

消费者选择传统消费模式的期望收益函数为

$$\begin{aligned}u'_{32}&=X'Y'\left(R'_3-(1-Z')T_2-C'_3-H_2\right)+X'(1-Y')\left(R'_3-C'_3-H_2\right)\\&\quad+(1-X')Y'\left(R'_3-C'_3-H_2\right)+(1-X')(1-Y')\left(R'_3-C'_3-H_2\right)\\&=R'_3-C'_3-H_2-X'Y'(1-Z')T_2\end{aligned}\tag{7-41}$$

消费者的平均期望收益为

$$\overline{u'_3}=Z'u'_{31}+(1-Z')u'_{32}\tag{7-42}$$

消费者的复制动态方程的微分为

$$\begin{aligned}\frac{\mathrm{d}Z'}{\mathrm{d}t}&=Z'\left(u'_{31}-\overline{u'_3}\right)=Z'(1-Z')\left(u'_{31}-u'_{32}\right)\\&=Z'(1-Z')\left[Y'\left(R_3-R'_3+C'_3-C_3\right)+X'Y'Z'T_1+X'Y'(1-Z')T_2\right]\end{aligned}\tag{7-43}$$

因此，该博弈模型的复制动态方程为

$$\begin{cases}\dfrac{\mathrm{d}X'}{\mathrm{d}t}=X'(1-X')\left(C'_1-C_1-Y'E_1\right)\\\dfrac{\mathrm{d}Y'}{\mathrm{d}t}=Y'(1-Y')\left(C'_2-C_2+X'Z'\lambda S_1+X'Z'\lambda S_2\right)\\\dfrac{\mathrm{d}Z'}{\mathrm{d}t}=Z'(1-Z')\left[Y'\left(R_3-R'_3+C'_3-C_3\right)+X'Y'Z'T_1+X'Y'(1-Z')T_2\right]\end{cases}\tag{7-44}$$

7.3.4 “秩序–情感”监管演化博弈的稳定性分析

1. 政府秩序监管的复制动态方程

（1）绿色消费 3.0 监管博弈系统演化博弈平衡点的计算。为了寻求政府秩序监管方式下绿色消费 3.0 监管博弈系统的稳定策略，令政府、企业和消费者的复制动态方程为零，即

$$\frac{\mathrm{d}X}{\mathrm{d}t}=0,\ \frac{\mathrm{d}Y}{\mathrm{d}t}=0,\ \frac{\mathrm{d}Z}{\mathrm{d}t}=0\tag{7-45}$$

在该博弈模型中，将两方博弈中平衡点的 Jacobian（雅可比）矩阵应用于三方博

弈。我们可以知道的是，$X_1=0$ 和 $X_2=1$ 是政府可能的两个稳定策略，同样地，$Y_1=0$ 和 $Y_2=1$ 是企业可能的两个稳定策略，$Z_1=0$ 和 $Z_2=1$ 是消费者可能的两个稳定策略。根据演化博弈理论，博弈主体最终趋向于稳定策略。因此，复制动态方程有八个局部平衡点：$(0,0,0),(0,0,1),(0,1,0),(0,1,1),(1,0,0),(1,0,1),(1,1,0),(1,1,1)$。这些均衡点构成了该博弈模型策略选择的边界，即 $\{(X,Y,Z)|0\leqslant X\leqslant 1,0\leqslant Y\leqslant 1,0\leqslant Z\leqslant 1\}$，$\Omega$ 区域是博弈模型均衡解的值域，即

$$\Omega=\left\{(X,Y,Z)\middle|0\leqslant X\leqslant 1,0\leqslant Y\leqslant 1,0\leqslant Z\leqslant 1\right\}$$

通常有一个均衡解 $S=(X,Y,Z)$，在 Ω 区域中满足式（7-45）。在政府秩序监管方式下，当博弈模型中三个参与主体的混合策略的预期收益相等时，绿色消费 3.0 监管博弈系统将达到平衡状态。

绿色消费 3.0 监管博弈系统中，令 $u_{21}=u_{22}$，可得到政府在绿色消费 3.0 博弈系统均衡中的最优概率解，即 $R_2'-C_2-H_1+XE_1=R_2'-C_2'-H_1-XF_1$。因此，政府在博弈系统均衡中的最优概率解为

$$X=\frac{C_2-C_2'}{E_1+F_1} \tag{7-46}$$

绿色消费 3.0 监管博弈系统中，令 $u_{31}=u_{32}$，将式（7-46）代入可得到企业在绿色消费 3.0 博弈系统均衡中的最优概率解，即 $Y(R_3-C_3)+XYE_2+R_3'-C_3'-H_2-Y(R_3'-C_3')=R_3'-C_3'-H_2-XYF_2$。因此，企业在博弈系统均衡中的最优概率解为

$$Y=\frac{(C_2-C_2')F_2}{(E_1+F_1)\left[(R_3'-C_3')-(R_3-C_3)\right]-(C_2-C_2')E_2} \tag{7-47}$$

绿色消费 3.0 监管博弈系统中，令 $u_{11}=u_{12}$，将式（7-47）代入可得到消费者在绿色消费 3.0 博弈系统均衡中的最优概率解，即 $H-C_1-YE_1-ZE_2=H-C_1'$。因此，消费者在博弈系统均衡中的最优概率解为

$$Z=\frac{C_1'-C_1}{E_2}-\frac{(C_2-C_2')F_2}{E_2(E_1+F_1)\left[(R_3'-C_3')-(R_3-C_3)\right]-(C_2-C_2')(E_2)^2} \tag{7-48}$$

因此，该博弈模型参与主体的纳什均衡解为

$$\begin{cases}X=\dfrac{C_2-C_2'}{E_1+F_1}\\[2ex] Y=\dfrac{(C_2-C_2')F_2}{(E_1+F_1)\left[(R_3'-C_3')-(R_3-C_3)\right]-(C_2-C_2')E_2}\\[2ex] Z=\dfrac{C_1'-C_1}{E_2}-\dfrac{(C_2-C_2')F_2}{E_2(E_1+F_1)\left[(R_3'-C_3')-(R_3-C_3)\right]-(C_2-C_2')(E_2)^2}\end{cases} \tag{7-49}$$

根据演化博弈理论，$\mathrm{d}^2X/\mathrm{d}t<0$，$\mathrm{d}^2Y/\mathrm{d}t<0$，$\mathrm{d}^2Z/\mathrm{d}t<0$，式（7-49）中 X、Y、Z 所示的策略分别代表了政府、企业和消费者在演化过程中的稳定策略。每个博弈参与主体的复制动态方程的导数具有以下形式：

$$\begin{cases}\dfrac{\mathrm{d}^2X}{\mathrm{d}t}(X)=(1-2X)(C_1'-C_1-YE_1-ZE_2)\\ \dfrac{\mathrm{d}^2Y}{\mathrm{d}t}(Y)=(1-2Y)(C_2'-C_2+XE_1+XF_1)\\ \dfrac{\mathrm{d}^2Z}{\mathrm{d}t}(Z)=(1-2Z)\left[Y(R_3-C_3)+XYE_2-Y(R_3'-C_3')+XF_2\right]\end{cases} \tag{7-50}$$

（2）演化博弈的稳定性分析。首先是政府策略的增量稳定性分析。在式（7-50）的第一个表达式中，$C_1'-C_1-YE_1-ZE_2=0$ 表示政府稳定状态和演化状态的边界。如果 $C_1'-C_1-YE_1-ZE_2>0$，则 $\mathrm{d}^2X/\mathrm{d}t(0)>0$，$\mathrm{d}^2X/\mathrm{d}t(1)<0$ 意味着在绿色消费 3.0 监管博弈系统中，政府采取监管策略是稳定的状态，反之则相反。如果 $C_1'-C_1-YE_1-ZE_2<0$，则 $\mathrm{d}^2X/\mathrm{d}t(0)<0$，$\mathrm{d}^2X/\mathrm{d}t(1)>0$ 意味着政府采取不监管策略是稳定的状态，反之则相反。当 $X\in(0,1)$ 时，$\mathrm{d}X/\mathrm{d}t(X)>0$，政府策略稳定的演化相位图（图 7-9）取决于 $C_1'-C_1-YE_1-ZE_2=0$ 二次曲线的形状。

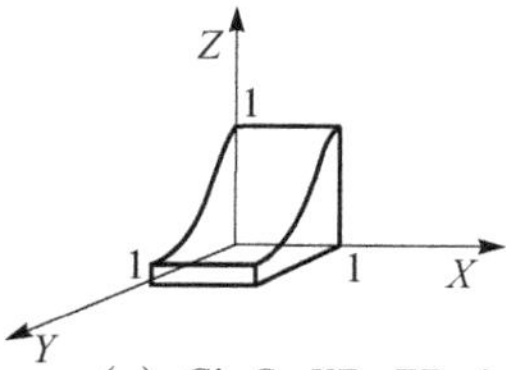

（a）$C_1'-C_1-YE_1-ZE_2=0$

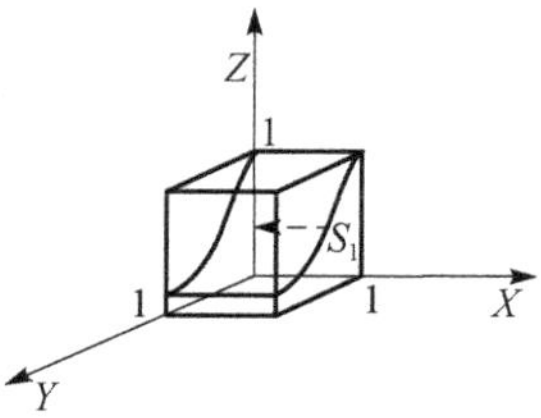

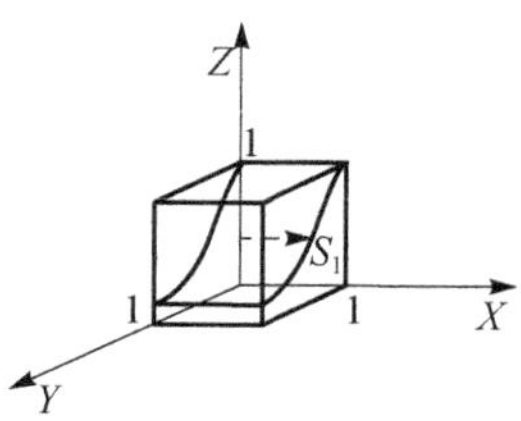

（b）$C_1'-C_1-YE_1-ZE_2<0$　　（c）$C_1'-C_1-YE_1-ZE_2>0$

图 7-9　政府的复制动态相位图（一）

当 $C_1'-C_1-YE_1-ZE_2=0$ 时，$\mathrm{d}^2X/\mathrm{d}t=0$，即当 $X\in(0,1)$ 时，政府策略的选择一直处于稳定状态。

当 $C_1'-C_1-YE_1-ZE_2<0$ 时，将不等关系式代入式（7-50）：$\left.\dfrac{\mathrm{d}^2X}{\mathrm{d}t}(X)\right|_{X=0}<0$ 表明

$X=0$ 是政府的演化稳定策略；$\left.\frac{\mathrm{d}^2 X}{\mathrm{d}t}(X)\right|_{X=1}>0$ 表明 $X=1$ 不是政府的演化稳定策略。

当 $C_1'-C_1-YE_1-ZE_2>0$ 时，将不等关系式代入式（7-50）：$\left.\frac{\mathrm{d}^2 X}{\mathrm{d}t}(X)\right|_{X=0}>0$ 表明 $X=0$ 不是政府的演化稳定策略；$\left.\frac{\mathrm{d}^2 X}{\mathrm{d}t}(X)\right|_{X=1}<0$ 表明 $X=1$ 是政府的演化稳定策略。

其次是企业策略的增量稳定性分析。在式（7-50）的第二个表达式中，$C_2'-C_2+XE_1+XF_1=0$ 表示企业稳定状态和演化状态的边界。如果 $C_2'-C_2+XE_1+XF_1>0$，则 $\mathrm{d}^2Y/\mathrm{d}t(0)>0$，$\mathrm{d}^2Y/\mathrm{d}t(1)<0$ 意味着企业参与绿色生产是稳定的状态，反之则相反。如果 $C_2'-C_2+XE_1+XF_1<0$，则 $\mathrm{d}^2Y/\mathrm{d}t(0)<0$，$\mathrm{d}^2Y/\mathrm{d}t(1)>0$ 意味着企业不参与绿色生产是稳定的状态，反之则相反。当 $Y\in(0,1)$ 时，$\mathrm{d}Y/\mathrm{d}t(Y)>0$，企业策略稳定的演化相位图（图 7-10）取决于 $C_2'-C_2+XE_1+XF_1=0$ 二次曲线的形状。

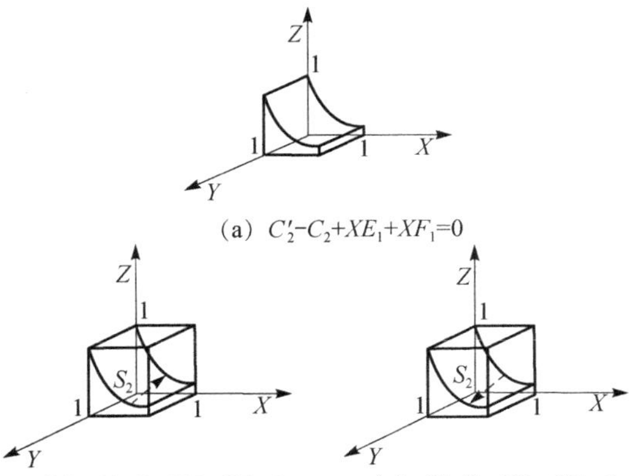

（a）$C_2'-C_2+XE_1+XF_1=0$

（b）$C_2'-C_2+XE_1+XF_1<0$　（c）$C_2'-C_2+XE_1+XF_1>0$

图 7-10　企业的复制动态相位图（一）

当 $C_2'-C_2+XE_1+XF_1=0$ 时，$\mathrm{d}^2Y/\mathrm{d}t=0$，即当 $Y\in(0,1)$ 时，企业策略的选择一直处于稳定状态。

当 $C_2'-C_2+XE_1+XF_1<0$ 时，将不等关系式代入式（7-50）：$\left.\frac{\mathrm{d}^2 Y}{\mathrm{d}t}(Y)\right|_{Y=0}<0$ 表明 $Y=0$ 是企业的演化稳定策略，即企业不参与绿色生产；$\left.\frac{\mathrm{d}^2 Y}{\mathrm{d}t}(Y)\right|_{Y=1}>0$ 表明 $Y=1$ 不是企业的演化稳定策略，即企业不参与绿色生产。

当 $C_2'-C_2+XE_1+XF_1>0$ 时，将不等关系式代入式（7-50）：$\left.\frac{\mathrm{d}^2 Y}{\mathrm{d}t}(Y)\right|_{Y=0}>0$ 表明

$Y=0$ 不是企业的演化稳定策略；$\left.\frac{\mathrm{d}^2Y}{\mathrm{d}t}(Y)\right|_{Y=1}<0$ 表明 $Y=1$ 是企业的演化稳定策略。

最后是消费者策略的增量稳定性分析。在式（7-50）第三个表达式中，$Y\left(R_3-C_3\right)+XYE_2-Y\left(R_3'-C_3'\right)+XF_2=0$ 表示消费者稳定状态和演化状态的边界。如果 $Y\left(R_3-C_3\right)+XYE_2-Y\left(R_3'-C_3'\right)+XF_2>0$，则 $\mathrm{d}^2Z/\mathrm{d}t(0)>0$，$\mathrm{d}^2Z/\mathrm{d}t(1)<0$ 意味着消费者选择绿色消费模式是稳定的状态，而选择传统消费模式是不稳定的状态。如果 $Y\left(R_3-C_3\right)+XYE_2-Y\left(R_3'-C_3'\right)+XF_2<0$，则 $\mathrm{d}^2Z/\mathrm{d}t(0)<0$，$\mathrm{d}^2Z/\mathrm{d}t(1)>0$ 意味着消费者选择传统消费模式是稳定的状态，而选择绿色消费模式是不稳定的状态。当 $Z\in(0,1)$ 时，$\mathrm{d}Z/\mathrm{d}t(Z)>0$，消费者策略稳定的演化相位图（图 7-11）取决于 $Y\left(R_3-C_3\right)+XYE_2-Y\left(R_3'-C_3'\right)+XF_2=0$ 二次曲线的形状。

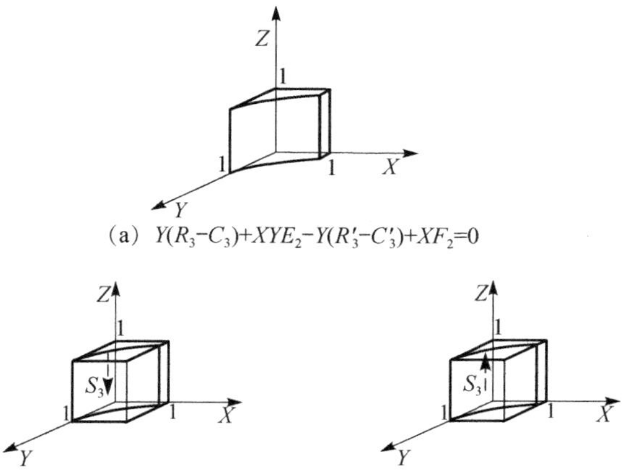

(a) $Y(R_3-C_3)+XYE_2-Y(R_3'-C_3')+XF_2=0$

(b) $Y(R_3-C_3)+XYE_2-Y(R_3'-C_3')+XF_2<0$　　(c) $Y(R_3-C_3)+XYE_2-Y(R_3'-C_3')+XF_2>0$

图 7-11　消费者的复制动态相位图（一）

当 $Y\left(R_3-C_3\right)+XYE_2-Y\left(R_3'-C_3'\right)+XF_2=0$ 时，$\mathrm{d}^2Z/\mathrm{d}t=0$，即当 $Z\in(0,1)$ 时，消费者策略的选择一直处于稳定状态。

当 $Y\left(R_3-C_3\right)+XYE_2-Y\left(R_3'-C_3'\right)+XF_2<0$ 时，将不等关系式代入式（7-50）：$\left.\frac{\mathrm{d}^2Z}{\mathrm{d}t}(Z)\right|_{Z=0}<0$ 表明 $Z=0$ 是消费者的演化稳定策略；$\left.\frac{\mathrm{d}^2Z}{\mathrm{d}t}(Z)\right|_{Z=1}>0$ 表明 $Z=1$ 不是消费者的演化稳定策略。

当 $Y\left(R_3-C_3\right)+XYE_2-Y\left(R_3'-C_3'\right)+XF_2>0$ 时，将不等关系式代入式（7-50）：$\left.\frac{\mathrm{d}^2Z}{\mathrm{d}t}(Z)\right|_{Z=0}>0$ 表明 $Z=0$ 不是消费者的演化稳定策略；$\left.\frac{\mathrm{d}^2Z}{\mathrm{d}t}(Z)\right|_{Z=1}<0$ 表明 $Z=1$ 是消费者的演化稳定策略。

（3）演化博弈的增量稳定性分析。在该演化博弈过程中，三个参与主体策略选择的概率 X,Y,Z 均与时间 t 相关，即 $X(t),Y(t),Z(t)\in[0,1]$，复制动态方程解的域为 $([0,1],[0,1],[0,1])$。

为了简化仿真过程，可以将复制动态方程离散化，以研究演化博弈的渐近稳定运行路径。因此，将时间步长设置为 Δt。根据导数定义，政府的复制动态方程可以重写为

$$\begin{aligned}\frac{\mathrm{d}X(t)}{\mathrm{d}t}&\approx\frac{X(t+\Delta t)-X(t)}{\Delta t}\\&=X(t)[1-X(t)](C_1'-C_1-YE_1-ZE_2)\end{aligned}\tag{7-51}$$

同样地，企业和消费者的复制动态方程可以分别重写为

$$\begin{aligned}\frac{\mathrm{d}Y(t)}{\mathrm{d}t}&\approx\frac{Y(t+\Delta t)-Y(t)}{\Delta t}\\&=Y(t)[1-Y(t)](C_2'-C_2+XE_1+XF_1)\end{aligned}\tag{7-52}$$

$$\begin{aligned}\frac{\mathrm{d}Z(t)}{\mathrm{d}t}&\approx\frac{Z(t+\Delta t)-Y(t)}{\Delta t}\\&=Z(t)[1-Z(t)]\left[Y(R_3-C_3)+XYE_2-Y(R_3'-C_3')+XF_2\right]\end{aligned}\tag{7-53}$$

进一步地，判断博弈系统的动态过程中参与主体混合策略究竟会趋向哪个均衡点。按照荷什勒佛（Hirshleifer）的观点，当从某均衡点的任意小领域内出发的轨线最终都趋向于该均衡点时，称此点为演化均衡点。下面根据 Jacobian 矩阵定性分析该博弈模型在均衡点的局部稳定性。

$$M=\begin{bmatrix}\dfrac{\mathrm{d}F(X)}{\mathrm{d}X}&\dfrac{\mathrm{d}F(X)}{\mathrm{d}Y}&\dfrac{\mathrm{d}F(X)}{\mathrm{d}Z}\\\dfrac{\mathrm{d}F(Y)}{\mathrm{d}X}&\dfrac{\mathrm{d}F(Y)}{\mathrm{d}Y}&\dfrac{\mathrm{d}F(Y)}{\mathrm{d}Z}\\\dfrac{\mathrm{d}F(Z)}{\mathrm{d}X}&\dfrac{\mathrm{d}F(Z)}{\mathrm{d}Y}&\dfrac{\mathrm{d}F(Z)}{\mathrm{d}Z}\end{bmatrix}$$

$$=\begin{bmatrix}(1-2X)(C_1'-C_1-YE_1-ZE_2)&-X(1-X)E_1&-X(1-X)E_2\\Y(1-Y)(E_1+F_1)&(1-2Y)(C_2'-C_2+XE_1+XF_1)&0\\Z(1-Z)(YE_2+F_2)&Z(1-Z)\begin{bmatrix}(R_3-C_3)\\-(R_3'-C_3')+XE_2\end{bmatrix}&(1-2Z)\begin{bmatrix}Y(R_3-C_3)+XYE_2\\-Y(R_3'-C_3')+XF_2\end{bmatrix}\end{bmatrix}\tag{7-54}$$

根据演化博弈理论以及李雅普诺夫第一法，当 Jacobian 矩阵的所有特征值小于 0 时，那么该平衡点是渐进稳定的，此时为汇；当 Jacobian 矩阵中有一个特征值大于 0 时，那么该平衡点是不稳定的，此时为源；当 Jacobian 矩阵的特征值中存在一正一

负时，那么该平衡点是不稳定的，此时为鞍点。因此，在政府秩序监管方式下，以绿色消费 3.0 监管博弈模型的一个均衡点（1,1,1）为例，讨论该模型满足渐进稳定的条件。由式（7-54）可知，该博弈模型在（1,1,1）时的 Jacobian 矩阵为

$$M_1=\begin{bmatrix}-\left(C_1'-C_1-E_1-E_2\right) & 0 & 0\\ 0 & -\left(C_2'-C_2+E_1+F_1\right) & 0\\ 0 & 0 & -\begin{pmatrix}R_3-C_3+E_2\\ -R_3'+C_3'+F_2\end{pmatrix}\end{bmatrix} \tag{7-55}$$

根据式（7-55）解得该 Jacobian 矩阵的特征值为

$$\begin{bmatrix}-\left(C_1'-C_1-E_1-E_2\right)\\ -\left(C_2'-C_2+E_1+F_1\right)\\ -\left(R_3-C_3+E_2-R_3'+C_3'+F_2\right)\end{bmatrix}$$

其中，$-\left(R_3-C_3+E_2-R_3'+C_3'+F_2\right)<0$，如果 $-\left(C_1'-C_1-E_1-E_2\right)<0$，$-\left(C_2'-C_2+E_1+F_1\right)<0$，则说明（1,1,1）为渐进稳定点。依据此种方法，判断该博弈模型中其他均衡点满足渐进稳定的条件，具体如表 7-7 所示。

表 7-7　均衡解的稳定性分析（一）

序号	均衡解	特征值符号	稳定性
1	(0,0,0)	有正值	不稳定
2	(0,0,1)	一正一负	不稳定
3	(0,1,0)	有正值	不稳定
4	(0,1,1)	有正值	不稳定
5	(1,0,0)	有正值	不稳定
6	(1,0,1)	有正值	不稳定
7	(1,1,0)	有正值	不稳定
8	(1,1,1)	当 $C_1'-C_1-E_1-E_2>0$，$C_2'-C_2+E_1+F_1>0$ 时，均为负值	渐进稳定点

在政府秩序监管方式下，绿色消费 3.0 监管博弈模型的参数较多，每个均衡点的特征值符号难以确定，说明该博弈模型较为复杂。博弈系统中某一参数变化，会影响每个参与主体的策略选择以及策略的演化路径。

2. 政府情感监管的复制动态方程

（1）绿色消费 3.0 监管博弈系统演化博弈平衡点的计算。同样，为了寻求政府情感监管方式下绿色消费 3.0 监管博弈系统的稳定策略，令政府、企业和消费者的复制

动态方程为零，即

$$\frac{\mathrm{d}X'}{\mathrm{d}t}=0,\quad \frac{\mathrm{d}Y'}{\mathrm{d}t}=0,\quad \frac{\mathrm{d}Z'}{\mathrm{d}t}=0 \tag{7-56}$$

在该博弈模型中，将两方博弈中平衡点的 Jacobian 矩阵应用于三方博弈。我们可以知道的是，$X_1'=0$ 和 $X_2'=1$ 是政府可能的两个稳定策略，同样地，$Y_1'=0$ 和 $Y_2'=1$ 是企业可能的两个稳定策略，$Z_1'=0$ 和 $Z_2'=1$ 是消费者可能的两个稳定策略。根据演化博弈理论，博弈主体最终趋向于稳定策略。因此，复制动态方程有八个局部平衡点：$(0,0,0),(0,0,1),(0,1,0),(0,1,1),(1,0,0),(1,0,1),(1,1,0),(1,1,1)$。这些均衡点构成了该博弈模型策略选择的边界，即 $\{(X',Y',Z')|0\leqslant X'\leqslant 1,0\leqslant Y'\leqslant 1,0\leqslant Z'\leqslant 1\}$，$\Omega'$ 区域是博弈模型均衡解的值域，即

$$\Omega'=\left\{\left(X',Y',Z'\right)\middle|0\leqslant X'\leqslant 1,0\leqslant Y'\leqslant 1,0\leqslant Z'\leqslant 1\right\}$$

通常有一个均衡解 $S=(X',Y',Z')$，在 Ω' 区域中满足式（7-56）。在政府情感监管方式下，当博弈模型中三个参与主体的混合策略的预期收益相等时，绿色消费 3.0 监管博弈系统将达到平衡状态。

绿色消费 3.0 监管博弈系统中，令 $u_{11}'=u_{12}'$，可得到企业在绿色消费 3.0 监管博弈系统均衡中的最优概率解，即 $H-C_1-Y'E_1=H-C_1'$。因此，企业在博弈模型均衡中的最优概率解为

$$Y'=\frac{C_1'-C_1}{E_1} \tag{7-57}$$

绿色消费 3.0 监管博弈系统中，令 $u_{31}'=u_{32}'$，可得到政府在绿色消费 3.0 监管博弈系统均衡中的最优概率解，即 $R_3'-C_3'-H_2+Y'\left[\left(R_3-C_3\right)-\left(R_3'-C_3'\right)\right]+X'Y'Z'T_1=R_3'-C_3'-H_2-X'Y'(1-Z')T_2$。因此，政府在博弈系统均衡中的最优概率解为

$$X'=\frac{\lambda\left(S_1+S_2\right)\left[\left(R_3'-C_3'\right)-\left(R_3-C_3\right)\right]}{E_1T_1-\left[\lambda\left(S_1+S_2\right)-E_1\right]T_2} \tag{7-58}$$

绿色消费 3.0 监管博弈系统中，令 $u_{21}'=u_{22}'$，将式（7-58）代入可得到消费者在绿色消费 3.0 监管博弈系统均衡中的最优概率解，即 $R_2'-C_2-H_1+X'E_1+X'Z'\lambda S_1=R_2'-C_2'-H_1-X'Z'\lambda S_2$。因此，消费者在博弈系统均衡中的最优概率解为

$$Z'=-\frac{E_1}{\lambda\left(S_1+S_2\right)} \tag{7-59}$$

因此，该博弈模型参与主体的纳什均衡解为

$$\begin{cases} X' = \dfrac{\lambda(S_1+S_2)\left[(R_3'-C_3')-(R_3-C_3)\right]}{E_1T_1-\left[\lambda(S_1+S_2)-E_1\right]T_2} \\ Y' = \dfrac{C_1'-C_1}{E_1} \\ Z' = -\dfrac{E_1}{\lambda(S_1+S_2)} \end{cases} \tag{7-60}$$

根据演化博弈理论，$\mathrm{d}^2X'/\mathrm{d}t<0$，$\mathrm{d}^2Y'/\mathrm{d}t<0$，$\mathrm{d}^2Z'/\mathrm{d}t<0$，式（7-60）中 X'、Y'、Z' 所示的策略分别代表了政府、企业和消费者在演化过程中的稳定策略。每个博弈参与主体的复制动态方程的导数具有以下形式：

$$\begin{cases} \dfrac{\mathrm{d}^2X'}{\mathrm{d}t}(X') = (1-2X')(C_1'-C_1-Y'E_1) \\ \dfrac{\mathrm{d}^2Y'}{\mathrm{d}t}(Y') = (1-2Y')(C_2'-C_2+X'Z'\lambda S_1+X'Z'\lambda S_2) \\ \dfrac{\mathrm{d}^2Z'}{\mathrm{d}t}(Z') = (1-2Z')\left(Y'(R_3-R_3'+C_3'-C_3)+X'Y'Z'T_1+X'Y'(1-Z')T_2\right) \end{cases} \tag{7-61}$$

（2）演化博弈的稳定性分析。首先是政府策略的增量稳定性分析。在式（7-61）的第一个表达式中，$C_1'-C_1-Y'E_1=0$ 表示政府稳定状态和演化状态的边界。如果 $C_1'-C_1-Y'E_1>0$，则 $\mathrm{d}^2X'/\mathrm{d}t(0)>0$，$\mathrm{d}^2X'/\mathrm{d}t(1)<0$ 意味着政府采取监管策略是稳定的状态，反之则相反。如果 $C_1'-C_1-Y'E_1<0$，则 $\mathrm{d}^2X'/\mathrm{d}t(0)<0$，$\mathrm{d}^2X'/\mathrm{d}t(1)>0$ 意味着政府采取不监管策略是稳定的状态，反之则相反。当 $X'\in(0,1)$ 时，$\mathrm{d}X'/\mathrm{d}t(X')>0$，政府策略稳定的演化相位图（图 7-12）取决于 $C_1'-C_1-Y'E_1=0$ 二次曲线的形状。

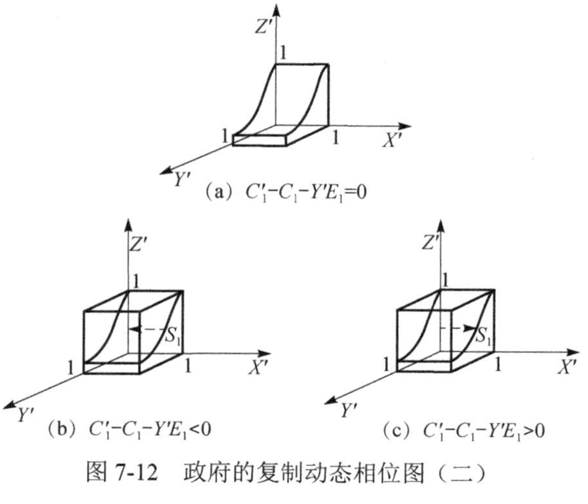

图 7-12　政府的复制动态相位图（二）

当 $C_1' - C_1 - Y'E_1 = 0$ 时，$\mathrm{d}^2 X'/\mathrm{d}t = 0$，即当$X' \in (0,1)$时，政府策略的选择一直处于稳定状态。

当 $C_1' - C_1 - Y'E_1 < 0$ 时，将不等关系式代入式（7-61）：$\left.\dfrac{\mathrm{d}^2 X'}{\mathrm{d}t}(X')\right|_{X'=0} < 0$ 表明 $X' = 0$ 是政府的演化稳定策略，即政府选择不监管策略；$\left.\dfrac{\mathrm{d}^2 X'}{\mathrm{d}t}(X')\right|_{X'=1} > 0$ 表明 $X' = 1$ 不是政府的演化稳定策略，即政府选择不监管策略。

当 $C_1' - C_1 - Y'E_1 > 0$ 时，将不等关系式代入式（7-61）：$\left.\dfrac{\mathrm{d}^2 X'}{\mathrm{d}t}(X')\right|_{X'=0} > 0$ 表明 $X' = 0$ 不是政府的演化稳定策略；$\left.\dfrac{\mathrm{d}^2 X'}{\mathrm{d}t}(X')\right|_{X'=1} < 0$ 表明 $X' = 1$ 是政府的演化稳定策略。

其次是企业策略的增量稳定性分析。在式（7-61）的第二个表达式中，$C_2' - C_2 + X'Z'\lambda S_1 + X'Z'\lambda S_2 = 0$ 表示政府稳定状态和演化状态的边界。如果 $C_2' - C_2 + X'Z'\lambda S_1 + X'Z'\lambda S_2 > 0$，则 $\mathrm{d}^2 Y'/\mathrm{d}t(0) > 0$，$\mathrm{d}^2 Y'/\mathrm{d}t(1) < 0$ 意味着企业参与绿色生产是稳定的状态，反之则相反。如果 $C_2' - C_2 + X'Z'\lambda S_1 + X'Z'\lambda S_2 < 0$，则 $\mathrm{d}^2 Y'/\mathrm{d}t(0) < 0$，$\mathrm{d}^2 Y'/\mathrm{d}t(1) > 0$ 意味着企业不参与绿色生产是稳定的状态，反之则相反。当$Y' \in (0,1)$时，$\mathrm{d}Y'/\mathrm{d}t(Y') > 0$，企业策略稳定的演化相位图（图 7-13）取决于 $C_2' - C_2 + X'Z'\lambda S_1 + X'Z'\lambda S_2 = 0$ 二次曲线的形状。

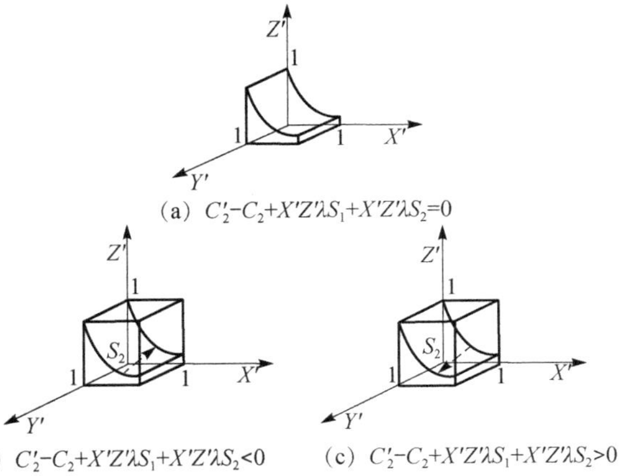

图 7-13　企业的复制动态相位图（二）

当 $C_2' - C_2 + X'Z'\lambda S_1 + X'Z'\lambda S_2 = 0$ 时，$\mathrm{d}^2 Y'/\mathrm{d}t = 0$，即当 $Y' \in (0,1)$ 时，企业策略的选择一直处于稳定状态。

当 $C_2' - C_2 + X'Z'\lambda S_1 + X'Z'\lambda S_2 < 0$ 时，将不等关系式代入式（7-61）：$\left.\dfrac{\mathrm{d}^2Y'}{\mathrm{d}t}(Y')\right|_{Y'=0} < 0$ 表明 $Y'=0$ 是企业的演化稳定策略，即企业不参与绿色生产；$\left.\dfrac{\mathrm{d}^2Y'}{\mathrm{d}t}(Y')\right|_{Y'=1} > 0$ 表明 $Y'=1$ 不是企业的演化稳定策略，即企业不参与绿色生产。

当 $C_2' - C_2 + X'Z'\lambda S_1 + X'Z'\lambda S_2 > 0$ 时，将不等关系式代入式（7-61）：$\left.\dfrac{\mathrm{d}^2Y'}{\mathrm{d}t}(Y')\right|_{Y'=0} > 0$ 表明 $Y'=0$ 不是企业的演化稳定策略；$\left.\dfrac{\mathrm{d}^2Y'}{\mathrm{d}t}(Y')\right|_{Y'=1} < 0$ 表明 $Y'=1$ 是企业的演化稳定策略。

最后是消费者策略的增量稳定性分析。在式（7-61）的第三个表达式中，$Y'(R_3 - R_3' + C_3' - C_3) + X'Y'Z'T_1 + X'Y'(1-Z')T_2 = 0$ 表示消费者稳定状态和演化状态的边界。如果 $Y'(R_3 - R_3' + C_3' - C_3) + X'Y'Z'T_1 + X'Y'(1-Z')T_2 > 0$，则 $\mathrm{d}^2Z'/\mathrm{d}t(0) > 0$，$\mathrm{d}^2Z'/\mathrm{d}t(1) < 0$ 意味着消费者选择绿色消费模式是稳定的状态，反之则相反。如果 $Y'(R_3 - R_3' + C_3' - C_3) + X'Y'Z'T_1 + X'Y'(1-Z')T_2 < 0$，则 $\mathrm{d}^2Z'/\mathrm{d}t(0) < 0$，$\mathrm{d}^2Z'/\mathrm{d}t(1) > 0$ 意味着消费者选择传统消费模式是稳定的状态，反之则相反。当 $Z' \in (0,1)$ 时，$\mathrm{d}Z'/\mathrm{d}t(Z') > 0$，消费者策略稳定的演化相位图（图 7-14）取决于 $Y'(R_3 - R_3' + C_3' - C_3) + X'Y'Z'T_1 + X'Y'(1-Z')T_2 = 0$ 二次曲线的形状。

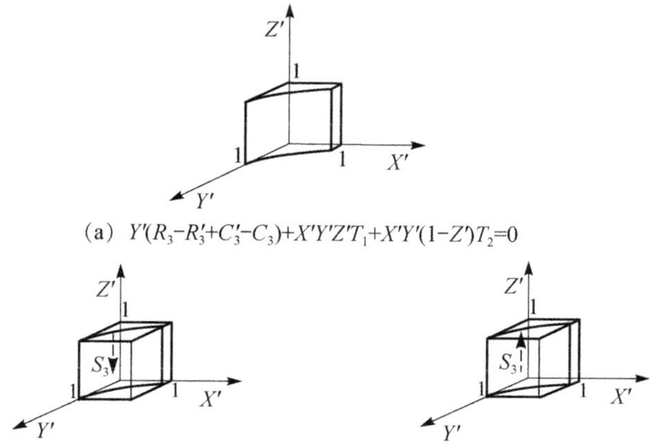

（a）$Y'(R_3 - R_3' + C_3' - C_3) + X'Y'Z'T_1 + X'Y'(1-Z')T_2 = 0$

（b）$Y'(R_3 - R_3' + C_3' - C_3) + X'Y'Z'T_1 + X'Y'(1-Z')T_2 < 0$　　（c）$Y'(R_3 - R_3' + C_3' - C_3) + X'Y'Z'T_1 + X'Y'(1-Z')T_2 > 0$

图 7-14　消费者的复制动态相位图（二）

当 $Y'(R_3 - R_3' + C_3' - C_3) + X'Y'Z'T_1 + X'Y'(1-Z')T_2 = 0$ 时，$\mathrm{d}^2Z'/\mathrm{d}t = 0$，即当 $Z' \in (0,1)$ 时，消费者策略的选择一直处于稳定状态。

当 $Y'\left(R_3-R_3'+C_3'-C_3\right)+X'Y'Z'T_1+X'Y'\left(1-Z'\right)T_2<0$ 时，将不等关系式代入式（7-61）：$\left.\dfrac{\mathrm{d}^2Z'}{\mathrm{d}t}\left(Z'\right)\right|_{Z'=0}<0$ 表明 $Z'=0$ 是消费者的演化稳定策略；$\left.\dfrac{\mathrm{d}^2Z'}{\mathrm{d}t}\left(Z'\right)\right|_{Z'=1}>0$ 表明 $Z'=1$ 不是消费者的演化稳定策略。

当 $Y'\left(R_3-R_3'+C_3'-C_3\right)+X'Y'Z'T_1+X'Y'\left(1-Z'\right)T_2>0$ 时，将不等关系式代入式（7-61）：$\left.\dfrac{\mathrm{d}^2Z'}{\mathrm{d}t}\left(Z'\right)\right|_{Z'=0}>0$ 表明 $Z'=0$ 不是消费者的演化稳定策略；$\left.\dfrac{\mathrm{d}^2Z'}{\mathrm{d}t}\left(Z'\right)\right|_{Z'=1}<0$ 表明 $Z'=1$ 是消费者的演化稳定策略。

（3）演化博弈的增量稳定性分析。在该演化博弈过程中，三个参与主体策略选择的概率 X'、Y'、Z' 均与时间 t 相关，即 $X'(t),Y'(t),Z'(t)\in[0,1]$，复制动态方程解的域为 $\left([0,1],[0,1],[0,1]\right)$。

为了简化仿真过程，可以将复制动态方程离散化，以研究演化博弈的渐近稳定运行路径。因此，将时间步长设置为 Δt。根据导数定义，政府的复制动态方程可以重写为

$$\begin{aligned}\frac{\mathrm{d}X'(t)}{\mathrm{d}t}&\approx\frac{X'(t+\Delta t)-X'(t)}{\Delta t}\\&=X'(t)\left[1-X'(t)\right]\left(C_1'-C_1-Y'E_1\right)\end{aligned}\tag{7-62}$$

同样地，企业和消费者的复制动态方程可以分别重写为

$$\begin{aligned}\frac{\mathrm{d}Y'(t)}{\mathrm{d}t}&\approx\frac{Y'(t+\Delta t)-Y'(t)}{\Delta t}\\&=Y'(t)\left[1-Y'(t)\right]\left(C_2'-C_2+X'Z'\lambda S_1+X'Z'\lambda S_2\right)\end{aligned}\tag{7-63}$$

$$\begin{aligned}\frac{\mathrm{d}Z'(t)}{\mathrm{d}t}&\approx\frac{Z'(t+\Delta t)-Z'(t)}{\Delta t}\\&=Z'(t)\left[1-Z'(t)\right]\left[Y'\left(R_3-R_3'+C_3'-C_3\right)+X'Y'Z'T_1+X'Y'\left(1-Z'\right)T_2\right]\end{aligned}\tag{7-64}$$

进一步地，根据 Jacobian 矩阵定性分析该博弈模型在均衡点的局部稳定性

$$M=\begin{bmatrix}\dfrac{\mathrm{d}F(X')}{\mathrm{d}X'}&\dfrac{\mathrm{d}F(X')}{\mathrm{d}Y'}&\dfrac{\mathrm{d}F(X')}{\mathrm{d}Z'}\\\dfrac{\mathrm{d}F(Y')}{\mathrm{d}X'}&\dfrac{\mathrm{d}F(Y')}{\mathrm{d}Y'}&\dfrac{\mathrm{d}F(Y')}{\mathrm{d}Z'}\\\dfrac{\mathrm{d}F(Z')}{\mathrm{d}X'}&\dfrac{\mathrm{d}F(Z')}{\mathrm{d}Y'}&\dfrac{\mathrm{d}F(Z')}{\mathrm{d}Z'}\end{bmatrix}$$

$$
=\begin{bmatrix}
(1-2X')(C_1'-C_1-Y'E_1) & -X'(1-X')E_1 & 0 \\
Y'(1-Y')\left[Z'\lambda(S_1+S_2)\right] & \begin{bmatrix}(1-2Y')(C_2'-C_2 \\ +X'Z'\lambda S_1+X'Z'\lambda S_2)\end{bmatrix} & Y'(1-Y')X'\lambda(S_1+S_2) \\
Z'(1-Z')Y'\left[Z'T_1+(1-Z')T_2\right] & Z'(1-Z')\begin{bmatrix}(R_3-R_3'+C_3' \\ -C_3)+X' \\ (ZT_1+(1-Z)T_2)\end{bmatrix} & \begin{bmatrix}(1-2Z')\left[Y'(R_3-R_3' \right. \\ +C_3'-C_3)+X'Y'Z'T_1 \\ \left. +X'Y'(1-Z')T_2\right]+Z'(1-Z') \\ (X'Y'Z'T_1-X'Y'Z'T_2)\end{bmatrix}
\end{bmatrix}
\tag{7-65}
$$

因此，在政府情感监管方式下，以绿色消费 3.0 监管博弈模型的一个均衡点（1,1,1）为例，讨论该模型满足渐进稳定的条件。由式（7-65）可知，该博弈模型在（1,1,1）时的 Jacobian 矩阵为

$$
M_2=\begin{bmatrix}
-(C_1'-C_1-E_1) & 0 & 0 \\
0 & -\left[C_2'-C_2+\lambda(S_1+S_2)\right] & 0 \\
0 & 0 & -(R_3-R_3'+C_3'-C_3+T_1)
\end{bmatrix}
\tag{7-66}
$$

根据式（7-66），可以解得该 Jacobian 矩阵的特征值为

$$
\begin{bmatrix}
-(C_1'-C_1-E_1) \\
-\left[C_2'-C_2+\lambda(S_1+S_2)\right] \\
-(R_3-R_3'+C_3'-C_3+T_1)
\end{bmatrix}
$$

如果 $-(C_1'-C_1-E_1)<0$，$-\left[C_2'-C_2+\lambda(S_1+S_2)\right]<0$，$-(R_3-R_3'+C_3'-C_3+T_1)<0$，则说明（1,1,1）为渐进稳定点。依据此种方法，求出博弈模型中每个均衡点的特征值，分析每个均衡点的特征值符号，判断每个均衡点的渐进稳定性。该博弈模型中均衡点的渐进稳定性如表 7-8 所示。

表 7-8　均衡解的稳定性分析（二）

序号	均衡解	特征值符号	稳定性
1	(0,0,0)	有正值	不稳定
2	(0,0,1)	有正值	不稳定
3	(0,1,0)	有正值	不稳定
4	(0,1,1)	有正值	不稳定
5	(1,0,0)	有零值	不稳定
6	(1,0,1)	有零值	不稳定
7	(1,1,0)	有正值	不稳定
8	(1,1,1)	当 $C_1'-C_1-E_1>0$、$C_2'-C_2+\lambda(S_1+S_2)>0$ 和 $R_3-R_3'+C_3'-C_3+T_1>0$ 时，均为负值	渐进稳定点

在政府情感监管方式下，绿色消费 3.0 监管博弈模型的参数较多，每个均衡点的特征值符号难以确定，说明该博弈模型较为复杂，博弈系统中某一参数变化，会影响每个参与主体的策略选择以及策略的演化路径。

7.4　绿色消费 3.0 嵌入式监管体系的多主体仿真

从绿色消费监管博弈的稳定性分析可以看出，无论政府采取秩序监管方式还是情感监管方式，博弈参与主体采取监管、参与绿色生产和绿色消费模式（1,1,1）策略集是该博弈的理想结果。为了更直观地表示博弈参与主体策略的演化过程，本章进一步研究变量对博弈参与主体策略选择的影响，通过改变该博弈系统中各参数的初始值，观察博弈参与主体的演化路径，讨论影响策略演化的主要驱动因素。由于不同混合策略的稳定性是一致的，因此本书只模拟（1,1,1）情景下博弈参与主体的演化过程。本书使用 Matlab R2019b 软件进行数值仿真，以模拟博弈参与主体策略的动态演化过程，为政府制定绿色消费 3.0 监管理论和监管机制，为促进我国绿色消费发展提供理论基础。

7.4.1　政府秩序监管数值仿真

若(1,1,1)是该博弈模型的渐进稳定点，则必须同时满足 $C_1' - C_1 - E_1 - E_2 > 0$ 和 $C_2' - C_2 + E_1 + F_1 > 0$。为进一步了解博弈参与主体的演化路径，本节根据实际成本收入情况设定参数值，具体为 $C_1 = 25$，$C_1' = 40$，$C_2 = 8$，$C_2' = 4$，$R_2 = 14$，$R_2' = 10$，$C_3 = 16$，$C_3' = 10$，$R_3 = 26$，$R_3' = 14$，$E_1 = 4$，$E_2 = 2$，$F_1 = 2$，$F_2 = 1$。

1. 企业和消费者初始参与比例对政府策略演化路径的仿真分析

本章设置了四组不同的情景。第一组为对照组，取 $Y = 0.3$，$Z = 0.5$ [图 7-15（a）]；第二组取 $Y = 0.5$，$Z = 0.5$ [图 7-15（b）]，主要考察企业参与绿色生产的比例变化对政府策略演化路径的影响；第三组取 $Y = 0.3$，$Z = 0.7$ [图 7-15（c）]，主要考察消费者选择绿色消费模式的比例变化对政府策略演化路径的影响；第四组取 $Y = 0.7$，$Z = 0.7$ [图 7-15（d）]，主要考察企业参与绿色生产的比例和消费者选择绿色消费模式的比例均变化时政府策略演化路径的差异。为全面反映政府策略演化路径，将政府监管初始强度设定为五个层次，即 $X = 0.1$，$X = 0.3$，$X = 0.5$，$X = 0.7$，$X = 0.9$，结果如图 7-15 所示。

从图 7-15（a）—图 7-15（d）中可以看出，企业参与绿色生产的比例和消费者选择绿色消费模式的比例均影响政府策略的演化路径。比较图 7-15（a）和图 7-15（b）可知，当 $Y = 0.3$，$Z = 0.5$ 时，X 的收敛速度大于 $Y = 0.5$，$Z = 0.5$ 时，即当消费者选择绿色消费模式的比例固定时，企业参与绿色生产的比例越大，政府越慢演化到监管策略，但演化路径的差异不明显；比较图 7-15（a）和图 7-15（c）可知

$Y=0.3$，$Z=0.5$时，X的收敛速度大于$Y=0.3$，$Z=0.7$时，即当企业参与绿色生产的比例固定时，消费者选择绿色消费模式的比例越大，政府越慢演化到监管策略，但演化路径的差异不明显；比较图 7-15（b）和图 7-15（d）可知，当$Y=0.5$，$Z=0.5$时，X的收敛速度大于$Y=0.7$，$Z=0.7$时，即当企业参与绿色生产的比例和消费者选择绿色消费模式的比例均变大时，政府会更慢演化到监管策略，但演化路径的差异不明显。

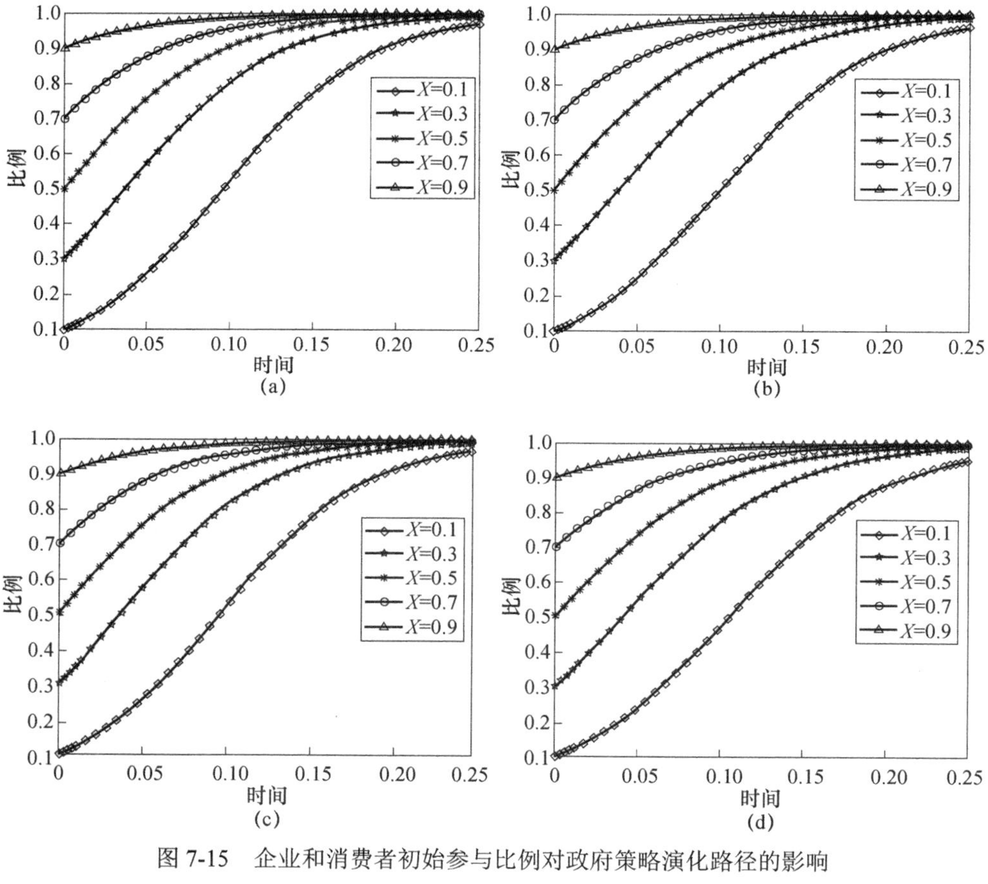

图 7-15　企业和消费者初始参与比例对政府策略演化路径的影响

2. 政府监管强度和消费者初始参与比例对企业策略演化路径的仿真分析

本章设置了四组不同情景。第一组为对照组，取$X=0.3$，$Z=0.5$[图 7-16（a）]；第二组取$X=0.5$，$Z=0.5$[图 7-16（b）]，主要考察政府监管强度变化对企业策略演化路径的影响；第三组取$X=0.3$，$Z=0.7$[图 7-16（c）]，主要考察消费者选择绿色消费模式的比例变化对企业策略演化路径的影响；第四组取$X=0.7$，$Z=0.7$[图 7-16（d）]，主要考察政府监管强度和消费者选择绿色消费模式的比例均变化时企业策略演化路径的差异。为全面反映企业策略演化路径，将企业初始参与比例设定为五个层次，即 $Y=0.1$，$Y=0.3$，$Y=0.5$，$Y=0.7$，$Y=0.9$，结果如图 7-16 所示。

从图 7-16（a）—图 7-16（d）中可以看出，政府监管强度和消费者选择绿色消费模式的比例均影响企业策略演化路径。比较图 7-16（a）和图 7-16（b）可知，当 $X=0.3$，$Z=0.5$ 时，Y 的收敛速度小于 $X=0.5$，$Z=0.5$ 时，即当消费者选择绿色消费模式的比例固定时，政府监管强度越大，企业越快演化到参与绿色生产策略，但演化路径的差异不明显；比较图 7-16（a）和图 7-16（c）可知，当 $X=0.3$，

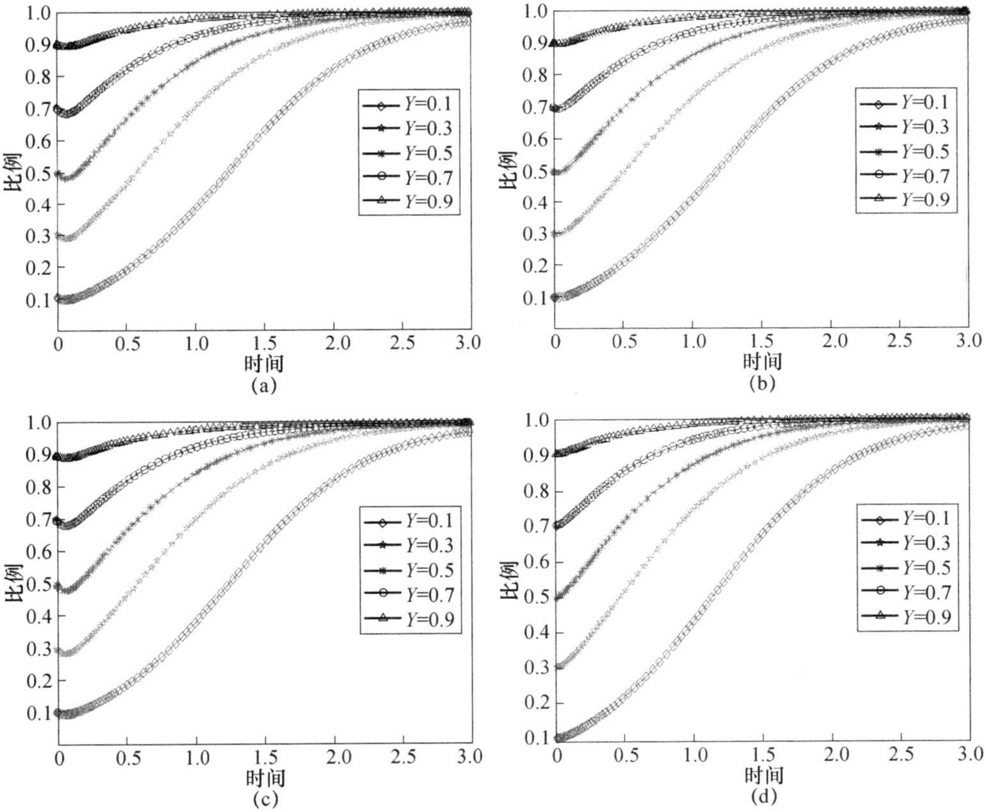

图 7-16　政府监管强度和消费者初始参与比例对企业策略演化路径的影响

$Z=0.5$ 时，Y 的收敛速度小于 $X=0.3$，$Z=0.7$ 时，即当政府监管强度固定时，消费者选择绿色消费模式的比例越大，企业越快演化到参与绿色生产策略，但演化速率的差异不明显；比较图 7-16（b）和图 7-16（d）可知，当 $X=0.5$，$Z=0.5$ 时，Y 的收敛速度小于 $X=0.7$，$Z=0.7$ 时，即当政府监管强度和消费者选择绿色消费模式的比例均增大时，企业会更快演化到参与绿色生产策略，但演化路径的差异不明显。

3. 政府监管强度和企业初始参与比例对消费者策略演化路径的仿真分析

本章设置了四组不同情景。第一组为对照组，取 $X=0.3$，$Y=0.5$［图 7-17（a)］；第二组取 $X=0.5$，$Y=0.5$［图 7-17（b)］，主要考察政府监管强度变化对消费者策略演化路径的影响；第三组取 $X=0.3$，$Y=0.7$［图 7-17（c)］，主要考察企业参与绿色生产的比例变化对消费者策略演化路径的影响，第四组取 $X=0.7$，$Y=0.7$［图 7-17（d)］，主要考察政府监管强度和企业参与绿色生产的比例均变化时消费者策略演化路径的差异。为全面反映消费者策略演化路径，将消费者初始参与比例设定为五个层次，即 $Z=0.1$，$Z=0.3$，$Z=0.5$，$Z=0.7$，$Z=0.9$，结果如图 7-17 所示。

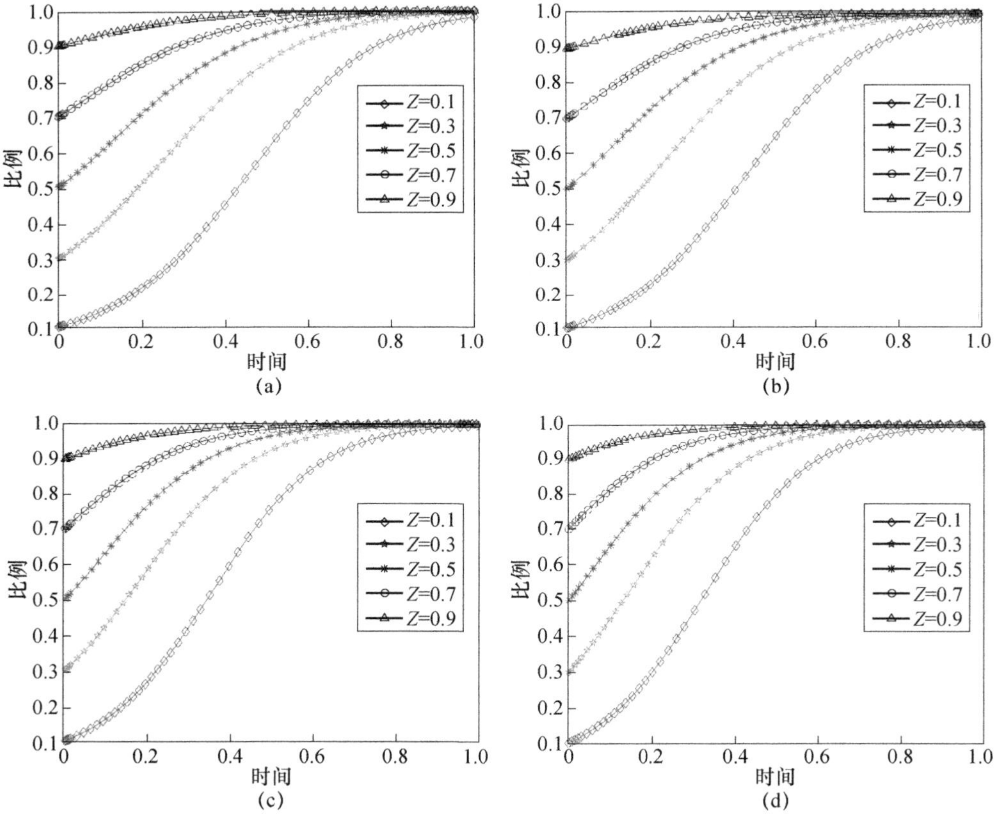

图 7-17　政府监管强度和企业初始参与比例对消费者策略演化路径的影响

从图 7-17（a）—图 7-17（d）中可以看出，政府监管强度和企业参与绿色生产的比例均影响消费者策略演化路径。比较图 7-17（a）和图 7-17（b）可知，当 $X=0.3$，$Y=0.5$ 时，Z 的收敛速度小于 $X=0.5$，$Y=0.5$ 时，即当企业参与绿色生产的比例固定时，政府监管强度越大，消费者越快演化到绿色消费模式策略，但演化速率的差异不明显；比较图 7-17（a）和图 7-17（c）可知，当 $X=0.3$，$Y=0.5$

时，Z 的收敛速度小于 $X=0.3$，$Y=0.7$ 时，即当政府监管强度固定时，企业参与绿色生产的比例越大，消费者越快演化到绿色消费模式策略，但演化速率的差异不明显；比较图 7-17（b）和图 7-17（d）可知，当 $X=0.5$，$Y=0.5$ 时，Z 的收敛速度小于 $X=0.7$，$Y=0.7$ 时，即当政府监管强度和企业参与绿色生产的比例均增大时，消费者会更快演化到绿色消费模式策略，但演化速率的差异不明显。

4. 政府选择监管策略时的监管成本变化对系统演化路径的影响

改变政府选择监管策略时的监管成本 C_1 的大小，令 $C_1=25$ 减少为 $C_1=18$，观察 C_1 的变化对政府、企业和消费者策略演化路径的影响，具体结果如图 7-18 所示。其中图 7-18（a）和图 7-18（b）代表政府分别在 $C_1=25$ 和 $C_1=18$ 时的策略演化路径，由于篇幅有限，本书只讨论 $Y=0.3$，$Z=0.5$ 时的情景；图 7-18（c）和图 7-18（d）代表企业分别在 $C_1=25$ 和 $C_1=18$ 时的策略演化路径，由于篇幅有限，本书只讨论 $X=0.3$，$Z=0.5$ 时的情景；图 7-18（e）和图 7-18（f）代表消费者分别在 $C_1=25$ 和 $C_1=18$ 时的策略演化路径，由于篇幅有限，本书只讨论 $X=0.3$，$Y=0.5$ 时的情景。

比较图 7-18（a）和图 7-18（b）可知，当 C_1 减少时，政府演化到监管稳定策略的速度减慢。在秩序监管方式下，政府监管成本的降低表明政府参与绿色消费监管力

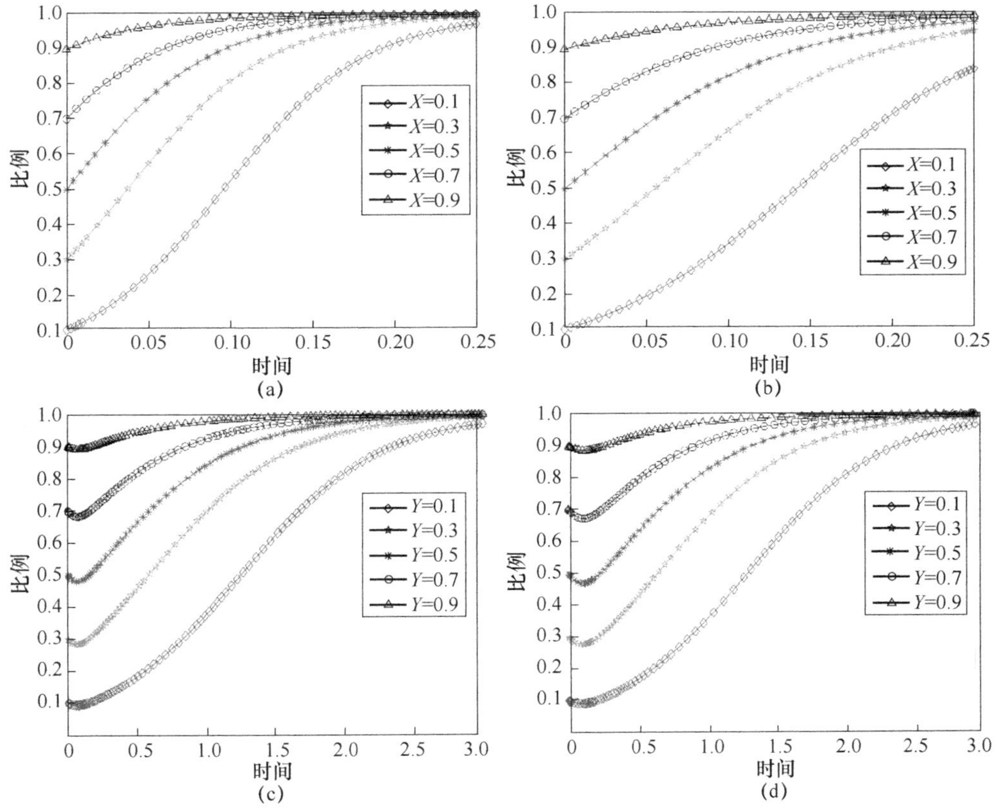

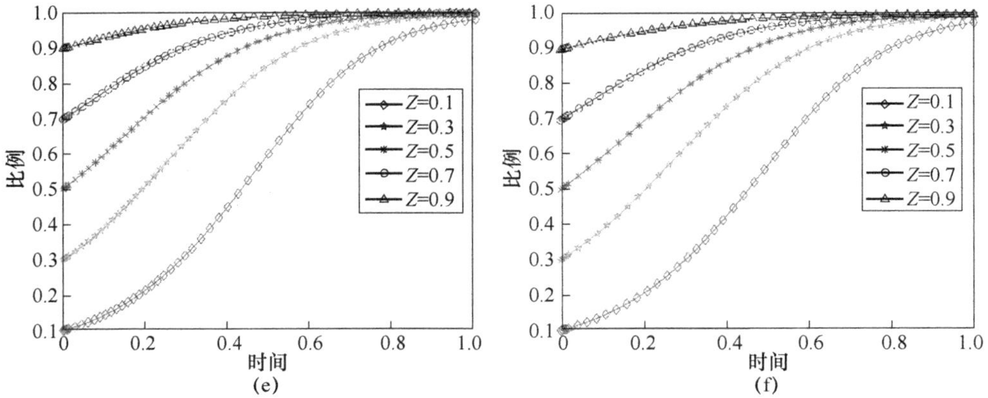

图 7-18　政府选择监管策略时的监管成本变化对系统演化路径的影响

度的降低，因而政府的演化速度减慢。比较图 7-18（c）和图 7-18（d）可知，随着 C_1 的减少，企业演化到参与绿色生产稳定策略的速度减慢。政府放松监管力度，由于传统生产模式会倾向收益，因而企业的演化速度减慢。同理，比较图 7-18（e）和图 7-18（f）可知，随着 C_1 的减少，消费者演化到绿色消费的稳定策略的速度减慢。

5. 企业参与绿色生产的成本变化对系统演化路径的影响

改变企业参与绿色生产时投入的成本 C_2 的大小，令 $C_2 = 8$ 减少为 $C_2 = 4$，观察 C_2 的变化对政府、企业和消费者策略演化路径的影响，具体结果如图 7-19 所示。其中图 7-19（a）和图 7-19（b）代表政府分别在 $C_2 = 8$ 和 $C_2 = 4$ 时的策略演化路径，由于篇幅有限，本书只讨论 $Y = 0.3$，$Z = 0.5$ 时的情景；图 7-19（c）和图 7-19（d）代表企业分别在 $C_2 = 8$ 和 $C_2 = 4$ 时的策略演化路径，由于篇幅有限，本书只讨论 $X = 0.3$，$Z = 0.5$ 时的情景；图 7-19（e）和图 7-19（f）代表消费者分别在 $C_2 = 8$ 和 $C_2 = 4$ 时的策略演化路径，由于篇幅有限，本书只讨论 $X = 0.3$，$Y = 0.5$ 时的情景。

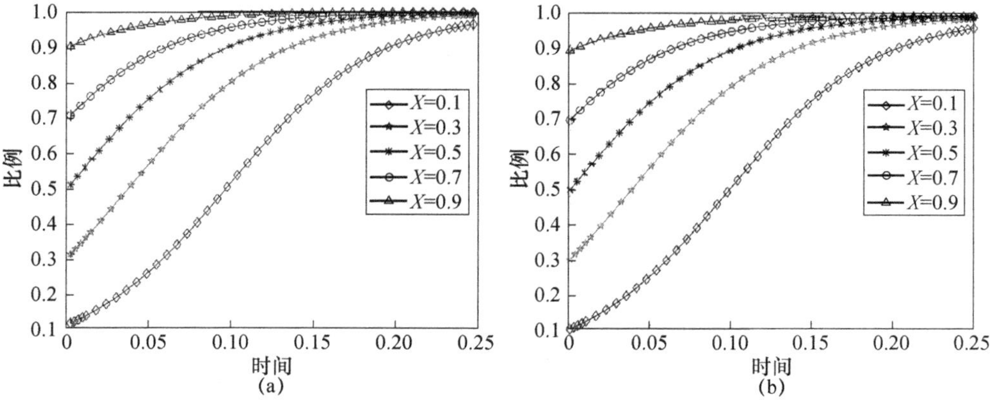

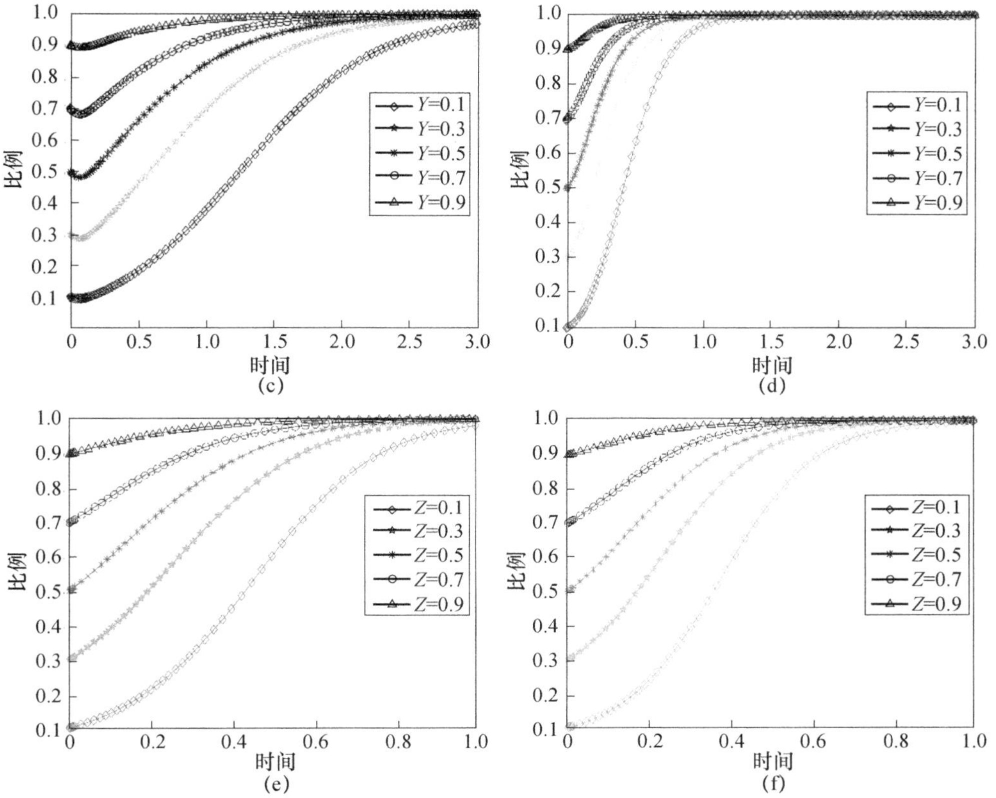

图 7-19　企业参与绿色生产成本变化对系统演化路径的影响

比较图 7-19（a）和图 7-19（b）可知，当 C_2 减少时，政府演化到监管稳定策略的速度差异不明显。比较图 7-19（c）和图 7-19（d）可知，随着 C_2 的减少，企业快速演化到参与绿色生产的稳定策略。企业绿色生产成本的减少，直接激励了企业参与绿色生产的比例的增加，因此快速演化到该稳定策略。比较图 7-19（e）和图 7-19（f）可知，随着 C_2 的减少，消费者演化到绿色消费的稳定策略的速度加快，但演化速率的差异不明显。

6. 消费者选择绿色消费模式的成本变化对系统演化路径的影响

改变消费者选择绿色消费模式时投入的成本 C_3 的大小，令 $C_3=16$ 减少为 $C_3=12$，观察 C_3 的变化对政府、企业和消费者策略演化路径的影响，具体结果如图 7-20 所示。其中图 7-20（a）和图 7-20（b）代表政府分别在 $C_3=16$ 和 $C_3=12$ 时的策略演化路径，由于篇幅有限，本书只讨论 $Y=0.3$，$Z=0.5$ 时的情景；图 7-20（c）和图 7-20（d）代表企业分别在 $C_3=16$ 和 $C_3=12$ 时的策略演化路径，由于篇幅有限，本书只讨论 $X=0.3$，$Z=0.5$ 时的情景；图 7-20（e）和图 7-20（f）代表消费者分别在 $C_3=16$ 和 $C_3=12$ 时的策略演化路径，由于篇幅有限，本书只讨论 $X=0.3$，$Y=0.5$ 时的情景。

比较图 7-20（a）和图 7-20（b）可知，当 C_3 减少时，政府演化到监管稳定策略的速度差异不明显。比较图 7-20（c）和图 7-20（d）可知，当 C_3 减少时，企业演化到参与绿色生产稳定策略的速度差异不明显。比较图 7-20（e）和图 7-20（f）可知，随着 C_3 的减少，消费者演化到绿色消费的稳定策略的速度加快。在政府秩序监

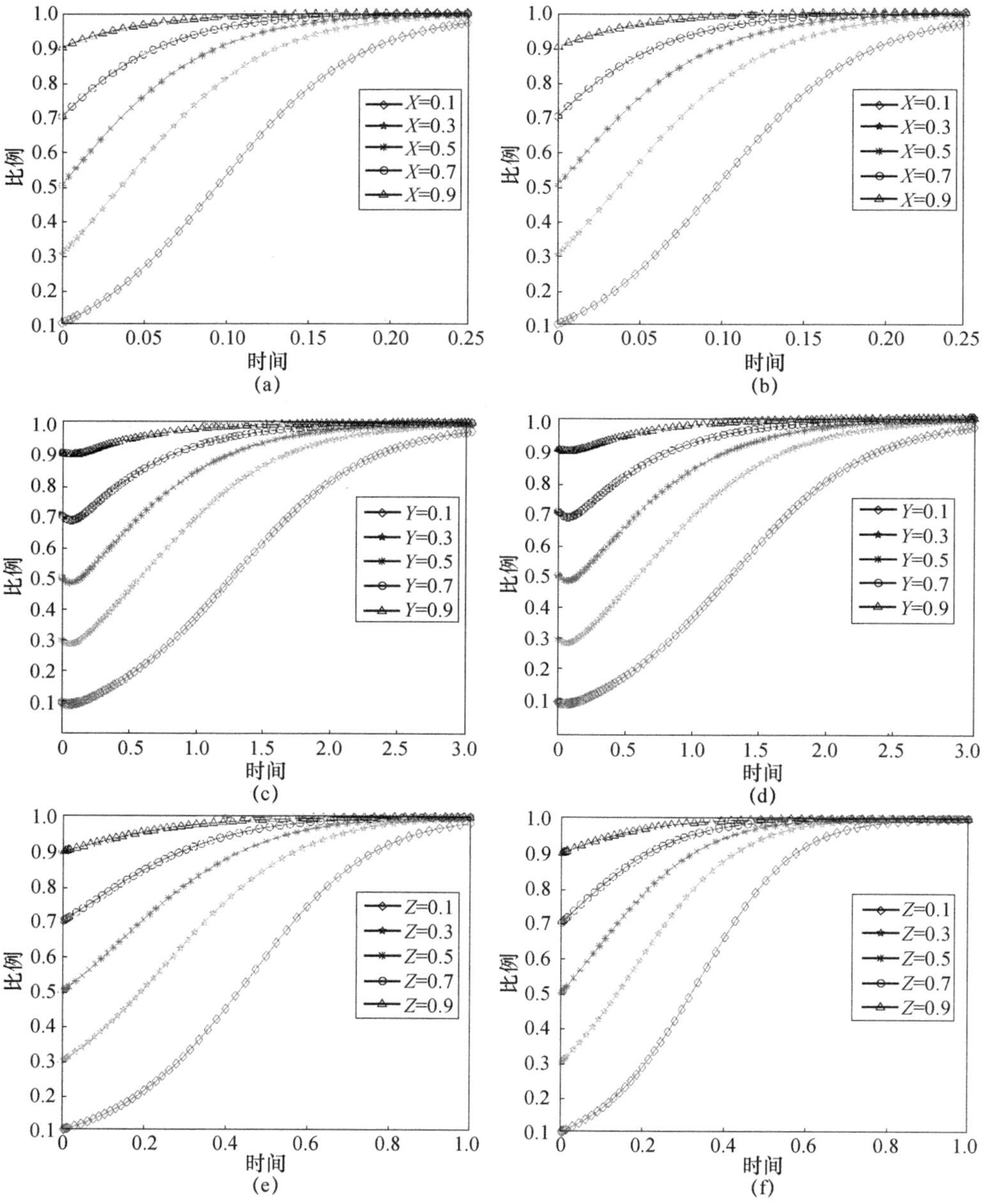

图 7-20　消费者绿色消费模式成本变化对系统演化路径的影响

管下，消费者选择绿色消费模式成本的减少，直接促进了消费者选择绿色消费模式比例的增加，因此快速演化到该稳定策略。

7. 企业经济激励变化对系统演化路径的影响

改变政府对参与绿色生产的企业的经济激励 E_1 的大小，令 $E_1=4$ 增大为 $E_1=8$，观察 E_1 的变化对政府、企业和消费者策略演化路径的影响，具体结果如图 7-21 所示。其中图 7-21（a）和图 7-21（b）代表政府分别在 $E_1=4$ 和 $E_1=8$ 时的策略演化路径，由于篇幅有限，本书只讨论 $Y=0.3$，$Z=0.5$ 时的情景；图 7-21（c）和图 7-21（d）代表企业分别在 $E_1=4$ 和 $E_1=8$ 时的策略演化路径，由于篇幅有限，本书只讨论 $X=0.3$，$Z=0.5$ 时的情景；图 7-21（e）和图 7-21（f）代表消费者分别在 $E_1=4$ 和 $E_1=8$ 时的策略演化路径，由于篇幅有限，本书只讨论 $X=0.3$，$Y=0.5$ 时的情景。

比较图 7-21（a）和图 7-21（b）可知，当 E_1 增加时，政府演化到监管稳定策略的速度差异不明显。比较图 7-21（c）和图 7-21（d），随着 E_1 的增加，企业快速演化到参与绿色生产的稳定策略。对企业的经济激励增加，使得企业参与绿色生产的成本减少，导致企业参与绿色生产的比例增加，因此快速演化到该稳定策略。比较图 7-21

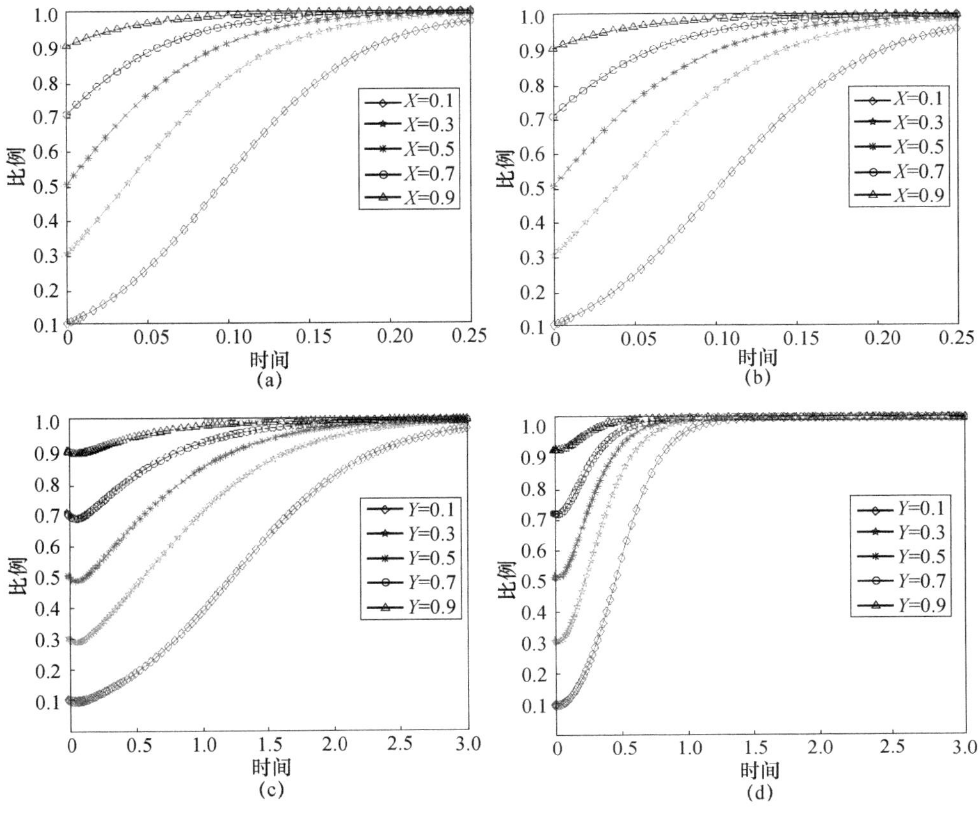

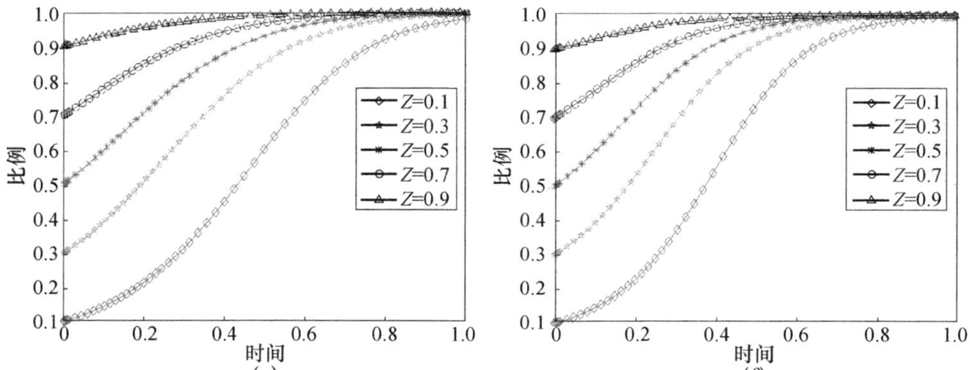

(e)　　　　(f)

图 7-21　企业经济激励变化对系统演化路径的影响

（e）和图 7-21（f）可知，随着 E_1 的增加，消费者演化到绿色消费的稳定策略的速度加快，但演化速率的差异不明显。虽然增加企业的经济激励对消费者并无直接影响，但是由于博弈系统参与主体间存在协同影响，消费者的演化路径在一定程度上受到了影响，企业参与绿色生产的比例较高，从而使得消费者的间接收益增加了。

8. 消费者经济激励变化对系统演化路径的影响

改变政府对选择绿色消费模式的消费者的经济激励 E_2 的大小，令 $E_2=2$ 增大为 $E_2=4$，观察 E_2的变化对政府、企业和消费者策略演化路径的影响，具体结果如图 7-22 所示。其中图 7-22（a）和图 7-22（b）代表政府分别在 $E_2=2$ 和 $E_2=4$ 时的策略演化路径，由于篇幅有限，本书只讨论 $Y=0.3$，$Z=0.5$ 时的情景；图 7-22（c）和图 7-22（d）代表企业分别在 $E_2=2$ 和 $E_2=4$ 时的策略演化路径，由于篇幅有限，本书只讨论 $X=0.3$，$Z=0.5$时的情景；图 7-22（e）和图 7-22（f）代表消费者分别在 $E_2=2$ 和 $E_2=4$ 时的策略演化路径，由于篇幅有限，本书只讨论 $X=0.3$，$Y=0.5$ 时的情景。

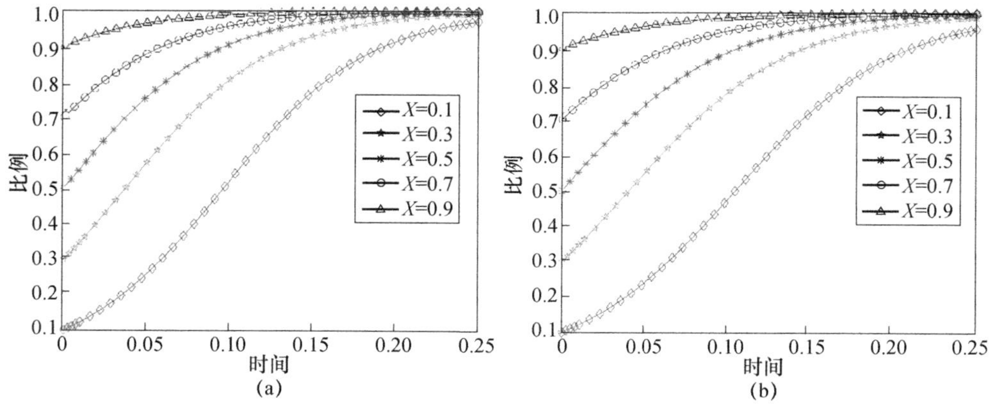

(a)　　　　(b)

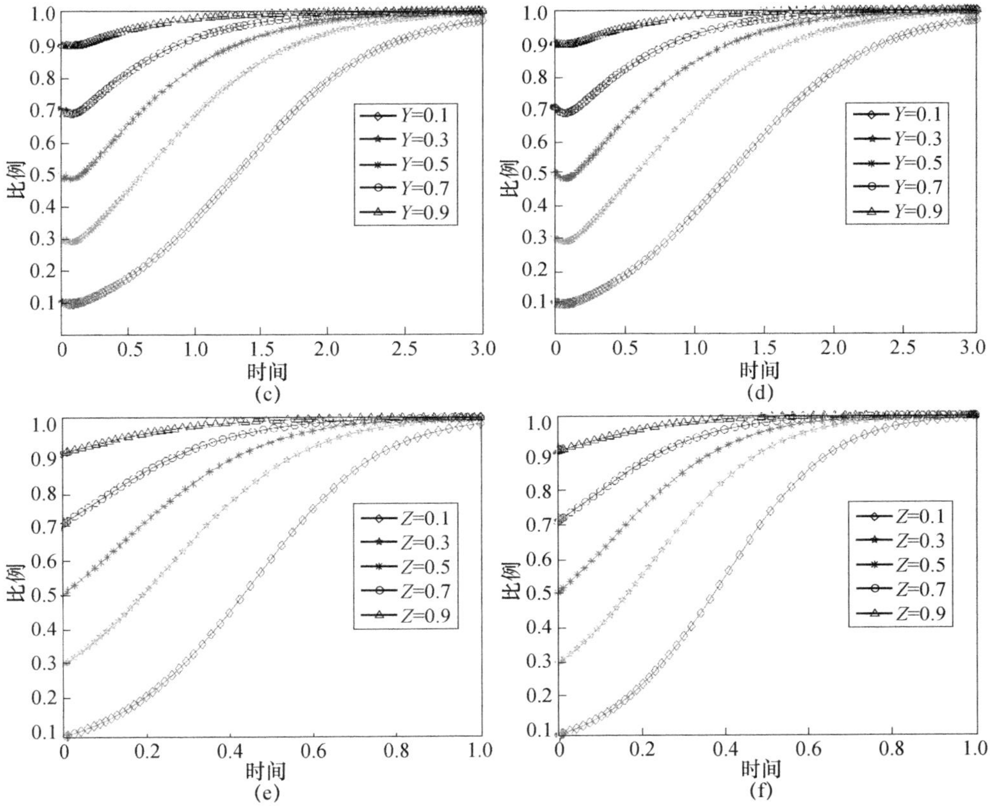

图 7-22　消费者经济激励变化对系统演化路径的影响

比较图 7-22（a）和图 7-22（b）可知，当 E_2 增加时，政府演化到监管稳定策略的速度差异不明显。比较图 7-22（c）和图 7-22（d）可知，随着 E_2 的增加，企业演化到参与绿色生产的稳定策略的速度的差异不明显。比较图 7-22（e）和图 7-22（f）可知，随着 E_2 的增加，消费者演化到绿色消费的稳定策略的速度的差异不明显。

9. 企业处罚金变化对系统演化路径的影响

改变政府对企业不参与绿色生产的处罚金 F_1 的大小，令 $F_1 = 2$ 增大为 $F_1 = 4$，观察 F_1 的变化对政府、企业和消费者策略演化路径的影响，具体结果如图 7-23 所示。其中图 7-23（a）和图 7-23（b）代表政府分别在 $F_1 = 2$ 和 $F_1 = 4$ 时的策略演化路径，由于篇幅有限，本书只讨论 $Y = 0.3$，$Z = 0.5$ 时的情景；图 7-23（c）和图 7-23（d）代表企业分别在 $F_1 = 2$ 和 $F_1 = 4$ 时的策略演化路径，由于篇幅有限，本书只讨论 $X = 0.3$，$Z = 0.5$ 时的情景；图 7-23（e）和图 7-23（f）代表消费者分别在 $F_1 = 2$ 和 $F_1 = 4$ 时的策略演化路径，由于篇幅有限，本书只讨论 $X = 0.3$，$Y = 0.5$ 时的情景。

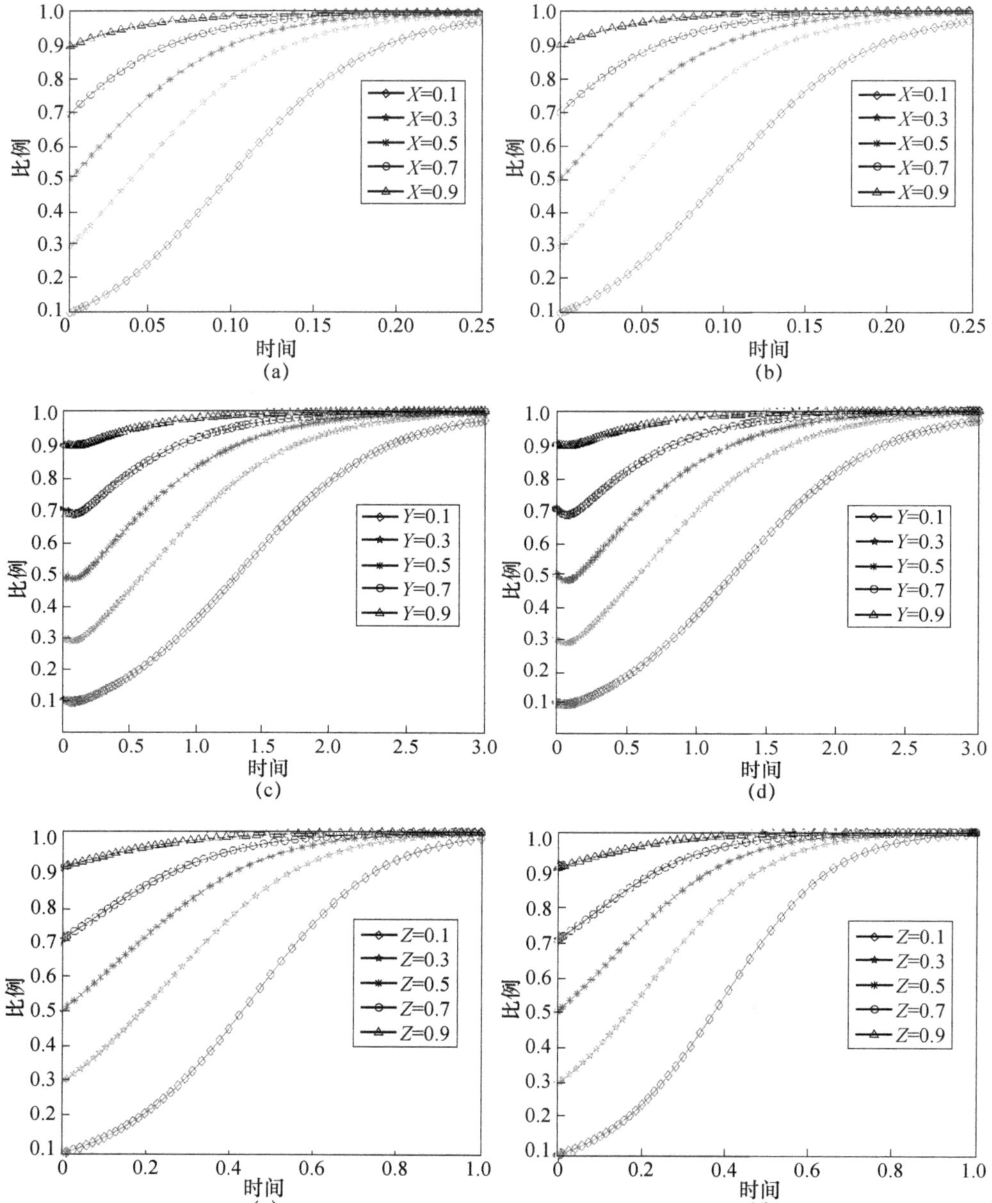

图 7-23　企业处罚金变化对系统演化路径的影响

比较图 7-23（a）和图 7-23（b）可知，当 F_1 增加时，政府演化到监管稳定策略的速度加快，但演化速率的差异不明显。比较图 7-23（c）和图 7-23（d）可知，随着 F_1 的增加，企业快速演化到参与绿色生产的稳定策略。增加对企业的处罚金，使得企业传统生产的成本增加，导致企业放弃传统生产模式，参与绿色生产的比例增加，因此快速演化到该稳定策略。比较图7-23（e）和图7-23（f）可知，随着F_1的增加，消费者演化到绿色消费的稳定策略的速度加快，但演化速率的差异不明显。虽然增加企业的处罚金对消费者并无直接影响，但是由于博弈系统参与主体间存在协同影响，消费者的演化速度在一定程度上受到影响，企业参与绿色生产的比例较高，使得消费者的间接收益增加了。

10. 消费者经济处罚金变化对系统演化路径的影响

改变政府对消费者选择传统消费模式的处罚金F_2的大小，令$F_2=1$增大为$F_2=2$，观察F_2的变化对政府、企业和消费者策略演化路径的影响，具体结果如图7-24所示。其中图7-24（a）和图7-24（b）代表政府分别在$F_2=1$和$F_2=2$时的策略演化路径，由于篇幅有限，本书只讨论$Y=0.3$，$Z=0.5$时的情景；图7-24（c）和图7-24（d）代表企业分别在$F_2=1$和$F_2=2$时的策略演化路径，由于篇幅有限，本书只讨论$X=0.3$，$Z=0.5$时的情景；图7-24（e）和图7-24（f）代表消费者分别在$F_2=1$和$F_2=2$时的策略演化路径，由于篇幅有限，本书只讨论$X=0.3$，$Y=0.5$时的情景。

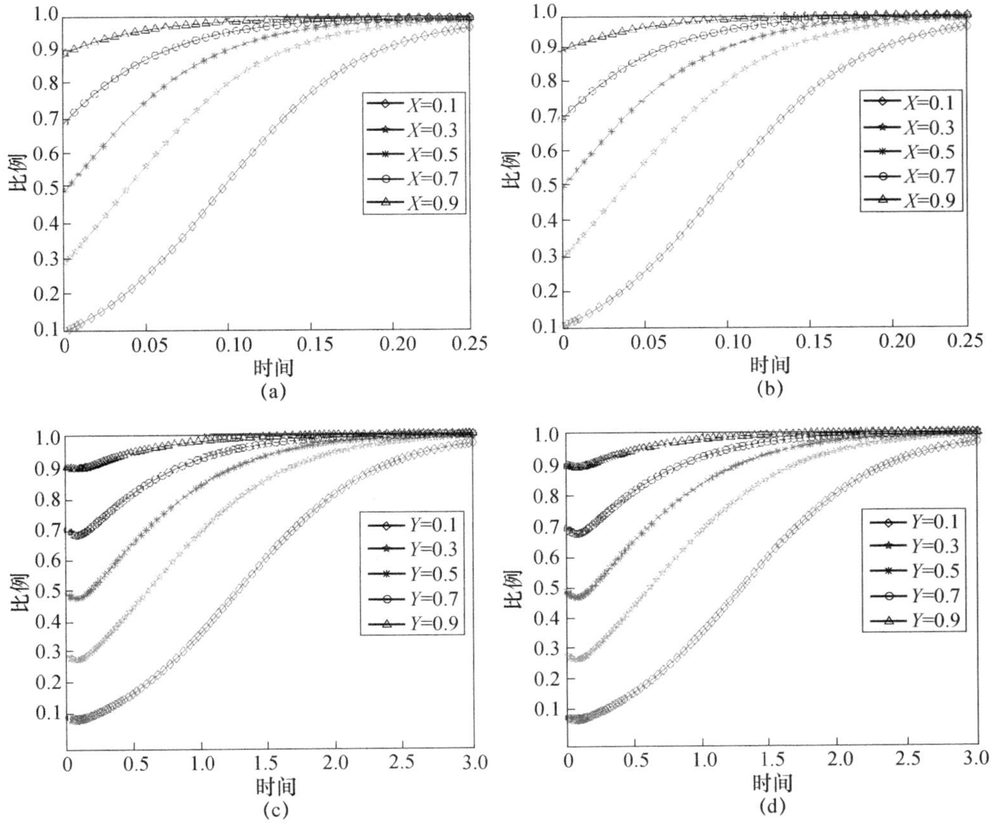

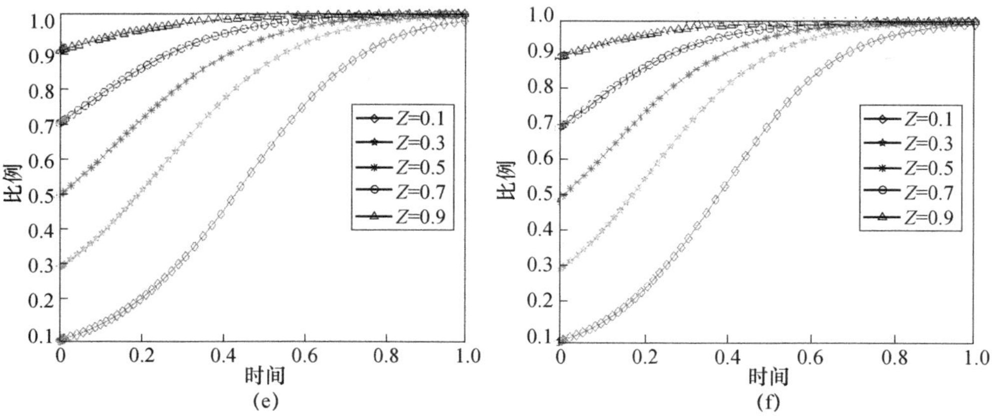

图 7-24　消费者处罚金变化对系统演化路径的影响

比较图 7-24（a）和图 7-24（b）可知，当 F_2 增加时，政府演化到监管稳定策略的速度加快，但演化速率的差异不明显。比较图 7-24（c）和 7-24（d）可知，随着 F_2 的增加，企业演化到参与绿色生产的稳定策略的速度加快，但演化速率的差异不明显。比较图 7-24（e）和 7-24（f）可知，随着 F_2 的增加，消费者演化到稳定策略的时间缩短，但演化速率差异不明显。

11. 小结

综上所述，绿色消费 3.0 监管博弈是一个庞大的系统，涉及多个利益相关者，其中政府、企业和消费者是最重要的博弈主体。同时，参与主体之间存在协同效应。基于数值仿真分析，在政府秩序监管方式下，本书讨论了该博弈模型参与主体的主要驱动因素，研究结论如下。

（1）在政府秩序监管方式下，无论博弈主体最初的策略集是什么，该博弈模型中的参与主体都将通过不断模仿和学习而改变其策略，最终的均衡策略集为监管、参与绿色生产和绿色消费模式（1,1,1）。当消费者选择绿色消费模式的比例固定时，企业参与绿色生产的比例越大，政府越慢演化到监管策略。当企业参与绿色生产的比例和消费者选择绿色消费模式的比例均变大时，政府会更慢演化到监管策略。

（2）当消费者选择绿色消费模式的比例固定时，政府监管强度越大，企业越快演化到参与绿色生产策略。当政府监管强度固定时，消费者选择绿色消费模式的比例越大，企业越快演化到参与绿色生产策略。当政府监管强度和消费者选择绿色消费模式的比例均增大时，企业会更快演化到参与绿色生产策略。

（3）当企业参与绿色生产的比例固定时，政府监管强度越大，消费者越快演化到绿色消费模式策略。当政府监管强度固定时，企业参与绿色生产的比例越大，消费者越快演化到绿色消费模式策略。当政府监管强度和企业参与绿色生产的比例均增大时，消费者会更快演化到绿色消费模式策略。

（4）在秩序监管方式下，政府监管成本的降低表明政府参与绿色消费监管力度的降低，因而政府的演化速度减慢。政府放松监管力度，由于传统生产模式会倾向收益，因而企业的演化速度减慢。企业参与绿色生产时投入的成本减少，直接激励了企业参与绿色生产的比例的增加，因此演化速度加快。同时，消费者演化到绿色消费的稳定策略的速度加快。因此，企业绿色生产成本的变动对该博弈系统的整体策略演化有较大影响。

（5）在政府秩序监管下，消费者选择绿色消费模式成本的减少，直接促进了消费者选择绿色消费模式比例的增加，因此快速演化到绿色消费的稳定策略。

（6）对企业的经济激励增加，使得企业参与绿色生产的成本减少，导致企业参与绿色生产的比例增加，因此快速演化到绿色消费的稳定策略。虽然增加企业的经济激励对消费者并无直接影响，但是由于博弈系统参与主体间存在协同影响，消费者的演化路径在一定程度上受到了影响，企业参与绿色生产的比例较高，从而使得消费者的间接收益增加了。政府对选择绿色消费模式的消费者的经济激励增加时，政府、企业和消费者演化到监管稳定策略的速度差异不明显。因此，在政府秩序监管方式下，经济激励机制更适用于博弈系统中的企业主体。

（7）当政府对企业不参与绿色生产的处罚金增加时，政府演化到监管稳定策略的速度加快，企业快速演化到参与绿色生产的稳定策略，消费者的演化速度在一定程度上受到影响。随着政府对消费者选择传统消费模式的处罚金的增加，企业和消费者演化到参与绿色生产的稳定策略的速度加快。因此，在政府秩序监管方式下，惩罚机制更适用于博弈系统中的企业主体。

7.4.2 政府情感监管数值仿真

若(1,1,1)是该博弈模型的渐进稳定点，则必须同时满足 $C_1'-C_1-E_1>0$，$C_2'-C_2+\lambda(S_1+S_2)>0$ 和 $R_3-R_3'+C_3'-C_3+T_1>0$。为进一步了解博弈参与主体的演化路径，本章根据实际成本收入情况设定参数值，具体为 $C_1=10$，$C_1'=40$，$C_2=8$，$C_2'=4$，$R_2=14$，$R_2'=10$，$C_3=16$，$C_3'=10$，$R_3=26$，$R_3'=14$，$E_1=4$，$S_1=8$，$S_2=4$，$\lambda=0.4$，$T_1=6$，$T_2=2$。

1. 企业和消费者初始参与比例对政府策略演化路径的仿真分析

本书设置了四组不同的情景。第一组为对照组，取 $Y'=0.3$，$Z'=0.5$ [图 7-25（a）]；第二组取 $Y'=0.5$，$Z'=0.5$ [图 7-25（b）]，主要考察企业参与绿色生产的比例变化对政府策略演化路径的影响；第三组取 $Y'=0.3$，$Z'=0.7$ [图 7-25（c）]，主要考察消费者选择绿色消费模式的比例变化对政府策略演化路径的影响；第四组取 $Y'=0.7$，$Z'=0.7$ [图 7-25（d）]，主要考察企业参与绿色生产的比例和消费者选择绿色消费模式的比例均变化时政府策略演化路径的差异。为全面反映政府策略演化路径，将政府监管强度设定为五个层次，$X'=0.1$，$X'=0.3$，$X'=0.5$，$X'=0.7$，$X'=0.9$，结果如图 7-25 所示。

从图 7-25（a）—图 7-25（d）中可以看出，企业参与绿色生产的比例和消费者选择绿色消费模式的比例均影响政府策略的演化路径。比较图 7-25（a）和图 7-25（b）可知，当 $Y'=0.3$ ，$Z'=0.5$ 时，X' 的收敛速度小于 $Y'=0.5$ ，$Z'=0.5$ 时，即当消费者选择绿色消费模式的比例固定时，企业参与绿色生产的比例越大，政府越快演化到监管策略，但演化速率的差异不明显；比较图 7-25（a）和图 7-25（c）可知，当 $Y'=0.3$ ，$Z'=0.5$ 时，X' 的收敛速度小于 $Y'=0.3$ ，$Z'=0.7$ 时，即当企业参与绿色生产的比例固定时，消费者选择绿色消费模式的比例越大，政府越快演化到监管策略，但演化速率的差异不明显；比较图 7-25（b）和图 7-25（d）可知，当 $Y'=0.5$ ，$Z'=0.5$ 时，X' 的收敛速度大于 $Y'=0.7$ ，$Z'=0.7$ 时，即当企业参与绿色生产的比例和消费者选择绿色消费模式的比例均增大时，政府会更慢演化到监管策略，但演化速率的差异不明显。

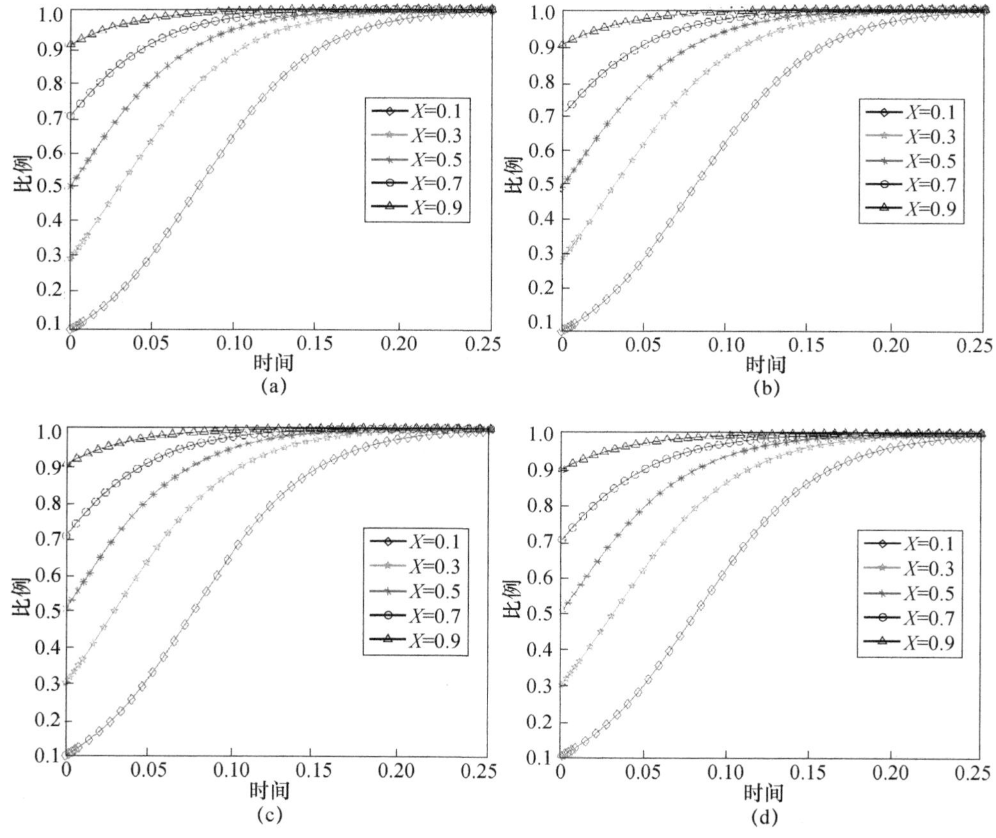

图 7-25　企业和消费者初始参与比例对政府策略演化路径的影响

2. 政府监管强度和消费者初始参与比例对企业策略演化路径的仿真分析

本书设置了四组不同的情景。第一组为对照组，取 $X'=0.3$ ，$Z'=0.5$ ；第二组

取 $X'=0.5$，$Z'=0.5$，主要考察政府监管强度变化对企业策略演化路径的影响；第三组取 $X'=0.3$，$Z'=0.7$，主要考察消费者选择绿色消费模式的比例的变化对企业策略演化路径的影响；第四组取 $X'=0.7$，$Z'=0.7$，主要考察政府监管强度和消费者选择绿色消费模式的比例均变化时企业策略演化路径的差异。为全面反映企业策略演化路径，将企业初始参与比例设定为五个层次，$Y'=0.1$，$Y'=0.3$，$Y'=0.5$，$Y'=0.7$，$Y'=0.9$，结果如图 7-26 所示。

从图 7-26（a）—图 7-26（d）中可以看出，政府监管强度和消费者选择绿色消费模式的比例均影响企业策略的演化路径。比较图 7-26（a）和图 7-26（b）可知，当 $X'=0.3$，$Z'=0.5$ 时，Y' 的收敛速度小于 $X'=0.5$，$Z'=0.5$ 时，即当消费者选择绿色消费模式的比例固定时，政府的监管强度越大，企业越快演化到参与绿色生产策略，但演化路径的差异不明显；比较图 7-26（a）和图 7-26（c）可知，当 $X'=0.3$，$Z'=0.5$ 时，Y' 的收敛速度小于 $X'=0.3$，$Z'=0.7$ 时，即当政府监管强度

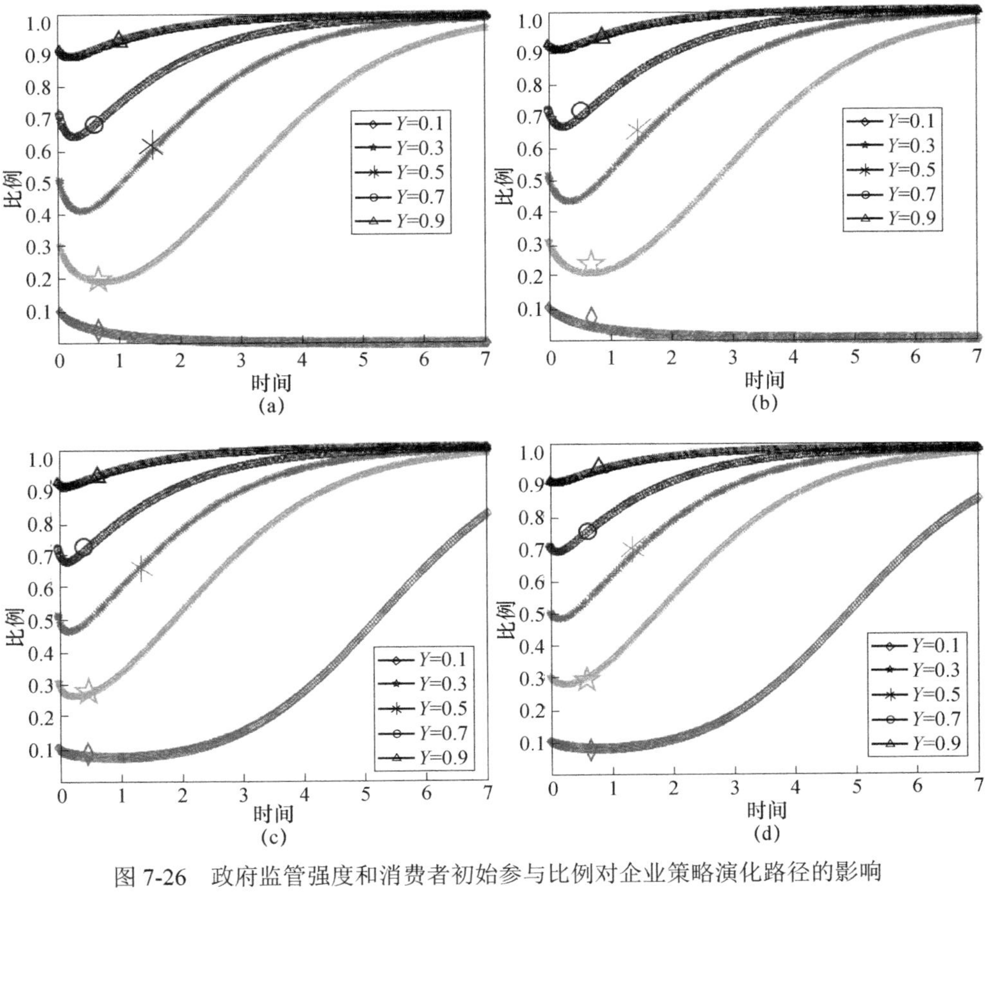

图 7-26　政府监管强度和消费者初始参与比例对企业策略演化路径的影响

固定时，消费者选择绿色消费模式的比例越大，企业越快演化到参与绿色生产策略，且演化路径的差异明显；比较图 7-26（b）和图 7-26（d）可知，当 $X'=0.5$，$Z'=0.5$ 时，Y' 的收敛速度小于 $X'=0.7$，$Z'=0.7$ 时，即当政府监管强度和消费者选择绿色消费模式的比例均增大时，企业会更快演化到参与绿色生产策略，且演化路径的差异明显。

3. 政府监管强度和企业初始参与比例对消费者策略演化路径的仿真分析

本书设置了四组不同的情景。第一组为对照组，取 $X'=0.3$，$Y'=0.5$；第二组取 $X'=0.5$，$Y'=0.5$，主要考察政府监管强度变化对消费者策略演化路径的影响；第三组取 $X'=0.3$，$Y'=0.7$，主要考察企业参与绿色生产的比例的变化对消费者策略演化路径的影响，第四组取 $X'=0.7$，$Y'=0.7$，主要考察政府监管强度和企业参与绿色生产的比例均变化时消费者策略演化路径的差异。为全面反映消费者策略演化路径，将消费者初始参与比例设定为五个层次，$Z'=0.1$，$Z'=0.3$，$Z'=0.5$，$Z'=0.7$，$Z'=0.9$，结果如图 7-27 所示。

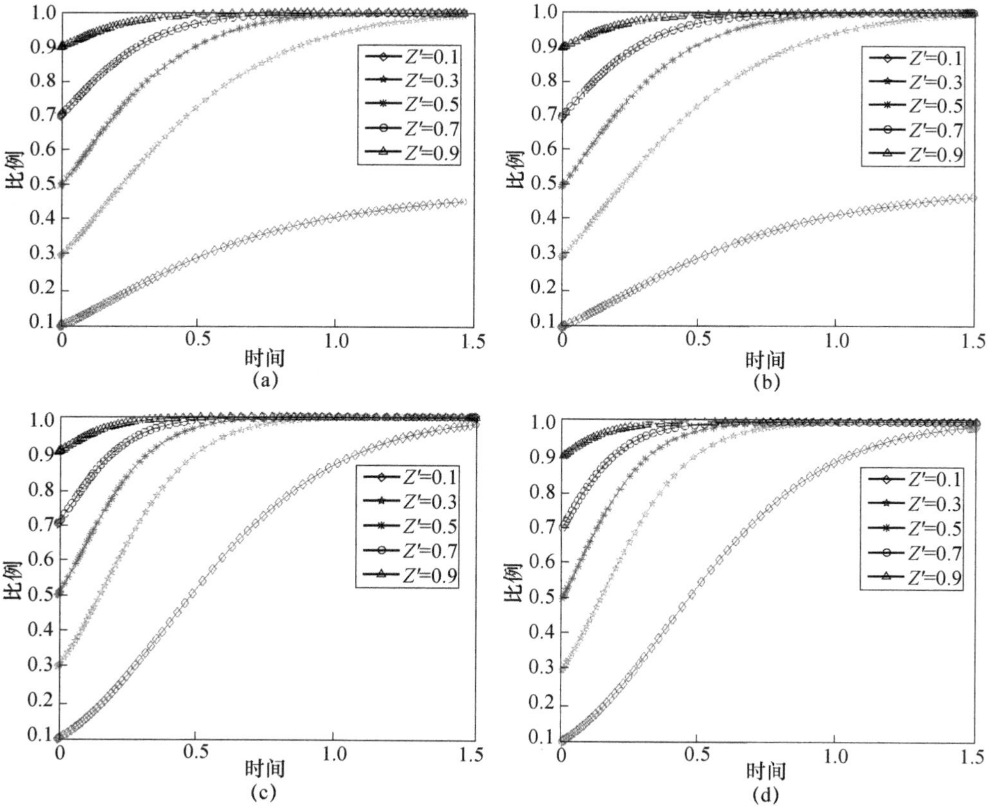

图 7-27　政府监管强度和企业初始参与比例对消费者策略演化路径的影响

从图 7-27（a）—图 7-27（d）中可以看出，政府监管强度和企业参与绿色生产的比例均影响消费者策略的演化路径。比较图 7-27（a）和图 7-27（b）可知，当 $X'=0.3$，$Y'=0.5$ 时，Z' 的收敛速度大于 $X'=0.5$，$Y'=0.5$ 时，即当企业参与绿色生产的比例固定时，政府监管强度越大，消费者越慢演化到绿色消费模式策略，但演化路径的差异不明显；比较图 7-27（a）和图 7-27（c）可知，当 $X'=0.3$，$Y'=0.5$ 时，Z' 的收敛速度大于 $X'=0.3$，$Y'=0.7$ 时，即当政府监管强度固定时，企业参与绿色生产的比例越大，消费者越慢演化到绿色消费模式策略，且演化路径的差异明显；比较图 7-27（b）和图 7-27（d）可知，当 $X'=0.5$，$Y'=0.5$ 时，Z' 的收敛速度小于 $X'=0.7$，$Z'=0.7$ 时，即当政府监管强度和企业参与绿色生产的比例均增大时，消费者会更快演化到绿色消费模式策略，且演化路径的差异明显。

4. 政府选择监管策略时的监管成本变化对系统演化路径的影响

改变政府监管时投入的监管成本 C_1 的大小，令 $C_1=10$ 减少为 $C_1=5$，观察 C_1 的变化对政府、企业和消费者策略演化路径的影响，具体结果如图 7-28 所示。其中图 7-28（a）和图 7-28（b）代表政府分别在 $C_1=10$ 和 $C_1=5$ 时的策略演化路径，由于篇幅有限，本书只讨论 $Y'=0.3$，$Z'=0.5$ 时的情景；图 7-28（c）和图 7-28（d）代表企业分别在 $C_1=10$ 和 $C_1=5$ 时的策略演化路径，由于篇幅有限，本书只讨论 $X'=0.3$，$Z'=0.5$ 时的情景；图 7-28（e）和图 7-28（f）代表消费者分别在 $C_1=10$ 和 $C_1=5$ 时的策略演化路径，由于篇幅有限，本书只讨论 $X'=0.3$，$Y'=0.5$ 时的情景。

比较图 7-28（a）和图 7-28（b）可知，在情感监管方式下，当 C_1 减少时，政府演化到监管稳定策略的速度变化的差异不明显。比较图 7-28（c）和图 7-28（d）可知，当 C_1 减少时，企业演化到参与绿色生产稳定策略的速度变化的差异不明显。

比较图 7-28（e）和图 7-28（f）可知，当 C_1 减少时，消费者演化到绿色消费模式稳定策略的速度变化的差异不明显。

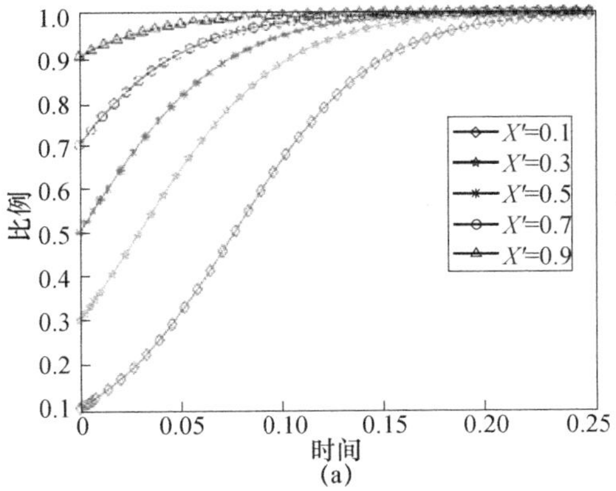

(a)

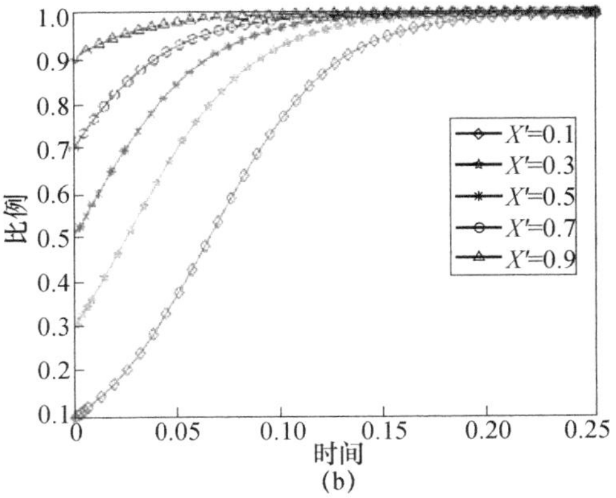

(b)

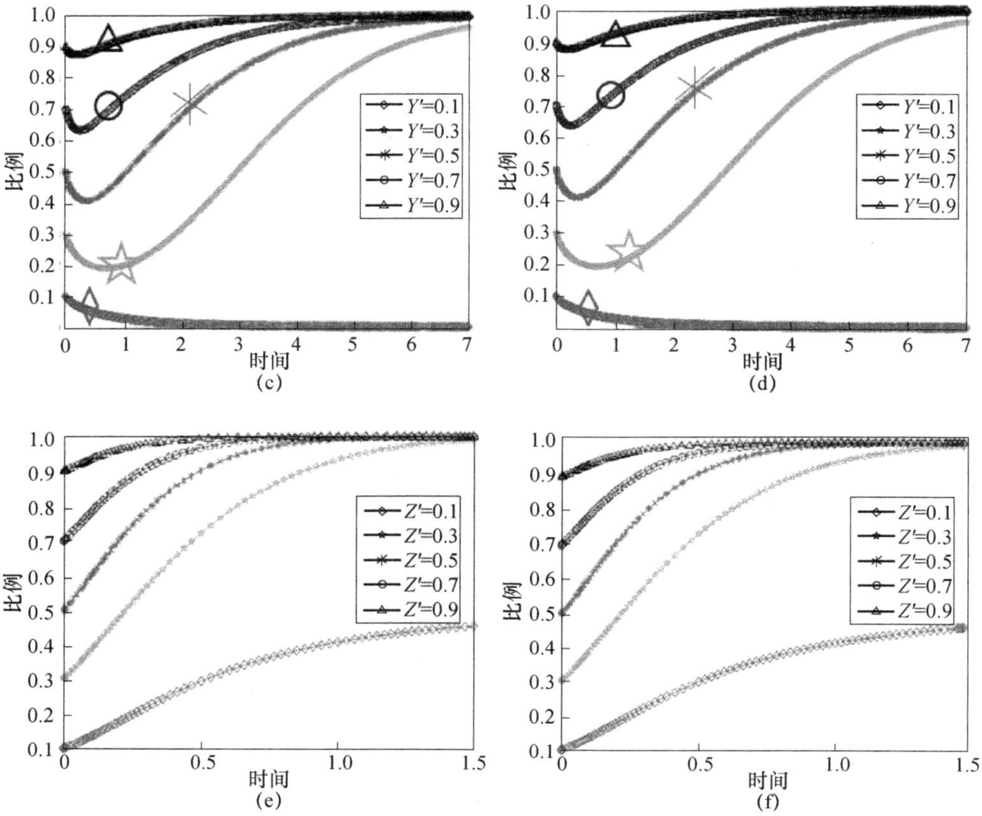

图 7-28　政府选择监管策略时的监管成本变化对系统演化路径的影响

5. 企业参与绿色生产的成本变化对系统演化路径的影响

改变企业参与绿色生产时投入的成本 C_2 的大小，令 $C_2=8$ 减少为 $C_2=4$，观察 C_2 的变化对政府、企业和消费者策略演化路径的影响，具体结果如图 7-29 所示。其中图 7-29（a）和图 7-29（b）代表政府分别在 $C_2=8$ 和 $C_2=4$ 时的策略演化路径，由于篇幅有限，本书只讨论 $Y'=0.3$，$Z'=0.5$ 时的情景；图 7-29（c）和图 7-29（d）代表企业分别在 $C_2=8$ 和 $C_2=4$ 时的策略演化路径，由于篇幅有限，本书只讨论 $X'=0.3$，$Z'=0.5$ 时的情景；图 7-29（e）和图 7-29（f）代表消费者分别在 $C_2=8$ 和 $C_2=4$ 时的策略演化路径，由于篇幅有限，本书只讨论 $X'=0.3$，$Y'=0.5$ 时的情景。

比较图 7-29（a）和图 7-29（b）可知，当 C_2 减少时，政府演化到监管稳定策略的速度加快，但演化路径的差异不明显。比较图 7-29（c）和图 7-29（d）可知，随着 C_2 的减少，企业快速演化到参与绿色生产的稳定策略。企业绿色生产成本的减少，直接促进了企业参与绿色生产比例的增加，企业参与绿色生产的意愿逐渐增强，因此快速演化到该稳定策略。比较图 7-29（e）和图 7-29（f）可知，随着 C_2 的减少，消费者演化到绿色消费稳定策略的速度明显加快。虽然减少企业参与绿色生产的成本对消费者并无直接影响，但是由于博弈系统参与主体间存在协同影响，消费者的演化路径在一定程度上受到了影响。在政府情感监管下，企业参与绿色生产的成本较少，绿色产品价格降低，价格因素在较大程度上提升了消费者选择绿色消费模式的比例，从而增加了消费者的间接收益。

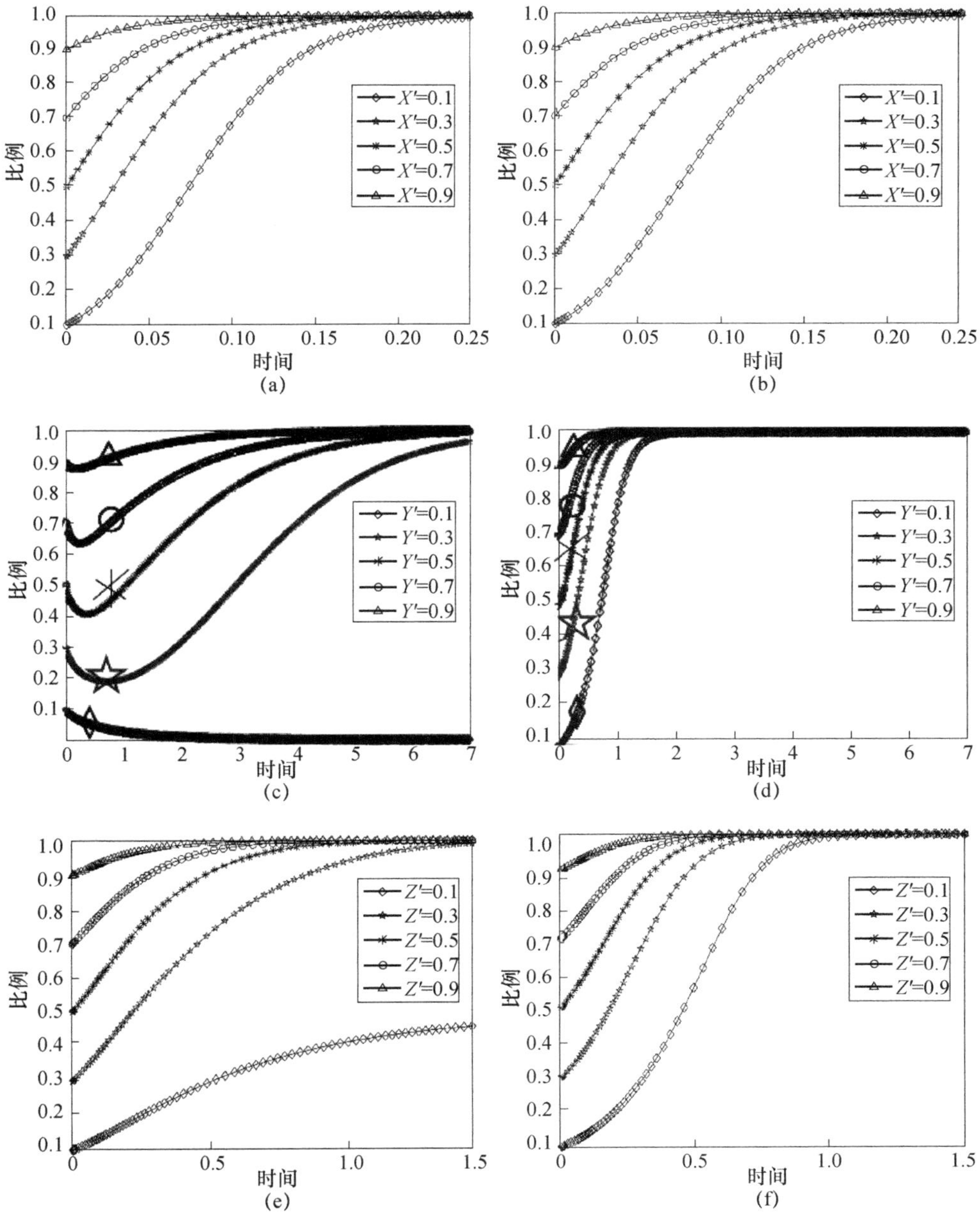

图 7-29　企业参与绿色生产成本变化对系统演化路径的影响

6. 消费者选择绿色消费模式的成本变化对系统演化路径的影响

改变消费者选择绿色消费模式时投入的成本 C_3 的大小，令 $C_3=16$ 减小为 $C_3=12$，观察 C_3 的变化对政府、企业和消费者策略演化路径的影响，具体结果如图 7-30 所示。其中图 7-30（a）和图 7-30（b）代表政府分别在 $C_3=16$ 和 $C_3=12$ 时的策略演化路径，由于篇幅有限，本书只讨论 $Y'=0.3$，$Z'=0.5$ 时的情景；图 7-30（c）和图 7-30（d）代表企业分别在 $C_3=16$ 和 $C_3=12$ 时的策略演化路径，由于篇幅有限，本书只讨论 $X'=0.3$，$Z'=0.5$ 时的情景；图 7-30（e）和图 7-30（f）代表消费者分别在 $C_3=16$ 和 $C_3=12$ 时的策略演化路径，由于篇幅有限，本书只讨论 $X'=0.3$，$Y'=0.5$ 时的情景。

比较图 7-30（a）和图 7-30（b）可知，当 C_3 减少时，政府演化到监管稳定策略的速度加快，但演化速率的差异不明显。比较图 7-30（c）和图 7-30（d）可知，当 C_3 减少时，企业演化到参与绿色生产稳定策略的速度加快，但演化速率的差异不明显。比较图 7-30（e）和图 7-30（f）可知，随着 C_3 的减少，消费者演化到绿色消费稳定策略的速度加快。在政府情感监管下，消费者选择绿色消费模式成本的减少，

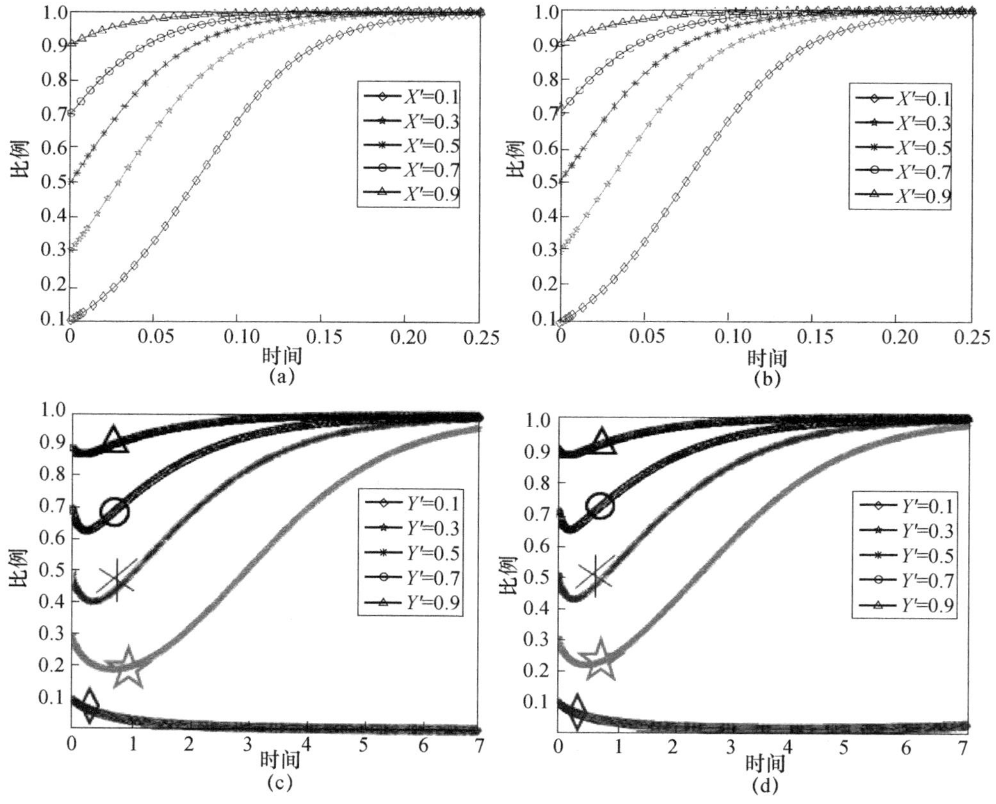

(a)　(b)　(c)　(d)

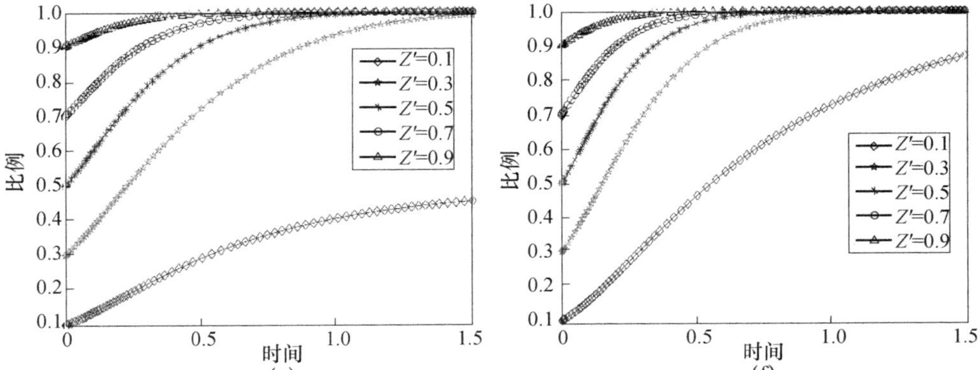

(e)　　(f)

图 7-30　消费者选择绿色消费模式成本变化对系统演化路径的影响

直接促进了消费者选择绿色消费模式比例的增加，因此快速演化到该稳定策略。

7. 消费者参与监管比例变化对系统演化路径的影响

改变消费者参与监管比例 λ 的大小，令 $\lambda = 0.4$ 增大为 $\lambda = 0.8$，观察 λ 的变化对政府、企业和消费者策略演化路径的影响，具体结果如图 7-31 所示。其中图 7-31（a）和图 7-31（b）代表政府分别在 $\lambda = 0.4$ 和 $\lambda = 0.8$ 时的策略演化路径，由于篇幅有限，本书只讨论 $Y' = 0.3$，$Z' = 0.5$ 时的情景；图 7-31（c）和图 7-31（d）代表企业分别在 $\lambda = 0.4$ 和 $\lambda = 0.8$ 时的策略演化路径，由于篇幅有限，本书只讨论 $X' = 0.3$，$Z' = 0.5$ 时的情景；图 7-31（e）和图 7-31（f）代表消费者分别在 $\lambda = 0.4$ 和 $\lambda = 0.8$ 时的策略演化路径，由于篇幅有限，本书只讨论 $X' = 0.3$，$Y' = 0.5$ 时的情景。

比较图 7-31（a）和图 7-31（b）可知，当 λ 增加时，政府演化到监管稳定策略的速度的差异不明显。比较图 7-31（c）和图 7-31（d）可知，随着 λ 的增加，企业快速演化到参与绿色生产的稳定策略。提高消费者参与监管的比例，可降低企业与消费者之间信息不对称的程度，企业信息会更加透明，企业参与传统生产的风险增加，导致企业参与绿色生产的比例增加，因此快速演化到该稳定策略。比较图 7-31

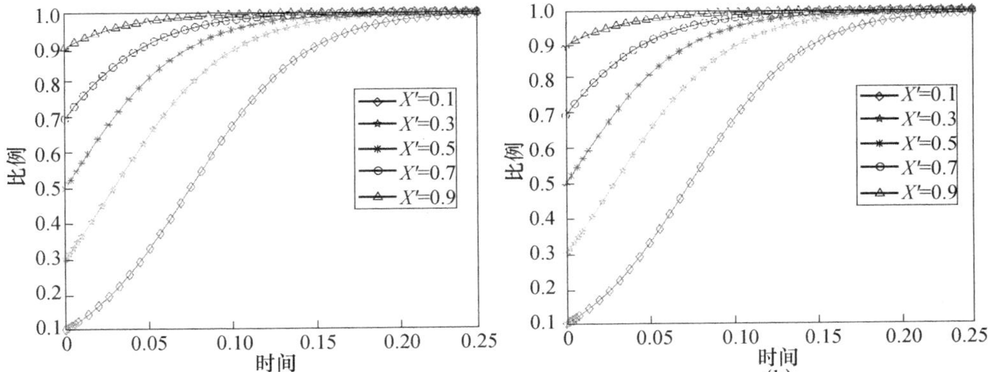

(a)　　(b)

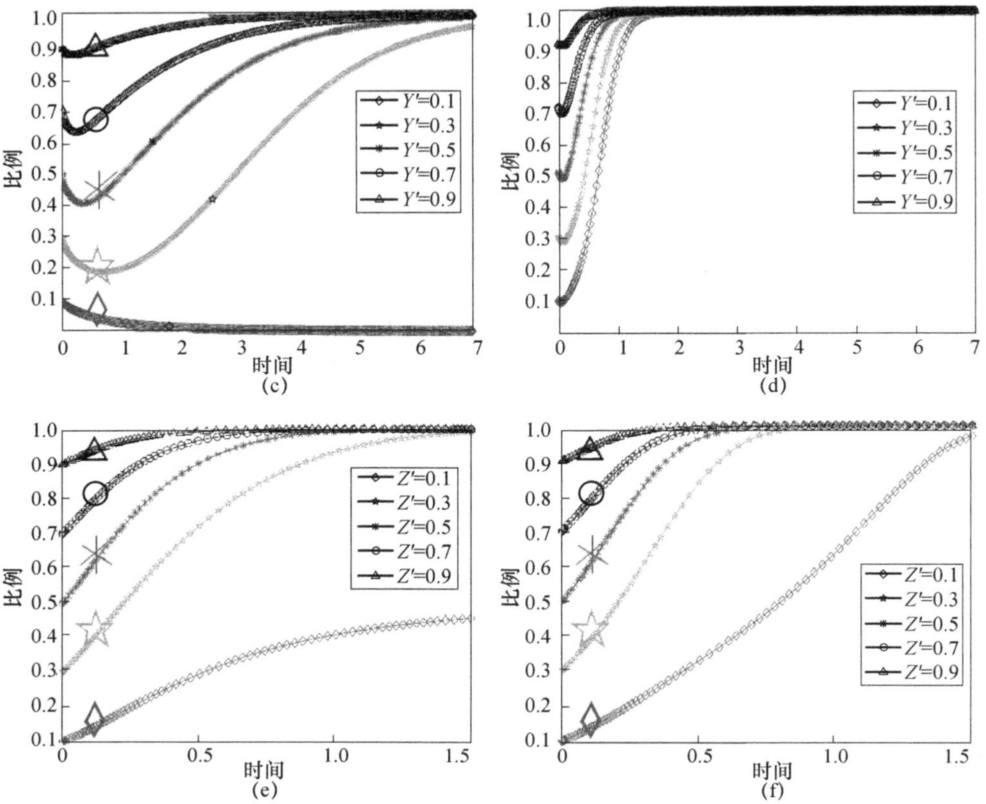

图 7-31　消费者参与监管比例对系统演化路径的影响

（e）和图 7-31（f）可知，随着λ的增加，消费者演化到绿色消费的稳定策略的速度加快，尤其是在消费者初始参与比例较高的情况下，这种演化速度的变化更加明显。消费者参与监管可以提升消费者的环境意识，从而将监管行为内化为激励自身践行绿色行为的情感，提高选择绿色消费模式的比例。

8. 消费者奖惩动态机制变化对系统演化路径的影响

改变消费者在奖惩动态机制下最大收益T_1和最大损失T_2的大小，令$T_1=6$增大为$T_1=12$，$T_2=2$增大为$T_2=4$，观察T_1和T_2的变化对政府、企业和消费者策略演化路径的影响，具体结果如图 7-32 所示。其中图 7-32（a）和图 7-32（b）代表政府分别在$T_1=6$，$T_2=2$和$T_1=12$，$T_2=4$时的策略演化路径，由于篇幅有限，本书只讨论$Y'=0.3$，$Z'=0.5$时的情景；图 7-32（c）和图 7-32（d）代表企业分别在$T_1=6$，$T_2=2$和$T_1=12$，$T_2=4$时的策略演化路径，由于篇幅有限，本书只讨论$X'=0.3$，$Z'=0.5$时的情景；图 7-32（e）和图 7-32（f）代表消费者分别在$T_1=6$，$T_2=2$和$T_1=12$，$T_2=4$时的策略演化路径，由于篇幅有限，本书只讨论$X'=0.3$，$Y'=0.5$时的情景。

比较图 7-32（a）和图 7-32（b）可知，当 T_1 和 T_2 增加时，政府演化到监管稳定策略的速度没有显著变化。比较图 7-32（c）和图 7-32（d）可知，随着 T_1 和 T_2 的增加，企业演化到参与绿色生产的稳定策略的速度没有显著变化。比较图 7-32（e）和图 7-32（f）可知，随着 T_1 和 T_2 的增加，消费者演化到绿色消费稳定策略的速度加快，尤其是在消费者初始参与比例较高的情况下，这种演化速度的变化更加明显。

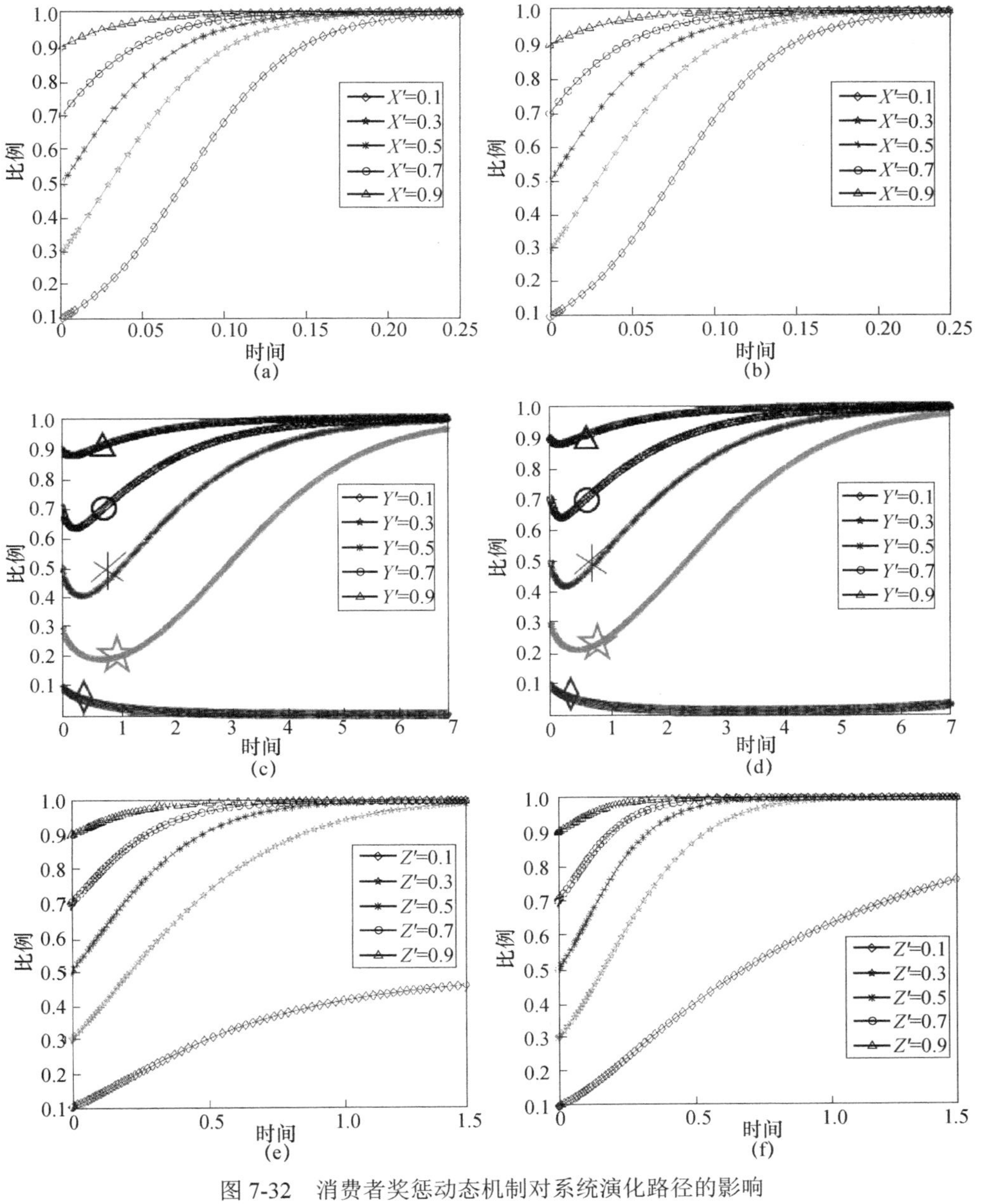

图 7-32　消费者奖惩动态机制对系统演化路径的影响

动态奖惩机制可以在较长时间内降低消费者进行绿色消费的成本，使其购买更多的绿色产品，获得的长期收益将大幅度提升，从而增加消费者的绿色消费意愿，提高选择绿色消费模式的比例。

9. 小结

综上所述，绿色消费 3.0 监管博弈是一个庞大的系统，涉及多个利益相关者，其中政府、企业和消费者是最重要的博弈主体。同时，参与主体之间存在协同效应。基于数值仿真分析，在政府情感监管方式下，本书讨论了该博弈模型参与主体的主要驱动因素，研究结论如下。

（1）在政府情感监管方式下，无论博弈主体最初的策略集是什么，该博弈模型中的参与主体都将通过不断模仿和学习而改变其策略，最终均衡策略集为监管、参与绿色生产和绿色消费模式（1,1,1）。当消费者选择绿色消费模式的比例固定时，企业参与绿色生产的比例越大，政府越快演化到监管策略。当企业参与绿色生产的比例固定时，消费者选择绿色消费模式的比例越大，政府越快演化到监管策略。当企业参与绿色生产的比例和消费者选择绿色消费模式的比例均增大时，政府会更慢演化到监管策略。

（2）在政府情感监管方式下，当政府监管时投入的监管成本减少时，政府演化到监管稳定策略的速度变化的差异不明显，企业演化到参与绿色生产稳定策略的速度变化的差异不明显，消费者演化到绿色消费模式稳定策略的速度变化的差异不明显。

（3）在政府情感监管下，企业绿色生产成本减少，企业会快速演化到参与绿色生产的稳定策略。同时，由于博弈系统参与主体间存在协同效应，消费者的绿色消费意愿增强，消费者向稳定策略（绿色消费模式）演化的速度会在一定程度上加快，且当消费者初始参与比例较低时，这种演化速度的变化更明显。同时，当消费者选择绿色消费模式的成本减少时，企业演化到参与绿色生产稳定策略的速度加快。综上，企业绿色生产成本的变动对该博弈系统的整体策略演化有较大影响，如果消费者初始参与比例较低，消费者选择绿色消费模式成本的变动对该博弈系统的整体策略演化也有较大影响。

（4）在政府情感监管方式下，消费者参与监管的比例越高，企业向稳定策略（参与绿色生产）演化的速度越快。同时，由于博弈系统参与主体间存在协同效应，消费者向稳定策略（绿色消费模式）演化的速度会在一定程度上加快，且当消费者初始参与比例较高时，这种演化速度的变化更明显。因此，在政府情感监管方式下，消费者参与机制对博弈系统中的企业主体有较大影响。

（5）在政府情感监管方式下，消费者奖惩动态机制的变化对企业策略演化路径的影响不显著，但会使得消费者向稳定策略（绿色消费模式）演化的速度在一定程度上加快，尤其当消费者初始参与比例较高时，这种演化速度的变化更明显。因此，在政府情感监管方式下，奖惩动态机制对博弈系统中的消费者主体有较大影响。

第8章 绿色消费3.0嵌入式监管体系的运行机制与保障措施研究

8.1 绿色消费3.0嵌入式监管体系的运行机制

8.1.1 生产端

政府提高对企业的经济激励和处罚金均能显著提升企业参与绿色生产和消费者选择绿色消费模式的比例。因此，政府在生产端监管层面应当建立完善的奖惩机制。增加对企业参与绿色生产的奖励，可以减少企业绿色生产的成本，使得企业积极参与绿色生产。增加对企业参与传统生产的处罚，可以增加企业传统生产的成本，导致企业放弃传统生产模式，积极参与绿色生产。具体来说，奖励机制主要包括财税制度。当前，我国的财税制度在地方层面存在不同的制定和执行标准，没有形成一个较为完整的体系。因此，政府有必要建立全国性质的绿色生产财税制度，通过政策补贴、财政支持、财政奖励和税收等手段扶持绿色企业的发展，建立专门的绿色产品试验园、产品基地和产业园等，促进绿色生产的最大化，由此建立完整的绿色产品营销体系，增加绿色产品的官方获取渠道，激励消费主体的购买意愿。发达国家的绿色生产工作之所以能够取得良好成绩，是因为其在财税制度的基础上建立了完善的环境经济政策体系，充分发挥了财税制度对绿色生产的促进作用。此外，处罚机制主要指通过法律等强制形式限制生产端的不规范行为，并强制对其进行行政处罚，逐步规范生产端的生产行为，如果考虑处罚的动态机制，政府应当建立绿色消费生产专项信用信息系统，对生产端的违规违约情况进行监管和核查，并对社会进行通报，降低生产端的违规违法风险。

企业参与绿色生产的成本和消费者选择绿色消费模式的成本的降低均能促进其行为的稳定性演化。因此，为了降低生产端生产成本，政府应当建立绿色生产金融扶持机制和专门的绿色生产信贷制度，针对生产端推出一系列绿色金融产品和服务，在资金提供层面保障企业对绿色产品的研发和生产，提高生产端进行绿色生产的积极性。此外，在绿色消费市场的驱动下，绿色消费的推广需要完善的价格监管机制的保障，包括绿色产品价格制定和绿色产品价格监督。通过绿色产品价格的合理化体现绿色产品在生态、健康和商业层面的真正价值，引导消费主体对绿色产品的深层次认知，保障市场价格秩序。

消费者参与监管比例的提高能够促进其绿色购买意愿的持续，降低企业与消费者之间的信息不对称，使企业信息更加透明，企业传统生产的风险增加，会导致企业参与绿色生产的比例增加，尤其是在当前我国绿色消费者占比较低的情况下，这种快速增长趋势表现得不太明显。此外，消费者参与监管可以提升消费者的环境意识，从而将监管行为内化为激励自身践行绿色行为的情感，提高选择绿色消费模式的比例。就我国当前实际情况看，我国消费者缺乏对绿色消费市场中绿色产品的了解，在绿色产品的购买中容易遭受市场欺骗，在消费者权益受到损害的情形下投诉路径受阻，严重影响了消费者的持续绿色购买意愿。

8.1.2 消费端

动态奖惩机制可以使得消费者演化到绿色消费稳定策略的速度加快，尤其是在当前我国消费者绿色消费比例不高的情况下，这种演化速度不太明显。这种动态奖惩机制是一种软式机制，在短期内并不能直接获得绿色产品的成本补贴，但可以在较长时间内降低消费者进行绿色消费的成本，使其购买更多的绿色产品，获得的长期收益将大幅度提升，从而增加消费者的绿色消费意愿，提高选择绿色消费模式的比例。因此，政府应当建立相应的绿色消费信用机制以及消费者绿色消费信用等级体系，采用积分制度激发消费者内心的正面情感。同时，政府应当建立非绿色消费黑名单，对非绿色消费者进行黑名单管理。进入黑名单的消费者应当按照非绿色比例缴纳非绿色消费税或非绿色消费罚款，在提高消费者长期非绿色消费成本的同时，进一步让这类消费者熟知非绿色消费对个人以及社会的负面影响，从而减少未来非绿色消费的频率。

8.1.3 政府

为消除企业和消费者之间的信息不对称性，提高消费者的监管效果，政府可以建立以下监管机制。

（1）建立绿色消费 3.0 嵌入式监管体系运行的信任机制。收集、分析并发布市场信息，搭建绿色产品全产业链信息平台，并鼓励其他组织积极参与。通过全产业链数据的安全共享，将有效信息推送到产业链上下游环节，通过信任机制和契约机制，构建各流通主体之间相互制约、协同运行的价值链分工与创造体系，从而实现产品价值增值。

（2）建立监管体系运行的决策机制。绿色消费 3.0 嵌入式监管体系旨在通过适应性的社会权利分配与行为决策机制，使绿色消费能够在动态条件下可持续地保障人类福祉。

（3）建立相应的绿色产品认证机制。绿色产品认证机制又称合格评定程序，是指满足对绿色产品直接或者间接相关要求的程序，是为进行绿色产品销售而建立的一套程序和管理制度。因此，我国绿色消费市场应进一步完善绿色产品体系，建立统一的绿色产品标准、认证、标识等体系。绿色产品认证的作用是为消费者提供消费指南以帮助消费者从市场上挑选那些对环境危害小的产品和相应的服务，同时潜移默化地影响生产厂家进行清洁生产。

（4）建立相应的绿色产品市场准入机制。绿色消费的实现与绿色产品的提供程度密切相关，而绿色产品能否进入市场、进入市场的程度和范围有多大又取决于市场准入制度。市场准入好比经济生活中的一道“门槛”，进入市场的这道“门槛”是必不可少的。完善市场经济是国家设立市场准入标准的初衷，也是政府作为公共利益的代表来平衡生产和消费的关系的目的，避免市场失灵使企业的有害生产威胁社会和消费者。绿色产品市场准入标准是绿色产品被政府准许进入市场的程度和范围以及相关法律规范的总称。

（5）建立相应的消费者行动机制。消费者参与监管离不开绿色产品信息的披露。消费者应充分发挥监督角色的积极作用，充分行动，提高监管效率，主动发现企业披露的绿色生产信息，降低企业和消费者之间的信息不对称。

（6）建立相应的监管绩效评价机制，将生产端和消费端的信息连接起来，搭建专门平台，逐步形成绿色生产监管网络。在此基础上，绿色消费指导和投诉机构应当充分发挥消费者监督角色的积极作用，建立专门的绿色产品监管绩效评价机制，在市场调研的基础上公开企业绿色产品的评价情况和投诉情况，避免消费者盲目消费。

8.2　绿色消费 3.0 嵌入式监管体系的保障措施

8.2.1　绿色消费 3.0 监管体系的保障模式

绿色消费的有效推行离不开特定机构的统一领导。从我国绿色消费的实际发展经验上看，推动绿色消费需要环保、工业、市场等相关部门的支持，其实施还需要财务、税务等部门的协调和配合。换言之，绿色消费监管事实上必然会形成“多头治理”“多龙治水”的格局。在这种客观现实条件下，防止绿色消费监管管理职能割裂、重叠并存等问题的关键不在于将所有职能放入一个部门，而是需要由一个机构来统筹绿色消费监管工作，加强协调，统一步调，以保证绿色消费监管的统一性，增进能源监管的合力，避免出现政出多门、相互矛盾情形。总结各国推行绿色消费的经验，不难发现，大多数发达国家会专门成立一个机构负责推行绿色消费，以保证绿色消费监管政策的制定和实施[439]。

鉴于此，我国的绿色消费监管模式应当借鉴发达国家的经验，在国家发展改革委的统筹管理下，成立下属的可持续发展委员会，国务院相关负责人员任委员长，涉及绿色消费监管职能的部委参与管理。委员会应建立可持续发展会商制度，专门就绿色消费监管中的重大问题进行协调会商，统筹部署重大绿色消费监管任务，统一监管步调，形成监管合力，促进绿色消费各主体间协同效应的实现。为避免职责不明确，需要在可持续发展委员会中明确监管主体的监管范围。因此，可持续发展委员会应当在一级监管部门下根据市场监管现状建立二级绿色消费市场监管体制，针对不同绿色消费主体确立专管部门。同时，培养专项绿色消费市场监管人员，不定期地对不同主体进行督查，以确保市场监管工作的顺利运行。

此外，仅仅依靠少数政府部门市场监管是无法落实的，需要动员消费者的力量进行共同监管。因此，可持续发展委员会应当制定相应制度以保障消费者的监管权利。虽然消费者的监管成本较高，但消费者可以委托其他组织反映监管需求，提供有效信息，参与监管政策的制定。其中，非政府组织既是绿色消费的重要宣传力量，也是监督各消费主体的重要机构。因此，可持续发展委员会要重视非政府组织在绿色消费监管中的重要作用，将其定位为绿色消费 3.0 的监管者，推动政府绿色消费政策的实施和调整。例如，针对生产端，监督企业的绿色产品生产行为，并及时进行反馈；针对消费端，积极进行消费者教育，为消费者提供有效的绿色消费信息及指导意见。

因此，我国的绿色消费监管应当建立“可持续发展委员会主导的多主体参与的合作监管”模式，形成促进绿色消费 3.0 发展的组织保障，共同促进绿色消费 3.0 目标的实现。

8.2.2　绿色消费 3.0 监管体系的立法导向

结合当前发达国家绿色消费法律的颁布经验，发达国家立法的基本思路主要有以下两种：一是根据社会突出问题，在一定范围（地区或行业）内“先行先试”，为立法提供基本经验，即允许在特定范围内先行颁布地方立法文件，在取得一定的法律效益并积累相当的立法经验后，实行“诱致性制度创新”，作为上一级立法甚至全国性立法的基础。二是先制定法规、规章或规范性文件，条件成熟时再制定法律。其中，第二种是近几年中国立法实践的基本思路。但实践证明，由于大量的规章或规范性文件是部门立法，故而容易产生多个相关部门争相出台同一主题的规章或规范性文件等问题。因此，对同一立法主题，需要在初始阶段就明确特定的立法部门，以避免多部门立法、缺乏协调性的问题。

无论采取哪种立法思路，都要体现监管目标导向，以颁布或修订较高层次的行政法规。为实现绿色消费升级的目标，则需要确定立法框架。在绿色消费基本法律的基础上，由相关监管机构制定具体的法规制度，作为绿色消费基本法的实施细则，以增强法律的可操作性和动态适应性。

根据绿色消费不同主体的特点，我国绿色消费 3.0 监管体系的立法导向如下。

（1）明确政府职责。一方面，在推行绿色消费过程中，政府部门是政策条款的制定者、行为的管理者和政策条款落实情况的监督者。政府应当对现有的法律和政策进行变革，形成一套完整的有利于绿色消费的新的环境经济政策，引导和支持绿色消费的发展。另一方面，政府也是绿色消费过程中的消费主体，在法律关系主体中，政府部门已被纳入消费者群体中的机构买家，因此，在主体中以“政府管理部门”来体现其管理职能，同时，区分其本身就是机构买家的身份。由此可见，政府应当明确自身的职责和义务，以身作则，规范政府行为准则，在社会中营造绿色政府的形象。

（2）规范企业行为。企业在绿色消费活动中占据着重要地位。整体上说，企业作为绿色消费发展的主体背负着三方面的压力：一是生产成本增加的压力；二是处于生产信息的垄断地位的压力；三是绿色市场与非绿色市场的竞争压力。因此，在绿色消费立法中，应体现规范企业清洁生产行为的目标导向，为政府监管机构采取相应的监管政策和措施提供法律依据，通过一定的监管政策和措施，引导企业提高生产技术水平，降低生产成本，从而降低产品价格以增加消费者福利。

（3）维护消费者利益。消费者个人往往缺乏主动购买绿色产品的动机，这就使得监管机构具有特殊的影响力。同时，生产端和消费端在市场交易中存在严重的信息不对称问题，这进一步加剧了消费者的弱势地位，而保护弱者利益是所有立法的一个最基本准则。这样，维护消费者利益成为绿色消费监管立法的一个重要的目标导向，以从法律制度上维护处于弱者地位的广大消费者的基本利益。

8.2.3　绿色消费3.0监管体系的法规政策体系

由于绿色消费监管立法的基本导向具有高度的抽象性和概括性，因此还需构建一套绿色消费监管法规政策体系，将绿色消费监管立法的目标导向化为可以落实的法律法规条文。

我国政府应当结合绿色消费3.0的发展目标，出台一部有关绿色消费市场监管的专项法——“绿色消费促进法”，确定绿色消费法律制度基本原则和立法目的，并界定绿色消费相关参与主体的法律责任和法律义务（尤其是消费主体），以保障我国绿色消费市场平稳运行。

当前，与绿色消费联系最为紧密的两部法律分别为《清洁生产促进法》和《循环经济促进法》。其中，《清洁生产促进法》未涉及产品生命周期链上的部分重要环节，如产品购买、使用、处置和废弃物的最终处置等环节，而上述被《清洁生产促进法》忽略的环节恰恰应是“绿色消费促进法”的核心内容，由此可见，《清洁生产促进法》和“绿色消费促进法”紧密结合，涵盖了生命周期的各个环节。《循环经济促进法》虽对政府机构、企事业单位和公民原则提出了要求，但对于这些要求该如何落实并未说明，且该法未对追责问责等事项进行明确规范，由此可见，《循环经济促进法》是一部促进经济结构调整、经济模式增长转变的框架法和基本法。为了更好地实现《循环经济促进法》的立法目的，亟须出台配套的专项法并加以协同实施。

因此，“绿色消费促进法”应当是在产品购买、服务选择、产品使用、服务享受和废弃物处置过程中减少或避免对环境造成的危害的立法。将“绿色消费促进法”和《清洁生产促进法》《循环经济促进法》相结合，能覆盖产品生命周期的全过程，使得产品生命周期的每个环节都有法可依，有章可循。

从立法定位上看，《循环经济促进法》立法的最终目的是实现社会的可持续发展，而清洁生产和绿色消费是实现社会可持续发展的根本机制。目前，在促进清洁生产方面，由《清洁生产促进法》这部专项法来规范生产过程，而在促进绿色消费方面，尚无具体的法律进行规范，“绿色消费促进法”恰好顺应了这一发展需求，弥补了国内绿色消费方面的法律空白。因此，应在我国现有法律体系基础上制定“绿色消费促进法”，其法律定位应为如下模式：以《循环经济促进法》为绿色消费 3.0 的基本法，《清洁生产促进法》和“绿色消费促进法”作为绿色消费 3.0 的专项法。

就生产端而言，“绿色消费促进法”应当从促进绿色消费的角度，对《清洁生产促进法》进行企业层面的规范补充；就消费端而言，由于“绿色消费促进法”法律关系主体中，政府及相关部门属于消费端的机构买家，因此，国家发展改革委应同可持续发展委员会共同制定“公共机构绿色采购条例”，定期发布公共机构绿色采购清单，并建立公共机构绿色采购监管机制。在此基础上，“绿色消费促进法”应当利用情感监管手段充分提高消费者的绿色消费意识，增强绿色消费情感，具体措施包括：以现代媒介为载体进行绿色消费宣传、将绿色消费教育纳入教学大纲、定期出台专项的“绿色消费行动计划”。

此外，政府应当在“绿色消费促进法”基础原则的指导下，针对绿色产品全生命周期的不同环节以及绿色消费不同层面的具体实践现状，建立不同类别的特定法律，形成系统化、多层级的绿色消费监管法规政策体系。具体来说，绿色消费监管法规政策体系为绿色消费监管法律、绿色消费监管行政法规、绿色消费监管部门规章、绿色消费监管规范性文件等具有不同法律层次效力的法规政策所构成的有机联系、协调一致的层次体系。

具体来说，绿色消费监管法规政策体系共分为五个层级。第一个层级是“绿色消费促进法”，由全国人民代表大会立法出台。由于“绿色消费促进法”被定位于规范整个绿色消费领域所有法律法规的专项法，其制定的内容应当包含绿色消费领域所有的法律关系，涵盖绿色消费监管法规政策体系中的监管细则。第二个层级是绿色消费各领域的单行法，由全国人民代表大会常务委员会立法出台，在“绿色消费促进法”确定的法律原则的基础上，对某个特定绿色消费领域进行拓展和具体化，有关绿色消费监管的内容应当是在“绿色消费促进法”监管条款的基础之上结合该领域特征的进一步拓展，并且从法律结构完整性角度来看，应当设置一个独立的章节对该领域的监管内容加以规定，对责任划分以及主要的监管事项进行规定，如出台“政府绿色采购法”，可以借鉴日本政府出台的一系列废弃物回收法律。第三个层级是绿色消费监管的行政法规，由国务院立法出台。绿色消费监管的行政法规的立法定位是为执行绿色消费单项法的监管章节而做的进一步配套性规定，在内容上是对监管章节的进一步细化，并且具有一定的可操作性，从结构上要形成一部相对完整的绿色消费监管法规，如出台“公共机构绿色采购条例”“生活垃圾收费标准”

“生活垃圾分类投放管理条例”等。第四个层级是绿色消费监管规章，由可持续发展委员会制定并发布。绿色消费监管规章定位于对绿色消费监管法律以及行政法规的进一步配套性规定，进一步具体化绿色消费监管行政法规在某一方面的原则、制度、规定，使其可操作性更强，能够直接作为可持续发展委员会日常监管工作的依据。第五个层级是绿色消费监管的规范性文件，由可持续发展委员会针对日常监管工作中所遇到的具体问题进行制定。

因此，一套法律法规体系并不是由若干部互相关联的法律法规简单堆积形成的，而是需要将最基本的目标价值导向贯穿于其中，形成一个内部逻辑自洽的有机整体。符合基本目标价值导向的法律法规可纳入此法律体系中，不符合的则剔除。就这个角度而言，绿色消费监管法规政策体系就是基于绿色消费立法的基本目标价值导向，将不同领域、不同级别的法规政策串联起来，而这个基本目标价值导向就是明确政府职责、规范企业行为和维护消费者利益，只有符合这三条目标价值导向的法规政策才能被纳入绿色消费监管法规政策体系中。

8.2.4　绿色消费 3.0 监管体系的支持平台

生产端层面，首先，可持续发展委员会应当进一步建立和完善绿色产品与标识认证信息平台，定期公布绿色产品企业名录和产品名录，同时利用物联网技术、云计算技术建立支持绿色生产监管的专项信用信息系统，对企业违规违约情况进行监管和核查，并对社会进行通报，建立对绿色产品生产企业的信用评价、守信激励、失信惩戒制度，并建立相应的绿色产品信息共享平台，降低企业的违规违法风险，并积极引导消费者参与监管过程。其次，可持续发展委员会应当组织相关政府部门和企业进行合作，共同建立专门的绿色消费平台，如绿色柜台、绿色商店、绿色商场、绿色生态商品展销会和绿色产品交易市场等，以拓宽绿色产品的销售渠道，为企业和消费者提供丰富的绿色产品市场信息。最后，可持续发展委员会应当进一步明确政策导向，完善绿色消费相关基础设施建设，积极引导企业扩大绿色生产规模。

消费端层面，首先，可持续发展委员会应当组织相关政府管理人员共同建立促进绿色消费发展的专业信息咨询系统和互动平台，以提高消费者对绿色产品的熟知程度。其次，可持续发展委员会应当组织相关政府管理人员共同建立消费者投诉体系，以完善消费者的投诉渠道。再次，可持续发展委员会应当组织相关政府部门和企业进行合作，共同建立绿色消费积分平台和消费者绿色消费信用等级体系，采用积分制度激发消费者内心的正面情感。最后，可持续发展委员会应当组织政府部门建立非绿色消费黑名单，对非绿色消费者进行黑名单管理，进入黑名单的消费者应当按照非绿色比例缴纳非绿色消费税或非绿色消费罚款，在提高消费者长期非绿色消费成本的同时，进一步让这类消费者熟知非绿色消费对个人以及社会的负面影响，从而减少未来非绿色消费的频率。

8.2.5　绿色消费 3.0 监管体系的文化导向

中国社会偏向于集体主义社会文化，这导致中国人对社会心理因素异常敏感。加之，在以消费为导向、以发展为导向的社会主导范式下，推动绿色消费的实际效果仍旧没有达到预期。虽然很多消费者具备绿色消费意识，但我国绿色消费态度-行为缺口依然较大。总体上，消费者绿色消费尚未成为民众自觉行为，消费者的绿色消费情感尚未形成。

因此，生产端层面，绿色消费 3.0 监管体系的文化导向应当为“严格执行环境规范，主动承担社会责任”的社会道德规范，形成企业非环保行为的约束。首先，在监管过程中始终强调“清洁生产”理念，严格执行国家法规政策体系。其次，在监管过程中也要强调企业不仅是绿色产品的创造者和提供者，也是绿色消费文明的传播者，企业应当主动承担保护环境的社会责任，积极主动地研发绿色生产技术并生产绿色产品，构建全方位的绿色生产体系，推动形成可持续生产模式。

消费端层面，绿色消费 3.0 监管体系的文化导向应当为“绿色消费，人人有责”的社会道德规范，形成消费者行为的自我约束。首先，在监管过程中要强调转变消费者的无责任心理，强调消费者对形成“绿色消费，人人有责”的社会道德规范责无旁贷。特别是要让消费者明确意识到绿色消费是个体应尽的责任和义务，而不是个体对社会额外的付出和贡献。其次，在监管过程中，时刻提醒消费者践行绿色消费理念，履行绿色消费义务，这要求对消费者进行长期的提示式教育和提醒式传达。通过转变消费者的“无责任”“政府责任”“他人责任”“责任逃避”等心理，每个消费者都能意识到自己对节能环保的责任，逐步树立其社会责任感和伦理道德观。最后，从具体措施看，可以借助学校、企业、街道、社区及各类环保组织，开展丰富多彩的实践体验活动，如环保主题教育、绿色摄影展览、低碳知识竞赛、环保参观访问、实地体验宣传等。

我国绿色消费 3.0 监管体系建设的基本途径为建立绿色消费 3.0 监管理论和监管机制，完善绿色消费监管的保障体系，包括建立绿色消费 3.0 监管体系的运行模式、明确绿色消费 3.0 监管体系的立法导向和法规建设、构建绿色消费 3.0 监管体系的支持平台以及明确绿色消费 3.0 监管体系的文化导向，并基于我国当前监管突出问题，从整体上构建与中国可持续发展目标相适应的绿色消费 3.0 监管体系。

为了达到监管目的，绿色消费 3.0 的监管内容必须涉及生产端绿色产品的生产过程和消费端绿色产品的购买过程，将两方面的内容作为绿色消费监管的主要范畴，并将其全部纳入绿色消费 3.0 监管体系中。此外，在制定监管政策时，需要结合两方面监管的内容进行设计。在具体的监管过程中，要根据被监管主体的不同特点，采取合适的监管手段，以便对绿色消费进行高效的管理。此外，绿色消费的监管手段应当刚柔并济。因此，由于绿色消费主体的特点不同，绿色消费 3.0 时代促进各绿色消费主体进行绿色消费的方式存在差异。具体来说，对于生产主体而言，更强调秩序监管的作用，以免造成“公地悲剧”现象；对于消费主体而言，更强调情感监管的作用，以完成自身情感和消费观念的转变，但同时不可忽视秩序监管的执行效应。

绿色消费监管是指政府对生产行为、市场和消费行为的合法性、有效性、科学性、公平性和可持续性进行全面管理与促进。根据绿色消费各主体的被监管特点，应当建立不同主体监管的运行机制。基于“秩序-情感”监管理念，生产端应当建立奖惩机制、价格监管机制、消费者评价机制、消费者投诉机制、绿色产品认证机制、绿色产品市场准入机制和绿色生产信息披露机制，消费端应当建立绿色消费动态奖惩机制。

当然，绿色消费的有效推行离不开特定机构的统一领导。我国的绿色消费监管模式应当在国家发展改革委的统筹管理下，成立专门的可持续发展委员会，国务院有关负责人员任委员长，涉及绿色消费监管职能的部委参与管理。委员会应建立可持续发展会商制度，就绿色消费监管中的重大问题进行协调会商，统筹部署重大绿色消费监管任务，统一监管步调，形成监管合力。此外，可持续发展委员会要重视行业协会和环保组织（如中国消费者协会、国家级经济技术开发区绿色发展联盟），并将其定位为国家绿色消费的监管者，充分发挥其在绿色消费监管中的重要作用，进而推动政府绿色消费政策的实施和调整。综上，我国的绿色消费监管应当建立“可持续发展委员会主导的多主体参与的合作监管”模式，共同促进绿色消费 3.0 升级目标的实现。

绿色消费 3.0 升级主要体现在消费主体情感转变，情感的转变更需要文化氛围的建立。绿色消费所形成的文化氛围和价值导向是一种精神激励，能够调动与激发社会各主体的积极性、主动性和创造性，对绿色消费监管效果的提升具有潜移默化的作用。具体来说，针对生产端，绿色消费 3.0 监管体系的文化导向为“严格执行环境规范，主动承担社会责任”的社会道德规范，形成企业非环保行为的约束；针对市场端，绿色消费 3.0 监管体系的文化导向为“绿色市场”的社会发展理念，形成销售商行为的自我约束；针对消费端，绿色消费 3.0 监管体系的文化导向为“绿色消费，人人有责”的社会道德规范，形成消费者行为的自我约束。

第9章 研究结论

9.1 绿色消费3.0概念界定和理论研究结论

本书利用文献计量分析法对国际领域和国内领域“绿色消费”的相关文献进行了可视化分析，并使用 CiteSpace 可视化分析软件探究了当前绿色消费的演化趋势，总结了当前建立绿色消费监管体系的必要性。根据文献关键词聚类、视觉分析和统计分析发现，消费者行为、监管政策设计、绿色营销、环境可持续发展战略是国际研究领域最主要的四个研究课题。在此背景下，消费者的节能行为成为绿色消费的重要形式之一，这也是未来研究的一个重要主题。总体来说，现有研究更侧重于绿色消费的环保行为属性，国际研究大多从经济学、管理学和心理学角度来审视关注消费者绿色消费的理性选择过程、企业营销策略和政策设计等，研究体系较为全面，但从研究范围和目的来看，应拓宽视野，从非理性的角度进行研究。因此，在绿色消费领域，情感因素与绿色消费行为的相互作用是非常有价值的前沿课题。在监管政策制定层面，以前关于绿色消费监管政策的研究主要集中于命令、禁止、特许、产品或服务标准与技术生产标准，以及产权与权利界定等强制性监管政策，而对如何激发市场主体活力、适应市场经济体制，以及更好地实现市场有效监管的情感性监管政策的研究还较少。

绿色营销、绿色消费与绿色价值理念、绿色购买行为和社会责任是国内研究领域最主要的四个研究课题。可以发现国内的主流研究方向是绿色消费的情感转型和可持续发展，与国际领域的绿色消费研究相比，我国缺乏与绿色消费相关的监管政策（包括宏观层面和微观层面）研究，这在一定程度上导致消费者对绿色消费还仅仅是浅层和短暂的知晓，绿色消费理念还没有深入人心。然而，由于环境污染、经济结构转型和政府监管政策等问题交织在一起，绿色消费的发展仍然面临着严峻的挑战，监管政策的设计将会成为我国绿色消费新的研究方向。

通过分析绿色消费研究趋势，我们总结了国际领域和国内领域绿色消费的演化历程，发现国内外绿色消费呈现相似的演化路径，即第一阶段都重视生产端的生产责任，第二阶段都重视政府政策的引领作用，第三阶段都开始探索消费者绿色情感的激发途径。本书将这三个阶段分别称作绿色消费 1.0、绿色消费 2.0 和绿色消费 3.0。其中，绿色消费 1.0 强调生产者的清洁生产，重视生产端的绿色化，是一种清洁生产消费；绿色消费 2.0 突破了第一阶段“生产至上”的理念，开始考虑消费者的绿色消费需求，并通过市场能动性调整产品结构，但还主要停留在政府推动的生产和消费的绿色化层面，是一种秩序性绿色消费；绿色消费3.0阶段，消费者的绿色消费逐渐由政府引导的被动行为向基于环境和社会责任导向的主动行为转变，是一种绿色情感消费。

当前我国绿色消费市场还存在绿色溢价、绿色产品供给不足、绿色产品市场欺骗、基础设施不完善和消费者的观念障碍等瓶颈问题，急需构建高效、灵活、有机的适合当前国情的绿色消费监管体系，并引导企业、社会组织和消费者参与监管过程，这将对我国绿色消费提档升级尤为重要。

9.2 绿色消费意愿研究结论

9.2.1 绿色产品购买意愿研究结论

本书基于双通道心理账户理论，以节能家电为切入点，通过745份有效问卷构建"感知价值-心理账户-消费意愿"模型，系统解析消费者绿色产品采纳逻辑，主要结论如下。

消费者对绿色产品的感知价值显著影响购买决策，其中感知利得正向驱动意愿，而感知利失则呈现抑制作用。数据表明，消费者更注重产品综合收益而非潜在损失，因此提升产品功能品质、强化社会价值认同及环保属性，是增强消费意愿的关键路径。

双通道心理账户在价值传递中起的中介作用显著。当消费者感知利得超越利失时，消费与支付的联结较弱，快乐弱化系数变小，疼痛钝化系数变大。这种心理账户的动态调节促使消费者形成"消费值得"的认知，从而提升绿色产品购买倾向。

低消费敏感度群体表现出更强的购买意愿，因其决策偏重情感导向与即时满足；而高敏感度群体因谨慎评估产品信息，风险规避倾向明显，决策更为保守。故两类群体在绿色产品的购买意愿上呈现两极分化。

消费敏感度仅对感知利失-购买意愿、疼痛钝化系数-购买意愿路径有显著调节作用。针对低敏感度群体，可通过赠品激励、便捷信息查询等方式提高购买意愿；而高敏感度群体则需强化质量认证与实证数据支持，以此优化不同细分市场的绿色消费转化策略。因此，采取相应措施降低消费者的损失和提高消费的快乐，降低消费和支付的联结程度，能够有效提高低消费敏感度的消费者对于绿色产品的购买意愿。

9.2.2 绿色产品溢价支付意愿研究结论

本书基于信号理论构建溢价支付模型，针对991份有效样本探讨了消费者对绿色产品价格溢价的接受机制，主要结论如下。

当前社会对绿色产品溢价接受度普遍较低，仅30%的受访者明确表示愿意支付额外费用。这反映出平衡环保属性与价格敏感度的现实困境，是推进绿色消费需突破的核心难点。

功能价值、条件价值、绿色价值、价格重要性、价值表达性影响均正向影响公众对绿色产品的溢价支付意愿。其影响力排序为：条件价值＞绿色价值＞功能价值＞价值表达性影响＞价格重要性。

支付意愿在性别、年龄维度无显著区别，但在婚姻状况（已婚）、学历（硕士及以上）、职业（初入职场的工程技术人员）及月收入等维度呈现明显分层，显示了社会角色与经济能力对决策的复合影响。

政策引导能有效激活情感价值、条件价值等要素对支付意愿的促进作用；媒体宣传则主要强化功能价值与绿色价值的传导路径。两类干预共同提升规范性影响和价值表达性影响的决策权重，为制定差异化推广策略提供依据。

9.3　绿色消费监管现状研究结论

首先，本书收集和整理了我国 1992 年以来国家层面颁布的绿色消费监管方面的政策文本，并对这些政策进行了量化分析，以反映我国绿色消费监管政策的发展历程。其次，本书进一步分析了我国绿色消费监管政策的政策效应，以更好地了解我国绿色消费监管政策的执行效果，并从法律、体制、制度和社会四个角度分析了当前我国绿色消费监管存在的突出问题。在此基础上，考察了世界上绿色消费发展较好的五个国家——美国、日本、德国、英国和法国的绿色消费监管经验，以为设计我国绿色消费 3.0 监管体系的整体框架提供经验启发。最后，本书进一步探讨了我国绿色消费监管升级的现实挑战。具体结论如下。

第一，当前我国绿色消费监管效力不高，未能充分促进绿色消费更好的发展，主要体现在以下几个方面。

（1）我国绿色消费法律制度原则尚未确定，法律体系不完备。具体表现为我国绿色消费法律体系缺乏顶层设计、高位立法统领、专门规范绿色消费的法律法规、促进绿色消费的总体战略和行动方案和系统部署和制度配套安排。

（2）我国缺乏机构统一领导绿色消费，绿色消费领域监管职能的实施涉及政府多个监管和保障部门，部分监管部门相关职能定位不清晰，职责不明确，且部分管理部门之间的相互沟通与协调少。我国绿色消费实践过程中存在规范性文件内容碎片化、权威性不足等问题，导致各部门职能分散，没有总部门进行统一规划、部署，没有形成合力。各部门在推动绿色消费工作中的定位和抓手不够清晰，而且各部门在推动体系中尚未发挥应有的作用。

（3）我国政府已经建立了诸多较为行之有效的具体监管制度，在一定程度上推动了绿色消费监管。然而大部分制度颁布时间较晚，实施时间较短，仍然存在诸多问题，具体表现在绿色产品标准制度和市场准入制度不完善、绿色消费责任制度不健全、绿色消费经济政策制度缺乏顶层设计、绿色金融制度不完善和信息手段没有得以充分利用等方面。

（4）绿色消费监管体系不仅应包括政府监管体系，还应包括社会管理体系以弥补政府监管的不足，即绿色消费应当社会共治。此外，绿色消费3.0时代重视激发消费者的绿色情感，消费者的情感监管尤为重要。而政府监管多集中在秩序监管方面，情感监管的主体应当由社会来承担，因此，绿色消费3.0时代社会监管能够充分发挥监管的效果。当前我国绿色消费监管的社会共治仍存在一些困境，具体表现在消费者认知水平较低和责任意识较低与消费者监管途径不完善方面。

第二，发达国家在绿色消费监管过程中有很多经验值得我国借鉴，具体表现为完善的绿色消费法律体系、完善的绿色消费经济调控手段、完善的政府绿色采购政策、完善的监管体制、积极的社会团体运动、完善的绿色消费信息平台、积极的社会协作监管和积极的绿色消费社会教育等。我国应当借鉴发达国家绿色消费的监管经验，依据自身特点制定适合自身绿色消费发展的监管体系。

第三，基于当前绿色消费的突出问题，我国绿色消费监管升级的现实挑战有以下几项。

（1）当前，政府绿色消费监管职能分散，绿色消费市场存在政府监管机制缺位问题，政府不再是市场监管的唯一主体，监管体系的构建需要社会主体参与监督。

（2）基于秩序监管和情感监管的理念，我国绿色消费3.0监管理论具有其特殊性。

（3）绿色消费3.0监管注重通过价值与信任等体系建设来促使生产者和消费者等各主体绿色消费理念的情感认同，对各类主体自觉主动地实施绿色消费行为进行激励性监督与管理。因此，绿色消费3.0监管机制也具有特殊性。

9.4 “秩序-情感”监管对绿色消费的影响机理研究结论

本书通过构建复杂网络来揭示企业之间的相互作用，模拟生产商决策行为的演化，以新能源汽车为例，运用“供给端-需求端”分析框架，分析政府的秩序监管和情感监管对绿色产品扩散的影响。

（1）在当前由各类生产商组成的复杂网络中，供给端和需求端的政府监管对绿色产品扩散的促进作用显著。具体来说，在供给端，绿色补贴、环境税和碳交易市场可以分别帮助绿色产品扩散至0.84、0.70和0.65。在需求端，绿色消费券和宣传教育能够有效促进绿色产品扩散至0.70和0.67。

（2）在各类监管手段中，尽管生产商的绿色补贴促进绿色产品扩散的效果最好，但加重了政府的财政负担。而高水平的环境税和低参与度的碳交易市场会抑制绿色产品在企业间的扩散，低额的绿色消费券并没有刺激绿色产品的扩散。因此推动绿色产品扩散不仅需要秩序监管，还需要情感监管，加强对消费者的宣传教育，促进其对绿色消费的情感认同。

（3）无论是以奖励和惩罚为主的秩序监管手段，还是以宣传教育为主的情感监管手段，任一单一政府监管手段都不能实现绿色产品的完全扩散，因此实现绿色产品的完全扩散需要政府混合使用多种监管工具。

本书在三个方面对绿色产品扩散理论做出了贡献，首先，开发了一个新的“供给端-需求端”联合监管框架，突破了以往研究只关注供给端监管政策的局限，同时考虑供给端和需求端，拓展了绿色产品扩散的研究视角。其次，将博弈论与复杂网络理论相结合，探索不同政府监管如何通过影响生产商之间的博弈与策略学习等微观机制来对复杂网络中绿色产品的扩散产生影响，丰富了绿色产品扩散理论的研究体系。最后，确认了供给端（绿色补贴、环境税、碳交易市场）和需求端（绿色消费券、宣传教育）不同监管政策对绿色产品扩散的政策效应，为构建有效的绿色产品扩散干预机制提供了理论参考。

9.5　绿色消费嵌入式监管实现路径与演化博弈研究结论

绿色消费 3.0 监管体系庞大复杂，涉及多个利益相关者，其中政府、企业和消费者作为核心参与主体，其互动关系对监管成效至为关键。因此，本书引入演化博弈理论，建立了“政府-企业-消费者”绿色消费 3.0 监管博弈模型，阐明绿色消费 3.0 监管博弈系统中政府、企业和消费者之间的博弈关系，基于数值仿真，探讨了政府监管方式（秩序监管和情感监管）对博弈主体的影响。具体结论如下。

9.5.1　在政府秩序监管方式下

（1）在多方博弈中，系统内生学习机制促使主体策略最终收敛于监管-绿色生产-绿色消费的均衡策略集。值得注意的是，政府监管的初始介入可缩短企业和消费者的策略调整周期，形成监管启动-市场响应-消费跟进的链式反应。同时，策略耦合效应表明，任一主体的策略优化均能产生系统层面的正反馈。

（2）政府监管成本与监管力度正相关，成本越高，监管力度越强，对绿色生产企业的经济激励及对非绿色生产企业的处罚力度越大，促使政府更快稳定于监管策略。然而，企业生产成本与消费者购买成本上升时，政府策略演化路径变化相对不明显。这揭示了单纯依赖行政强制的局限性，需通过技术创新降低绿色溢价以突破瓶颈。

（3）企业绿色生产成本降低将显著加速其向参与绿色生产的稳定策略演化，且不同成本水平下的演化速度差异显著。同时，因博弈主体间协同效应，消费者绿色消费意愿提升会在一定程度上加快消费者自身向绿色消费模式的演化。但消费者受到经济激励时，对政府和企业策略演化路径影响微弱。总体而言，企业绿色生产成本变动对整个博弈系统策略演化影响较大，验证了生产决定消费的传导逻辑。这一发现为供给侧结构性改革提供了理论支撑。

（4）政府提高对企业的处罚金可促使企业更快向参与绿色生产策略演化，且速度差异显著。同时，消费者向绿色消费模式演化的速度也会因协同效应而加快。然而，政府对消费者的处罚金变化对企业与消费者的策略演化速率影响不显著。可见，在秩序监管方式下，惩罚机制更适用于企业主体。这种非对称效应源于企业作为价值创造节点的枢纽地位，其策略调整具有更强的市场信号传递功能。

9.5.2 在政府情感监管方式下

（1）与秩序监管类似，参与主体都将通过不断模仿和学习而改变其策略，最终均衡策略集为监管、参与绿色生产和绿色消费的均衡策略集（1,1,1），且各方策略演化相互影响，政府、企业、消费者初始策略的选择均会推动其他主体策略的动态调整。

（2）在政府情感监管方式下，当政府监管投入的监管成本减少时，政府演化到监管稳定策略的速度变化的差异不明显，企业演化到参与绿色生产稳定策略的速度变化的差异不明显，消费者演化到绿色消费模式稳定策略的速度变化的差异不明显。这反映了社会认同机制对制度成本的替代效应。

（3）企业参与绿色生产成本的变动对该博弈系统的整体策略演化有较大影响，如果消费者初始参与比例较低，消费者选择绿色消费模式成本的变动对该博弈系统的整体策略演化有较大影响。成本敏感性的异质表现为精准实施成本补贴政策提供了量化依据。

（4）消费者参与监管比例提高可显著加快企业向参与绿色生产策略演化的速度。同时，受协同效应影响，消费者自身向绿色消费模式演化的速度也会加快，在消费者初始参与比例较高时，演化速度的变化更显著。因此，在政府情感监管方式下，消费者参与机制对企业主体作用明显。消费者的参与机制所带来的裂变式影响揭示了社会监督从量变到质变的内在规律。

（5）在政府情感监管方式下，消费者奖惩动态机制的变化对企业策略演化路径的影响不显著，但会使得消费者向稳定策略（绿色消费模式）演化的速度在一定程度上加快，尤其当消费者初始参与比例越高时，这种演化速度的变化越明显。因此，在政府情感监管方式下，奖惩动态机制对博弈系统中的消费者主体有较大影响。

9.6 绿色消费3.0嵌入式监管体系的运行机制与保障措施研究结论

本书提出我国绿色消费3.0监管体系建设的基本途径为建立绿色消费3.0监管理论和监管机制，完善绿色消费监管的保障体系，包括建立绿色消费3.0监管体系的运行模式、明确绿色消费 3.0 监管体系的立法导向和法规建设、构建绿色消费 3.0 监管体系的支持平台以及明确绿色消费 3.0 监管体系的文化导向。在此基础上，通过“政府-企业-消费者”博弈模型详细讨论了我国绿色消费 3.0 监管理论和监管机制，并基于我国当前监管的突出问题，从整体上构建与中国可持续发展目标相适应的绿色消费 3.0 监管保障体系。具体结论如下。

（1）为了达到监管目的，绿色消费 3.0 的监管内容必须涉及生产端绿色产品的生产过程和消费端绿色产品的购买过程，将量方面的内容作为绿色消费监管的主要范畴，并将其全部纳入绿色消费 3.0 监管体系中。此外，在制定监管政策时，都需要结合量方面监管的内容进行设计。在具体的监管过程中，要根据被监管主体的不同特点，采取合适的监管手段，以便对绿色消费进行高效的管理。此外，绿色消费的监管手段应当刚柔并济。鉴于主体差异，生产主体应侧重秩序监管以防“公地悲剧”，消费主体应侧重情感监管以促进观念转变，但也不可忽视秩序监管手段。

（2）绿色消费监管是指政府对生产行为、市场和消费行为的合法性、有效性、科学性、公平性和可持续性进行全面的管理与促进。根据绿色消费不同主体的被监管特点，应当建立不同主体监管的运行机制。生产端基于“秩序-情感”理念，设立奖惩、价格监管、消费者评价、消费者投诉、绿色产品认证、绿色产品认证市场准入及绿色产品信息披露等机制；消费端构建绿色消费动态奖惩机制。

（3）基于我国绿色发展需求，建议构建“顶层统筹-多元共治”的监管框架：在国家发展改革委的统筹管理下设立可持续发展委员会，由国务院分管领导牵头，整合生态环境部、国家市场监督管理总局等部委监管职能。该机构需建立跨部门协商机制，统筹重大政策制定与执行督导，通过联席会议制度实现监管标准统一与行动协同。将中国消费者协会等行业协会纳入监管体系，赋予其政策实施监督与动态反馈职能。重点发挥行业组织在政策落地评估、企业行为督导及公众教育方面的专业优势，形成“政府主导-行业协同-社会监督”的治理闭环。构建“委员会中枢协调+多主体功能互补”的 3.0 版监管体系，通过制度化协作平台实现监管资源整合。该模式既能强化政策执行刚性，又可借助社会力量提升监管渗透力，为绿色消费转型升级提供体系保障。

（4）依主体特性，我国绿色消费 3.0 监管体系的立法导向聚焦明确政府职责、规范企业行为与维护消费者权益。鉴于其抽象性，需构建一套绿色消费监管法规政策体系，将绿色消费监管立法的目标导向化为可以落实的法律法规条文。政府应出台“绿色消费促进法”，结合《循环经济促进法》与《清洁生产促进法》构建立法模式，以《循环经济促进法》为基本法，后两者为专项法，并依绿色产品生命周期与消费实践构建多层级法规体系，涵盖法律、行政法规、部门规章及规范性文件等，形成立法保障。

（5）政府可借支持平台提升绿色消费 3.0 监管效能并推动其发展。生产端，可持续发展委员会完善绿色产品与标识认证信息平台，公布企业与产品名录，运用技术构建信用信息系统，建立信用评价等制度与信息共享平台，引导消费端参与监管；组织政企合作构建绿色消费平台，拓宽销售渠道，提供更丰富的市场信息；完善基础设施建设。消费端，可持续发展委员会构建专业信息咨询系统与互动平台，提升消费者认知；建立投诉体系，拓宽投诉渠道；政企合作打造积分制度与信用等级体系，设非绿色消费黑名单。

（6）绿色消费3.0升级的核心在消费主体情感转变上，因此文化氛围构建不可或缺。文化导向于各端发挥精神激励作用，潜移默化地提升监管效果。生产端树立“严格执行环境规范，主动承担社会责任”规范约束企业；市场端树立“绿色市场”理念约束销售商；消费端树立“绿色消费，人人有责”规范约束消费者。

参考文献

[1] Wang Q W, Zhao Z Y, Shen N, et al. Have Chinese cities achieved the win-win between environmental protection and economic development? From the perspective of environmental efficiency[J]. Ecological Indicators, 2015, 51: 151-158.

[2] Baiocchi G, Minx J, Hubacek K. The impact of social factors and consumer behavior on carbon dioxide emissions in the United Kingdom: a regression based on input-output and geodemographic consumer segmentation data[J]. Journal of Industrial Ecology, 2010, 14(1): 50-72.

[3] Li J, Zhang D Y, Su B. The impact of social awareness and lifestyles on household carbon emissions in China[J]. Ecological Economics, 2019, 160: 145-155.

[4] 刘朝, 周宵宵, 张欢, 等. 中国居民能源消费间接回弹效应测算: 基于投入产出和再分配模型的研究[J]. 中国软科学, 2018, 334(10): 147-157.

[5] Li Q W, Long R Y, Chen H. Empirical study of the willingness of consumers to purchase low-carbon products by considering carbon labels: a case study[J]. Journal of Cleaner Production, 2017, 161: 1237-1250.

[6] Wei Y M, Liu L C, Fan Y, et al. The impact of lifestyle on energy use and CO_2 emission: an empirical analysis of China's residents[J]. Energy Policy, 2007, 35(1): 247-257.

[7] 李慧明, 刘倩, 左晓利. 困境与期待: 基于生态文明的消费模式转型研究述评与思考[J]. 中国人口·资源与环境, 2008, 18(4): 114-120.

[8] 王建明. 可持续消费管制的基本理论问题研究: 内涵界定、目标定位和机制设计[J]. 浙江社会科学, 2011, 32(12): 56-62.

[9] Geng J, Long R, Chen H, et al. Exploring multiple motivations on urban residents' travel mode choices: an empirical study from Jiangsu province in China[J]. Sustainability, 2017, 9(1): 136.

[10] Peattie K. Green consumption: behavior and norms[J]. Annual Review of Environment and Resources, 2010, 35(1): 195-228.

[11] 王建明, 吴龙昌. 绿色消费的情感: 行为模型: 混合研究方法[M]. 北京: 经济管理出版社, 2019.

[12] Olson E L. It's not easy being green: the effects of attribute tradeoffs on green product preference and choice[J]. Journal of the Academy of Marketing Science, 2013, 41(2): 171-184.

[13] Hanss D, Böhm G, Doran R, et al. Sustainable consumption of groceries: the importance of believing that one can contribute to sustainable development[J]. Sustainable Development, 2016, 24(6): 357-370.

[14] Slavin R E, Wodarski J S, Blackburn B L. A group contingency for electricity conservation in master-metered apartments[J]. Journal of Applied Behavior Analysis, 1981, 14(3): 357-363.

[15] Lao K. Research on mechanism of consumer innovativeness influencing green consumption behavior[J]. Nankai Business Review International, 2014, 5(2): 211-224.

[16] Li Y, Lu Y, Zhang X Y, et al. Propensity of green consumption behaviors in representative cities in China[J]. Journal of Cleaner Production, 2016, 133: 1328-1336.

[17] Jin J, Zhuang J, Zhao Q. Supervision after certification: an evolutionary game analysis for Chinese environmental labeled enterprises[J]. Sustainability, 2018, 10(5): 1494.

[18] Liu J, Bai H, Zhang Q, et al. Why are obsolete mobile phones difficult to recycle in China?[J]. Resources, Conservation and Recycling, 2019, 141: 200-210.

[19] de Young R. Recycling as appropriate behavior: a review of survey data from selected recycling education programs in Michigan[J]. Resources, Conservation and Recycling, 1990, 3(4): 253-266.

[20] Liu W, Oosterveer P, Spaargaren G. Promoting sustainable consumption in China: a conceptual framework and research review[J]. Journal of Cleaner Production, 2016, 134: 13-21.

[21] 王会娟, 夏炎. 中国居民消费碳排放的影响因素及发展路径分析[J]. 中国管理科学, 2017, (8): 1-10.

[22] 郑杭生. 不断提高社会管理科学化水平[C]//中国社会工作协会社区工作委员会. 创新社会管理体制 建设文明和谐社区: 全国基层社会管理体制创新推进会材料汇编. 北京: 教育部中国特色社会主义理论体系研究中心.

[23] 周国梅, 任勇, 陈燕平. 发展循环经济的国际经验和对我国的启示[J]. 中国人口·资源与环境, 2005, 15(4): 137-142.

[24] 中国社会科学院语言研究所词典编辑室. 现代汉语词典[M]. 6版. 北京: 商务印书馆, 2012.

[25] Pialot O, Millet D, Bisiaux J. “Upgradable PSS”: clarifying a new concept of sustainable consumption/production based on upgradability[J]. Journal of Cleaner Production, 2017, 141: 538-550.

[26] Pialot O, Millet D. Why upgradability should be considered for rationalizing materials?[J]. Procedia CIRP, 2014, 15: 379-384.

[27] World Commission on Environment and Development. Our Common Future[M]. Oxford: Oxford University Press, 1987.

[28] Taylor N, Noseworthy T J. Compensating for innovation: extreme product incongruity encourages consumers to affirm unrelated consumption schemas[J]. Journal of Consumer Psychology, 2020, 30(1): 77-95.

[29] UNEP. Element for polices for sustainable consumption in symposium on sustainable production and consumption pattern[R]. Oslo: Symposium on Sustainable Consumption, 1994.

[30] Leonidou C N, Katsikeas C S, Morgan N A. “Greening” the marketing mix: do firms do it and does it pay off?[J]. Journal of the Academy of Marketing Science, 2013, 41(2): 151-170.

[31] Semprebon E, Mantovani D, Demczuk R, et al. Green consumption:a network analysis in marketing[J]. Marketing Intelligence & Planning, 2019, 37(1): 18-32.

[32] 俞海山. 可持续消费模式论[M]. 北京: 经济科学出版社, 2002.

[33] Ding Z H, Jiang X, Liu Z H, et al. Factors affecting low-carbon consumption behavior of urban residents: a comprehensive review[J]. Resources, Conservation and Recycling, 2018, 132: 3-15.

[34] 张庆鹏, 康凯. 社会心理学视角下的亲环境行为探讨[J]. 广州大学学报（社会科学版）, 2016, 15(2): 28-38.

[35] 唐英. 生态消费及其实现路径[J]. 消费经济, 2009, 25(2): 82-83, 87.

[36] 余颂. 试论循环消费[J]. 贵州财经学院学报, 2006, (6): 64-67.

[37] Lee T H, Jan F H, Yang C C. Conceptualizing and measuring environmentally responsible behaviors from the perspective of community-based tourists[J]. Tourism Management, 2013, 36: 454-468.

[38] 王财玉, 雷雳. 社会责任消费的结构、形成机制及企业响应[J]. 心理科学进展, 2015, 23(7): 1245-1257.

[39] 梁晓蓓, 贺明华. 共享经济模式下协同消费行为研究述评与展望[J]. 经济问题探索, 2018(2): 175-185.

[40] 李秋成, 周玲强. 社会资本对旅游者环境友好行为意愿的影响[J]. 旅游学刊, 2014, 29(9): 73-82.

[41] Follows S B, Jobber D. Environmentally responsible purchase behaviour: a test of a consumer model[J]. European Journal of Marketing, 2000, 34(5/6): 723-746.

[42] 盛光华, 葛万达, 李若琪. 绿色产品环境溢价支付水平影响因素的识别与效应分析[J]. 干旱区资源与环境, 2018, 32(6): 11-17.

[43] Kronrod A, Grinstein A, Wathieu L. Go green! Should environmental messages be so assertive?[J]. Journal of Marketing, 2012, 76(1): 95-102.

[44] Liu X, Wang C, Shishime T, et al. Sustainable consumption: green purchasing behaviours of urban residents in China[J]. Sustainable Development, 2012, 20(4): 293-308.

[45] Lehmann S. Optimizing urban material flows and waste streams in urban development through principles of zero waste and sustainable consumption[J]. Sustainability, 2011, 3(1): 155-183.

[46] Wu C S, Zhou X X, Song M. Sustainable consumer behavior in China: an empirical analysis from the midwest regions[J]. Journal of Cleaner Production, 2016, 134: 147-165.

[47] Haws K L, Winterich K P, Naylor R W. Seeing the world through GREEN-tinted glasses: green consumption values and responses to environmentally friendly products[J]. Journal of Consumer Psychology, 2014, 24(3): 336-354.

[48] Kletzan D, Köppl A, Kratena K, et al. Towards sustainable consumption: economic modelling of mobility and heating for Austria[J]. Ecological Economics, 2006, 57(4): 608-626.

[49] Barr S, Shaw G, Gilg A W. The policy and practice of "sustainable lifestyles"[J]. Journal of Environmental Planning and Management, 2011, 54(10): 1331-1350.

[50] Lin H Y, Hsu M H. Using social cognitive theory to investigate green consumer behavior[J]. Business Strategy and the Environment, 2015, 24(5): 326-343.

[51] Johnstone M L, Hooper S. Social influence and green consumption behaviour: a need for greater

government involvement[J]. Journal of Marketing Management, 2016, 32(9/10): 827-855.

[52] Shiel C, do Paço A, Alves H. Generativity, sustainable development and green consumer behaviour[J]. Journal of Cleaner Production, 2020, 245: 118865.

[53] 白光林, 万晨阳. 城市居民绿色消费现状及影响因素调查[J]. 消费经济, 2012, (2): 92-94, 57.

[54] 曾寅初, 夏薇, 黄波. 消费者对绿色食品的购买与认知水平及其影响因素: 基于北京市消费者调查的分析[J]. 消费经济, 2007, 23(1): 38-42.

[55] 陈慧敏. 城市居民低碳消费行为及其影响因素研究[D]. 无锡: 江南大学, 2013.

[56] 王琰. 我国居民绿色消费影响因素的多层次分析: 基于 CGSS2010 的实证研究[J]. 南京工业大学学报（社会科学版）, 2015, (2): 79-89.

[57] Elliott R. The taste for green: the possibilities and dynamics of status differentiation through "green" consumption[J]. Poetics, 2013, 41(3): 294-322.

[58] 何志毅, 杨少琼. 对绿色消费者生活方式特征的研究[J]. 南开管理评论, 2004, 7(3): 4-10.

[59] Han H, Hsu L T J, Lee J S, et al. Are lodging customers ready to go green? An examination of attitudes, demographics, and eco-friendly intentions[J]. International Journal of Hospitality Management, 2011, 30(2): 345-355.

[60] Clark C F, Kotchen M J, Moore M R. Internal and external influences on pro-environmental behavior: participation in a green electricity program[J]. Journal of Environmental Psychology, 2003, 23(3): 237-246.

[61] 黎建新. 绿色购买的影响因素分析及启示[J]. 长沙理工大学学报（社会科学版）, 2006, 21(4): 70-74.

[62] 王丹丹. 消费者绿色购买行为影响机理实证研究[J]. 统计与决策, 2013, 29(9): 116-118.

[63] Gilg A, Barr S, Ford N. Green consumption or sustainable lifestyles? Identifying the sustainable consumer[J]. Futures, 2005, 37(6): 481-504.

[64] Israel D, Levinson A. Willingness to pay for environmental quality: testable empirical implications of the growth and environment literature[J]. Contributions in Economic Analysis & Policy, 2004, 3(1): 1-29.

[65] Xiao C Y, Hong D Y. Gender differences in environmental behaviors in China[J]. Population and Environment, 2010, 32(1): 88-104.

[66] 王建明, 贺爱忠. 消费者低碳消费行为的心理归因和政策干预路径: 一个基于扎根理论的探索性研究[J]. 南开管理评论, 2011, 14(4): 80-89, 99.

[67] 李东进, 吴波, 武瑞娟. 中国消费者购买意向模型: 对 Fishbein 合理行为模型的修正[J]. 管理世界, 2009, (1): 121-129, 161.

[68] Hunter L M, Hatch A, Johnson A. Cross-national gender variation in environmental behaviors[J]. Social Science Quarterly, 2010, 85(3): 677-694.

[69] Straughan R D, Roberts J A. Environmental segmentation alternatives: a look at green consumer behavior in the new millennium[J]. Journal of Consumer Marketing, 1999, 16(6): 558-575.

[70] Tanner C, Kaiser F G, Kast S W. Contextual conditions of ecological consumerism: a food-purchasing survey[J]. Environment and Behavior, 2004, 36(1): 94-111.

[71] 芈凌云. 城市居民低碳化能源消费行为及政策引导研究[D]. 徐州: 中国矿业大学, 2011.

[72] 谭婧. 城镇居民的生活方式与绿色购买行为的关系研究: 以大石桥市为例[D]. 长春: 吉林大学, 2008.

[73] 王建明. 消费碳减排政策影响实验研究[M]. 北京: 科学出版社, 2016.

[74] Verplanken B, Holland R W. Motivated decision making: effects of activation and self-centrality of values on choices and behavior[J]. Journal of Marketing Research, 2002, 82(3): 434-447.

[75] Ajzen I, Fishbein M. Attitudes and the attitude-behavior relation: reasoned and automatic processes[J]. European Review of Social Psychology, 2000, 11(1): 1-33.

[76] Chen H, Long R Y, Niu W J, et al. How does individual low-carbon consumption behavior occur?: an analysis based on attitude process[J]. Applied Energy, 2014, 116: 376-386.

[77] Peloza J, White K, Shang J. Good and guilt-free: the role of self-accountability in influencing preferences for products with ethical attributes[J]. Journal of Marketing, 2013, 77(1): 104-119.

[78] Wei J, Chen H, Cui X T, et al. Carbon capability of urban residents and its structure: evidence from a survey of Jiangsu province in China[J]. Applied Energy, 2016, 173: 635-649.

[79] 张露, 帅传敏, 刘洋. 消费者绿色消费行为的心理归因及干预策略分析: 基于计划行为理论与情境实验数据的实证研究[J]. 中国地质大学学报（社会科学版）, 2013, 13(5): 49-55.

[80] 李丽, 韩静, 石红丽. 低碳经济时代大学生绿色消费意识及行为研究[J]. 科教导刊, 2018, (6): 190-192.

[81] 孙岩. 居民环境行为及其影响因素研究[D]. 大连: 大连理工大学, 2006.

[82] 吴波, 李东进, 谢宗晓. 消费者绿色产品偏好的影响因素研究[J]. 软科学, 2014, (12): 89-94.

[83] Suki N M. Green products usage: structural relationships on customer satisfaction and loyalty[J]. International Journal of Sustainable Development & World Ecology, 2016, 24(1): 88-95.

[84] Aytekin M, Büyükahraz G. The Impact of between the environmental interest, concern and sensitivity level and on purchasing behaviour of environmentally friendly product[J]. International Journal of Business and Economic Development, 2013, 1(4): 37-45.

[85] Tanner C, Kast S W. Promoting sustainable consumption: determinants of green purchases by swiss consumers[J]. Psychology & Marketing, 2003, 20(10):883-902.

[86] Park C W, Mothersbaugh D L, Feick L. Consumer knowledge assessment[J]. Journal of Consumer Research, 1994, 21(1): 71-82.

[87] Barr S. Strategies for sustainability: citizens and responsible environmental behavior[J]. Area, 2003, 35(3): 227-240.

[88] Liu J H, Sibley C G. Attitudes and behavior in social space: public good interventions based on shared representations and environmental influences[J]. Journal of Environmental Psychology, 2004, 24(3): 373-384.

[89] Hossain I, Nekmahmud M, Fekete M. How do environmental knowledge, eco-label knowledge, and green trust impact consumers' pro-environmental behaviour for energy-efficient household appliances?[J]. Sustainability, 2022, 14(11): 6513.

[90] Homer P M, Kahle L R. A structural equation test of the value-attitude-behavior hierarchy[J]. Journal of Personality and Social Psychology, 1988, 54(4): 638-646.

[91] Lee K. Opportunities for green marketing: young consumers[J]. Marketing Intelligence & Planning, 2008, 26(6): 573-586.

[92] Axelrod L J, Lehman D R. Responding to environmental concerns: what factors guide individual action?[J]. Journal of Environmental Psychology, 1993, 13: 149-159.

[93] Smith S M, Haugtvedt C P, Petty R E. Attitudes and recycling: does the measurement of affect enhance behavioral prediction?[J]. Psychology & Marketing, 1994, 11(4): 359-374.

[94] Berger I E, Corbin R M. Perceived consumer effectiveness and faith in others as moderators of environmentally responsible behaviors[J]. Journal of Public Policy & Marketing, 1992, 11(2): 79-89.

[95] Hines J M, Hungerford H R, Tomera A N. Analysis and synthesis of research on responsible environmental behavior: a meta-analysis[J]. The Journal of Environmental Education, 1987, 18(2): 1-8.

[96] Schwepker C H, Jr, Cornwell T B. An examination of ecologically concerned consumers and their intention to purchase ecologically packaged products[J]. Journal of Public Policy & Marketing, 1991, 10(2): 77-101.

[97] Julie R I, Rebecca W N. Ethical decisions and response mode compatibility: weighting of ethical attributes in consideration sets formed by excluding versus including product alternatives[J]. Journal of Marketing Research, 2009, 4: 234-246.

[98] Batson C D, Thompson E R, Seuferling G, et al. Moral hypocrisy: appearing moral to oneself without being so[J]. Journal of Personality and Social Psychology, 1999, 77(3): 525-537.

[99] 韩娜, 李健, 刘建梅. 企业社会责任感知情境下消费者道德伪善的形成机理研究[J]. 浙江工商大学学报, 2015, 130(1): 92-104.

[100] Stern P C. Toward a coherent theory of environmentally significant behavior[J]. Journal of Social Issues, 2000, 56 (3): 407-424.

[101] Moraes C, Carrigan M, Szmigin I. The coherence of inconsistencies: attitude–behaviour gaps and new consumption communities[J]. Journal of Marketing Management, 2012, 28(1/2): 103-128.

[102] Stone G, Barnes J H, Montgomery C. Ecoscale: a scale for the measurement of environmentally responsible consumers[J]. Psychology & Marketing, 1995, 12(7): 595-612.

[103] Miniero G, Codini A, Bonera M, et al. Being green: from attitude to actual consumption[J]. International Journal of Consumer Studies, 2014, 38(5): 521-528.

[104] 盛光华, 葛万达. 社会互动视角下驱动消费者绿色购买的社会机制研究[J]. 华中农业大学学

报（社会科学版）, 2019, (2): 81-90, 167.

[105] Ellen P S, Wiener J L, Cobb-Walgren C. The role of perceived consumer effectiveness in motivating environmentally conscious behaviors[J]. Journal of Public Policy & Marketing, 1991, 10(2): 102-117.

[106] Cornelissen G, Pandelaere M, Warlop L, et al. Positive cueing: promoting sustainable consumer behavior by cueing common environmental behaviors as environmental[J]. International Journal of Research in Marketing, 2008, 25(1): 46-55.

[107] Kang J, Liu C L, Kim S H. Environmentally sustainable textile and apparel consumption: the role of consumer knowledge, perceived consumer effectiveness and perceived personal relevance[J]. International Journal of Consumer Studies, 2013, 37(4): 442-452.

[108] van der Werff E, Steg L, Keizer K. I am what i am, by looking past the present: the influence of biospheric values and past behavior on environmental self-identity[J]. Environment and Behavior, 2014, 46(5): 626-657.

[109] 盛光华, 庞英, 张志远. 生态红线约束下环境关心对绿色消费意图的传导机制研究[J]. 软科学, 2016, 30(4): 85-88, 92.

[110] 吴波. 绿色消费研究评述[J]. 经济管理, 2014, 36(11): 178-189.

[111] 余真真, 田浩. 亲环境行为研究的新路径: 情理合一[J]. 心理研究, 2017, 10(3): 41-47.

[112] 王建明, 吴龙昌. 积极情感、消极情感对绿色购买行为的影响:以节能环保家电的购买为例[J]. 消费经济, 2015, 31(2): 42-47, 34.

[113] 王建明, 吴龙昌. 亲环境行为研究中情感的类别、维度及其作用机理[J]. 心理科学进展, 2015, 23(12): 2153-2166.

[114] Geng J C, Long R Y, Chen H. Impact of information intervention on travel mode choice of urban residents with different goal frames: a controlled trial in Xuzhou, China[J]. Transportation Research Part A: Policy and Practice, 2016, 91: 134-147.

[115] Wu S I, Chen J Y. A model of green consumption behavior constructed by the theory of planned behavior[J]. International Journal of Marketing Studies, 2014, 6(5): 119.

[116] Allcott H. Social norms and energy conservation[J]. Journal of Public Economics, 2011, 95(9/10): 1082-1095.

[117] 张丹丹. 社会规范对消费者绿色产品购买行为的影响[D]. 杭州: 浙江工商大学, 2021.

[118] 潘俐. 浅析影响绿色消费的因素[J]. 科学咨询（决策管理）, 2009, (10): 19.

[119] Li W B, Long R Y, Chen H, et al. Effects of personal carbon trading on the decision to adopt battery electric vehicles: analysis based on a choice experiment in Jiangsu, China[J]. Applied Energy, 2018, 209: 478-488.

[120] Videras J, Owen A L, Conover E, et al. The influence of social relationships on pro-environment behaviors[J]. Journal of Environmental Economics and Management, 2012, 63(1): 35-50.

[121] Schiffman L G, Sherman E, Long M M. Toward a better understanding of the interplay of personal

values and the Internet[J]. Psychology & Marketing, 2003, 20(2): 169-186.

[122] Zhao H H, Gao Q, Wu Y P, et al. What affects green consumer behavior in China? A case study from Qingdao[J]. Journal of Cleaner Production, 2014, 63: 143-151.

[123] Boote A S. Market segmentation by personal values and salient product attributes[J]. Journal of Advertising Research, 1981, 21 (1): 29-35.

[124] Goldstein N J, Cialdini R B, Griskevicius V. A room with a viewpoint: using social norms to motivate environmental conservation in hotels[J]. Journal of Consumer Research, 2008, 35(3): 472-482.

[125] 符国群. 消费者行为学[M]. 4 版. 北京: 高等教育出版社, 2021.

[126] Griskevicius V, Tybur J M, Bram V D B. Going green to be seen: status, reputation, and conspicuous conservation[J]. Journal of Personality & Social Psychology, 2010, 98(3): 392-404.

[127] van der Wal A J, van Horen F, Grinstein A. The paradox of "green to be seen": green high-status shoppers excessively use (branded) shopping bags[J]. International Journal of Research in Marketing, 2016, 33(1): 216-219.

[128] 吴波, 李东进, 秦勇. 个体权力状态对利他诉求产品偏好影响研究[J]. 营销科学学报, 2013, 9(4): 75-89.

[129] Pinto D C, Herter M M, Rossi P, et al. Going green for self or for others? Gender and identity salience effects on sustainable consumption[J]. International Journal of Consumer Studies, 2014, 38(5): 540-549.

[130] Brough A R, Wilkie J E B, MA J, et al. Is eco-friendly unmanly? The green-feminine stereotype and its effect on sustainable consumption[J]. Journal of Consumer Research, 2016, 43(4): 567-582.

[131] 王耀辉. 广告诉求与产品展示方式对绿色产品购买意愿的影响研究[D]. 重庆: 重庆工商大学, 2022.

[132] Wang X Y, Ming M M, Zhang Y Q. Are "people" or "animals" more attractive? Anthropomorphic images in green-product advertising[J]. Journal of Cleaner Production, 2020, 276: 122719.

[133] Yang X S, Weber A, Grimm A K. The effects of green consumer empowerment in advertising on corporate evaluations and purchase intention: the case of organic food[J]. Review of Managerial Science, 2021, 16: 1877-1909.

[134] Chao Y L. An eco-label can matter more than buying green: an experiment on consumers' recycling behaviour after tasting eco-labeled coffee[J]. International Journal of Sustainable Development and Planning, 2022, 17(4): 1355-1365.

[135] Turri A S. Consumer perceptions of carbon labeling in print advertising: hype or effective communication strategy?[J]. Journal of Marketing Communications, 2015, 21(4): 300-315.

[136] Wang X Y, Du Y Y, Liu Y, et al. Telling you more fluently: effect of the joint presentation of eco-label information on consumers' purchase intention[J]. International Journal of Environmental Research and Public Health, 2022, 19(20): 13713.

[137] Luchs M G, Naylor R W, Irwin J R, et al. The sustainability liability: potential negative effects of ethicality on product preference[J]. Journal of Marketing, 2010, 74(5): 18-31.

[138] Borin N, Cerf D C, Krishnan R. Consumer effects of environmental impact in product labeling[J]. Journal of Consumer Marketing, 2011, 28(1): 76-86.

[139] Sheth J N, Sethia N K, Srinivas S. Mindful consumption: a customer-centric approach to sustainability[J]. Journal of the Academy of Marketing Science, 2011, 39(1): 21-39.

[140] Gershoff A D, Frels J K. What makes it green? The role of centrality of green attributes in evaluations of the greenness of products[J]. Journal of Marketing, 2015, 79(1): 97-109.

[141] Schuitema Geertje S, de Groot J I M. Green consumerism: the influence of product attributes and values on purchasing intentions[J]. Journal of Consumer Behaviour, 2015, 14(1): 57-69.

[142] Guo F, Lv W, Liu L, et al. Bibliometric analysis of simulated driving research from 1997 to 2016[J]. Traffic Injury Prevention, 2019, 20(1): 64-71.

[143] Chen C M. Searching for intellectual turning points: progressive knowledge domain visualization[J]. Proceedings of the National Academy of Sciences, 2004, 101(1): 5303-5310.

[144] Tranfield D, Denyer D, Smart P. Towards a methodology for developing evidence-informed management knowledge by means of systematic review[J]. British Journal of Management, 2003, 14(3): 207-222.

[145] Nguyen H V, Nguyen C H, Hoang T T B. Green consumption: closing the intention-behavior gap[J]. Sustainable Development, 2019, 27(1): 118-129.

[146] Walter J, Chang Y M. Green certification, heterogeneous producers, and green consumers: a welfare analysis of environmental regulations[J]. Journal of Regulatory Economics, 2017, 52(3): 333-361.

[147] Cui Y, Mou J, Liu Y P. Knowledge mapping of social commerce research: a visual analysis using CiteSpace[J]. Electronic Commerce Research, 2018, 18(4): 837-868.

[148] Chen C M. CiteSpace II: detecting and visualizing emerging trends and transient patterns in scientific literature[J]. Journal of the American Society for information Science and Technology, 2006, 57(3): 359-377.

[149] Niu B B, Loaiciga H A, Wang Z, et al. Twenty years of global groundwater research: a science citation index expanded-based bibliometric survey (1993–2012)[J]. Journal of Hydrology, 2014, 519: 966-975.

[150] Enjun X, Sujuan W, Junpeng W. An analysis of the research status and development trend of crowdfunding based on the theory of scientific knowledge map[J]. Science Research Management, 2017, 38(6): 1.

[151] Kleinberg J. Bursty and hierarchical structure in streams[J]. Data Mining and Knowledge Discovery, 2003, 7(4): 373-397.

[152] Lin Z, Wu C Z, Hong W. Visualization analysis of ecological assets/values research by knowledge mapping[J]. Acta Ecologica Sinica, 2015, 35(5): 142-154.

[153] Li B, Dewan H. Efficiency differences among China's resource-based cities and their determinants [J]. Resources Policy, 2017, 51: 31-38.

[154] Hertwich E G, Peters G P. Carbon footprint of nations: a global, trade-linked analysis[J]. Environmental Science & Technology, 2009, 43(16): 6414-6420.

[155] Ornetzeder M, Hertwich E G, Hubacek K, et al. The environmental effect of car-free housing: a case in Vienna[J]. Ecological Economics, 2008, 65(3): 516-530.

[156] Vermeir I, Verbeke W. Sustainable food consumption: exploring the consumer "Attitude - Behavioral Intention" gap[J]. Journal of Agricultural and Environmental Ethics, 2006, 19(2): 169-194.

[157] Vermeir I, Verbeke W. Sustainable food consumption among young adults in Belgium: theory of planned behaviour and the role of confidence and values[J]. Ecological Economics, 2008, 64(3): 542-553.

[158] Afsar B, Umrani W A. Corporate social responsibility and pro-environmental behavior at workplace: the role of moral reflectiveness, coworker advocacy, and environmental commitment[J]. Corporate Social Responsibility and Environmental Management, 2020, 27(1): 109-125.

[159] Yurie A, Dahmen M, Paillé P, et al. Pro-environmental behaviors through the lens of the theory of planned behavior: a scoping review[J]. Resources, Conservation and Recycling, 2020, 155: 104660.

[160] Peng W, Xin B G, Xie L. Optimal strategies for product price, customer environmental volunteering, and corporate environmental responsibility[J]. Journal of Cleaner Production, 2022, 364: 132635.

[161] Nath P, Siepong A. Green marketing capability: a configuration approach towards sustainable development[J]. Journal of Cleaner Production, 2022, 354: 131727.

[162] Wang S Y, Wang J P, Yang S, et al. From intention to behavior: comprehending residents' waste sorting intention and behavior formation process[J]. Waste Management, 2020, 113: 41-50.

[163] Govindan K, Zhuang Y, Chen G. Analysis of factors influencing residents' waste sorting behavior: a case study of Shanghai[J]. Journal of Cleaner Production, 2022, 349: 131126.

[164] Liu X, Wang Q C, Jian I Y, et al. Are you an energy saver at home? The personality insights of household energy conservation behaviors based on theory of planned behavior[J]. Resources, Conservation and Recycling, 2021, 174: 105823.

[165] Chen C. Design for the environment: a quality-based model for green product development[J]. Management Science, 2001, 47(2): 250-263.

[166] Chen Y S. The drivers of green brand equity: green brand image, green satisfaction, and green trust[J]. Journal of Business Ethics, 2010, 93(2): 307-319.

[167] Zhang W Y, Zhang W, Daim T U. The voluntary green behavior in green technology innovation: the dual effects of green human resource management system and leader green traits[J]. Journal of Business Research, 2023, 165: 114049.

[168] Robertson J L, Carleton E. Uncovering how and when environmental leadership affects employees' voluntary pro-environmental behavior[J]. Journal of Leadership & Organizational Studies, 2018, 25(2): 197-210.

[169] Al-Swidi A, Saleh R M. How green our future would be? An investigation of the determinants of green purchasing behavior of young citizens in a developing country[J]. Environment, Development and Sustainability, 2021, 23(9): 13436-13468.

[170] Shrum L J, McCarty J A, Lowrey T M. Buyer characteristics of the green consumer and their implications for advertising strategy[J]. Journal of Advertising, 1995, 24(2): 71-82.

[171] Hartmann P, Apaolaza Ibáñez V, Forcada Sainz F J. Green branding effects on attitude: functional versus emotional positioning strategies[J]. Marketing Intelligence & Planning, 2005, 23(1): 9-29.

[172] Peattie K, Crane A. Green marketing: legend, myth, farce or prophesy?[J]. Qualitative Market Research: An International Journal, 2005, 8(4): 357-370.

[173] Choi D, Johnson K K P. Influences of environmental and hedonic motivations on intention to purchase green products: an extension of the theory of planned behavior[J]. Sustainable Production and Consumption, 2019, 18: 145-155.

[174] Chen S C, Hung C W. Elucidating the factors influencing the acceptance of green products: an extension of theory of planned behavior[J]. Technological Forecasting and Social Change, 2016, 112: 155-163.

[175] Paul J, Modi A, Patel J. Predicting green product consumption using theory of planned behavior and reasoned action[J]. Journal of Retailing and Consumer Services, 2016, 29: 123-134.

[176] Han H. Travelers' pro-environmental behavior in a green lodging context: converging value-belief-norm theory and the theory of planned behavior[J]. Tourism Management, 2015, 47: 164-177.

[177] Shi D, Wang L, Wang Z X. What affects individual energy conservation behavior: personal habits, external conditions or values? An empirical study based on a survey of college students[J]. Energy Policy, 2019, 128: 150-161.

[178] Gao L, Wang S Y, Li J, et al. Application of the extended theory of planned behavior to understand individual's energy saving behavior in workplaces[J]. Resources, Conservation and Recycling, 2017, 127: 107-113.

[179] Verma V K, Chandra B. An application of theory of planned behavior to predict young Indian consumers' green hotel visit intention[J]. Journal of Cleaner Production, 2018, 172: 1152-1162.

[180] Simeone M, Scarpato D. Sustainable consumption: how does social media affect food choices?[J]. Journal of Cleaner Production, 2020, 277: 124036.

[181] Li Z H, Huang Z M, Su Y Y. New media environment, environmental regulation and corporate green technology innovation: evidence from China[J]. Energy Economics, 2023, 119: 106545.

[182] Nekmahmud M, Naz F, Ramkissoon H, et al. Transforming consumers' intention to purchase green products: role of social media[J]. Technological Forecasting and Social Change, 2022, 185: 122067.

[183] Huang H, Long R Y, Chen H, et al. Exploring public attention about green consumption on Sina weibo: using text mining and deep learning[J]. Sustainable Production and Consumption, 2022, 30: 674-685.

[184] Huang H, Long R Y, Chen H, et al. Do stakeholders have the same concerns about anti-food waste law in China? Using big data from social media[J]. Environmental Impact Assessment Review, 2023, 100: 107071.

[185] Huang H, Long R Y, Chen H, et al. Examining public attitudes and perceptions of waste sorting in China through an urban heterogeneity lens: a social media analysis[J]. Resources, Conservation and Recycling, 2023, 199: 107233.

[186] Sun Y, Wang D Y, Li X S, et al. Public attitudes toward the whole life cycle management of plastics: a text-mining study in China[J]. Science of the Total Environment, 2023, 859: 159981.

[187] 柳彦君. 浅析我国绿色消费存在的问题及发展绿色消费的对策[J]. 商业研究, 2005, (2): 161-163.

[188] 徐学敏. 绿色营销与可持续发展问题探讨[J]. 武汉大学学报（哲学社会科学版）, 1998, (6): 52-59.

[189] 黄继承, 朱光顺. 绿色发展的中国模式: 政府采购与企业绿色创新[J]. 世界经济, 2023, 46(11): 54-78.

[190] 刘长生, 杨梅. 低碳旅游消费行为评价模型构建及其实证分析[J]. 消费经济, 2018, 34(1): 36-43.

[191] 薛秋童, 封思贤. 数字普惠金融、居民消费与经济高质量发展[J]. 现代经济探讨, 2022,(7): 26-40.

[192] 韩韶君. 假定媒体影响下的居民生态环境行为采纳研究: 基于上海市民垃圾分类的实证分析[J]. 中国地质大学学报（社会科学版）, 2020, 20(2): 114-123.

[193] 贾亚娟, 张新奇. 环境认知、感知利益对消费者参与快递包装分类回收意愿与行为悖离的影响[J]. 资源科学, 2022, 44(10): 2060-2073.

[194] 李倩文, 龙如银, 陈红. 普遍信任视角下城市居民绿色住宅支付意愿的影响因素: 中国部分一线城市的证据[J]. 系统工程理论与实践, 2021, 41(1): 58-76.

[195] 韩慧, 冯小俊. “双碳”目标下星级饭店低碳运营绩效评价及驱动因素研究[J]. 经济问题, 2023, (1): 87-95.

[196] 郭清卉, 李昊, 李世平. 农户亲环境行为心理驱动因素分析[J]. 干旱区资源与环境, 2022, 36(6): 56-64.

[197] 郭清卉, 李昊, 李世平, 等. 个人规范对农户亲环境行为的影响分析: 基于拓展的规范激活理论框架[J]. 长江流域资源与环境, 2019, 28(5): 1176-1184.

[198] 白晓丽, 七十三. 群体中的亲环境行为: 社会认同过程视角[J]. 心理科学, 2022, 45(2): 439-445.

[199] 严立冬. 生态紧迫性与绿色食品营销策略[J]. 中南财经政法大学学报, 2003, (5): 81-86.

[200] 罗峦, 李崇光. 绿色食品品牌营销的关键: 凸显品牌核心价值[J]. 生态经济, 2006, (5): 170-173.

[201] 张小林, 孙玮. “绿色营销”战略与我国西部体育旅游产业开发[J]. 北京体育大学学报, 2005, (12): 1595-1597.

[202] 朱国兴, 王金莲, 洪海平, 等. 山岳型景区低碳旅游评价指标体系的构建: 以黄山风景区为例[J]. 地理研究, 2013, 32(12): 2357-2365.

[203] 吴学成, 李江风, 蒋琴, 等. 中等低碳旅游景区的指标测算与发展策略[J]. 统计与决策, 2014, (8): 60-62.

[204] 彭升, 王云华. 以生态循环农业助推绿色发展: 以湖南为例[J]. 湖南大学学报（社会科学版）, 2019, 33(3): 1-7.

[205] 蒋惠琴, 张丽丽. 基于个体行为改变的低碳社区建设研究[J]. 科技管理研究, 2013, 33(5): 202-205.

[206] 刘晔, 单明威, 董战峰. 实施电商行业绿色供应链管理助推绿色消费升级[J]. 环境保护, 2019, 47(12): 36-40.

[207] 张建平, 刘桓, 韩珠萍. 推动我国消费绿色转型的路径研究: 基于多重外部影响因素视角[J]. 中国环境管理, 2020, 12(1): 51-57.

[208] 盛光华, 高键. 生活方式绿色化的转化机理研究: 以绿色消费为视角[J]. 西安交通大学学报（社会科学版）, 2016, 36(4): 8-16.

[209] 徐丹丹. 碳中和与稳增长协同推进的机制设计与实现路径[J]. 北京工商大学学报（社会科学版）, 2023, 38(1): 77-87.

[210] 王建明, 赵婧. 数字时代信息嵌入式监管工具对线上绿色消费行为的推进效应: 绿色购买场景模拟和监管工具设计实验[J]. 管理世界, 2022, 38(4): 142-162.

[211] 贾亚娟, 范子珺. 环境规制对居民绿色低碳生活行为的影响: 基于面子观念的调节效应[J]. 资源科学, 2023, 45(3): 623-636.

[212] 贾亚娟, 范子珺, 张新奇. 环境价值观对居民绿色低碳生活方式选择意愿的影响: 基于环境态度的中介作用[J]. 干旱区资源与环境, 2023, 37(12): 1-9.

[213] Tan T M, Makkonen H, Kaur P, et al. How do ethical consumers utilize sharing economy platforms as part of their sustainable resale behavior? The role of consumers' green consumption values[J]. Technological Forecasting and Social Change, 2022, 176: 121432.

[214] 王章旺. 大力发展“绿色包装”促进我国出口贸易[J]. 北京工商大学学报（社会科学版）, 2007, (6): 95-98.

[215] 王云. 我国可再生能源发展的障碍分析及政策选择[J]. 经济问题, 2007, (6): 27-30.

[216] 蓝庆新. 基于循环经济的绿色物流系统发展研究[J]. 商业经济与管理, 2007, (7): 29-34.

[217] 郭清卉, 李世平, 南灵. 环境素养视角下的农户亲环境行为[J]. 资源科学, 2020, 42(5): 856-869.

[218] 王璐, 马庆庆, 杨劼, 等. 基于复杂网络演化博弈的绿色消费者对新能源汽车扩散的影响研究[J]. 中国管理科学, 2022, 30(4): 74-85.

[219] 付晓, 金瑜倩, 刘志远, 等. 低碳导向下基于出行者活动行为的碳积分定价和公交服务优化[J]. 系统工程理论与实践, 2023, 43(6): 1782-1797.

[220] Fishbein M, Ajzen I. Belief, attitude, intention, and behavior: an introduction to theory and research[J]. Philosophy and Rhetoric, 1977, 6: 244.

[221] Schneider T R, Salovey P, Apanovitch A M, et al. The effects of message framing and ethnic targeting on mammography use among low-income women[J]. Health Psychology, 2001, 20(4): 256-266.

[222] 韩睿, 田志龙. 联合利华的全球化与本土化[J]. 经济管理, 2003, (5): 54-56.

[223] 李洪修, 丁玉萍. 教师课程决策的问题表征、内在机理与实现路径[J]. 南京社会科学, 2022, (3): 146-153.

[224] 张晶飞, 秦耀辰, 张丽君, 等. 建成环境对居民绿色消费意愿的影响: 来自郑州的实证研究[J]. 地理研究, 2021, 40(10): 2914-2929.

[225] Abdelkader O A. Impact of perception on "willingness and behavior" of individuals toward switching to sustainable energy practices in buildings[J]. Energy Reports, 2020, 6: 2119-2125.

[226] Mullet G M, Karson M J. Analysis of purchase intent scales weighted by probability of actual purchase[J]. Journal of Marketing Research, 1985, 22(1): 93-96.

[227] Dodds W B, Monroe K B, Grewal D. Effects of price, brand, and store information on buyers' product evaluations[J]. Journal of Marketing Research, 1991, 28(3): 307-319.

[228] Ajzen I. The theory of planned behavior[J]. Organizational Behavior and Human Decision Processes, 1991, 50(2): 179-211.

[229] Diamantopoulos A, Schlegelmilch B, Sinkovics R, et al. Can socio-demographics still play a role in profiling green consumers? A review of the evidence and an empirical investigation[J]. Journal of Business Research, 2003, 56(6): 465-480.

[230] 张姗姗. 居民绿色出行的影响因素研究[J]. 现代商贸工业, 2022, 43(8): 34-35.

[231] 王正新, 寿铭焕. 消费者环境知识对绿色消费意向的影响机制研究: 基于感知有用性的中介效应分析[J]. 浙江学刊, 2022, (1): 123-132.

[232] 李萌. 中央生态环境保护督察的社会影响研究[J]. 中国软科学, 2021, 6: 74-83.

[233] 贺艳红. 绿色消费的心理与行为探析[J]. 企业导报, 2010, (6): 254.

[234] 郭斌, 甄静, 谭敏. 城市居民绿色农产品消费行为及其影响因素分析[J]. 华中农业大学学报（社会科学版）, 2014, (3): 82-90.

[235] 程红, 杨荣芝. 我国绿色消费的特点和构成: 首都市场绿色消费调查的启示[J]. 消费经济, 2001, (4): 8-10.

[236] Guo G. How green products are accepted by different consumer group in China [J]. USA-China Business Review, 2001, 12: 651-676.

[237] Granzin K L, Olsen J E. Characterizing participants in activities protecting the environment: a focus on donating, recycling, and conservation behaviors[J]. Journal of Public Policy & Marketing, 1991, 10(2): 1-27.

[238] 张莉, 徐元春. 绿色消费的模型建立及相关探讨[J]. 社会主义研究, 2001, (5): 67-69.

[239] Varshneya G, Pandey S K, Das G. Impact of social influence and green consumption values on purchase intention of organic clothing: a study on collectivist developing economy[J]. Global Business Review, 2017, 18(2): 478-492.
[240] Chan R Y K, Lau L B Y. Explaining green purchasing behavior: a cross-cultural study on American and Chinese consumers[J]. Journal of International Consumer Marketing, 2002, 14(2/3): 9-40.
[241] de Groot J I M, Steg L. Relationships between value orientations, self-determined motivational types and pro-environmental behavioural intentions[J]. Journal of Environmental Psychology, 2010, 30(4): 368-378.
[242] 祖明, 宫群, 杨武. 消费者环境价值导向与新能源汽车购买意愿关系研究[J]. 企业经济, 2019, 6: 21-27.
[243] 劳可夫, 王露露. 中国传统文化价值观对环保行为的影响: 基于消费者绿色产品购买行为[J]. 上海财经大学学报, 2015, 17(2): 64-75.
[244] 张连刚. 基于多群组结构方程模型视角的绿色购买行为影响因素分析: 来自东部、中部、西部的数据[J]. 中国农村经济, 2010, (2): 44-56.
[245] 姬军荣. 消费价值观、环境态度与绿色消费意向[J]. 商业经济研究, 2019, (19): 56-59.
[246] 陈转青, 高维和, 谢佩洪. 绿色生活方式、绿色产品态度和购买意向关系: 基于两类绿色产品市场细分实证研究[J]. 经济管理, 2014, 36(11): 166-177.
[247] 罗丞. 消费者对安全食品支付意愿的影响因素分析: 基于计划行为理论框架[J]. 中国农村观察, 2010, (6): 22-34.
[248] 洪大用, 范叶超, 邓霞秋, 等. 中国公众环境关心的年龄差异分析[J]. 青年研究, 2015, (1): 1-10, 94.
[249] Chen Y S, Chang C H. Enhance green purchase intentions: the roles of green perceived value, green perceived risk, and green trust[J]. Management Decision, 2012, 50(3): 502-520.
[250] 才源源, 杜俏颖, 赵婧彤. 感恩对绿色消费意愿的影响机制研究: 基于环保自我担当的中介和印象管理的调节[J]. 消费经济, 2018, 34(2): 79-87.
[251] Doran R, Larsen S. The relative importance of social and personal norms in explaining intentions to choose eco-friendly travel options[J]. International Journal of Tourism Research, 2016, 18(2): 159-166.
[252] White K, Simpson B. When do (and don't) normative appeals influence sustainable consumer behaviors?[J]. Journal of Marketing, 2013, 77(2): 78-95.
[253] Iyer E S, Kashyap R K. Consumer recycling: role of incentives, information, and social class[J]. Journal of Consumer Behaviour: An International Research Review, 2007, 6(1): 32-47.
[254] 王学评. 关于绿色消费行为的思考[J]. 生态经济, 2002, (1): 59-60.
[255] 高维蔚. 促进绿色发展的财政支出政策研究[D]. 北京: 中国财政科学研究院, 2018.
[256] 曾薇, 秦书生. 论绿色消费的环境支撑体系构建[J]. 科技管理研究, 2013, 33(16): 233-236.
[257] 余建斌. 消费者对不同认证农产品的支付意愿及其影响因素实证分析: 基于广州市消费者的

调查[J]. 消费经济, 2012, 28(6): 90-94.

[258] Padel S, Foster C. Exploring the gap between attitudes and behaviour: understanding why consumers buy or do not buy organic food[J]. British Food Journal, 2005, 107: 606-625.

[259] Sckokai P, Veneziani M, Moro D, et al. Consumer willingness to pay for food safety: the case of mycotoxins in milk[J]. Bio-based and Applied Journal, 2014, 3(1): 63-81.

[260] 崔晓冬, 刘清芝, 周才华, 等. 中国绿色消费的政策和实践研究[J]. 中国环境管理, 2020, 12(1): 58-65.

[261] 李志兰, 马小娜, 马勇. 主观规范和公共媒体影响对绿色消费意向的影响机制: 一个被调节的中介模型[J]. 软科学, 2019, 33(11): 113-119.

[262] 张红明, 张文惠. 绿色消费行为研究: 回顾与展望[J]. 战略决策研究, 2011, 2(6): 82-88.

[263] Liere K D V, Dunlap R E. The social bases of environmental concern: a review of hypotheses, explanations and empirical evidence[J]. Public Opinion Quarterly, 1980, 44(2): 181-197.

[264] 张利庠. 二元结构下的城乡消费差异分析及对策[J]. 中国软科学, 2007, (2): 11-16, 40.

[265] 范叶超, 洪大用. 差别暴露、差别职业和差别体验中国城乡居民环境关心差异的实证分析[J]. 社会, 2015, 35(3): 141-167.

[266] Sun Y H, Liu N N, Zhao M Z. Factors and mechanisms affecting green consumption in China: a multilevel analysis[J]. Journal of Cleaner Production, 2019, 209: 481-493.

[267] Han H, Hsu L T, Sheu C. Application of the theory of planned behavior to green hotel choice: testing the effect of environmental friendly activities[J]. Tourism Management, 2010, 31(3): 325-334.

[268] 赵晓迪, 付佳彦, 庞新生. 城市居民绿色消费行为及影响因素研究[J]. 林业资源管理, 2020, (1): 191-198.

[269] Kenan D, Michael H B. Consumer purchase intentions for electric vehicles: is green more important than price and range?[J]. Transportation Research Part D, 2017, 51: 250-260.

[270] Zhao J B, Zhong H. The licensing effect of luck: the influence of perceived luck on green consumption intention[J]. Current Psychology, 2023, 42: 12502-12516.

[271] 王建明, 王丛丛, 吴龙昌. 绿色情感诉求对绿色购买决策过程的影响机制[J]. 管理科学, 2017, 30(5): 38-56.

[272] Auger P, Devinney T M. Do what consumers say matter? The misalignment of preferences with unconstrained ethical intentions[J]. Journal of Business Ethics, 2007, 76(4): 361-383.

[273] Davies J, Foxall G R, Palliste R J. Beyond the intention-behavior mythology: an integrated model of recycling[J]. Marketing Theory, 2002, 2(1): 29-113.

[274] Goel S, Hofman J M, Lahaie S, et al. Predicting consumer behavior with Web search[J]. Proceedings of the National Academy of Sciences, 2010, 107(41): 17486-17490.

[275] 孙毅, 吕本富. 网络搜索与经济行为相关性研究综述[J]. 管理评论, 2011, 23(7): 72-77.

[276] Shim S, Eastlick M A, Lotz S L, et al. An online prepurchase intentions model: the role of intention to search[J]. Journal of Retailing, 2001, 77(3): 397-416.

[277] Vosen S, Schmidt T. Forecasting private consumption: survey-based indicators vs. Google trends[J]. Journal of Forecasting, 2011, 30(6): 565-578.

[278] 张崇, 吕本富, 彭赓, 等. 网络搜索数据与 CPI 的相关性研究[J]. 管理科学学报, 2012, 15(7): 50-59, 70.

[279] 刘博, 彭凯越, 唐晓彬. 基于互联网大数据背景下的 CPI 预测研究[J]. 经济统计学（季刊）, 2018, (1): 104-117.

[280] Ettredge M, Gerdes J, Karuga G. Using web-based search data to predict macroeconomic statistics[J]. Communications of The Acm, 2005, 48(11): 87-92.

[281] Choi H, Varian H. Predicting the present with Google Trends[J]. Economic Record, 2012, 88: 2-9.

[282] 袁庆玉, 彭赓, 刘颖, 等. 基于网络关键词搜索数据的汽车销量预测研究[J]. 管理学家（学术版）, 2011, (1): 12-24.

[283] 黄先开, 张丽峰, 丁于思. 百度指数与旅游景区游客量的关系及预测研究: 以北京故宫为例[J]. 旅游学刊, 2013, 28(11): 93-100.

[284] 陆利军, 廖小平. 基于 EMD-BP 神经网络的游客量预测研究[J]. 统计与决策, 2019, 35(4): 85-89.

[285] 马丽君, 孙根年, 黄芸玛, 等. 城市国内客流量与游客网络关注度时空相关分析[J]. 经济地理, 2011, 31(4): 680-685.

[286] 林志慧, 马耀峰, 刘宪锋, 等. 旅游景区网络关注度时空分布特征分析[J]. 资源科学, 2012, 34(12): 2427-2433.

[287] 孟天广, 赵娟. 大数据时代网络搜索行为与公共关注度: 基于 2011—2017 年百度指数的动态分析[J]. 学海, 2019, (3): 41-48.

[288] Pauwels K, Leeflang P S H, Teerling M L, et al. Does online information drive offline revenues? Only for specific products and consumer segments![J]. Journal of Retailing, 2011, 87(1): 1-17.

[289] Woodruff R B. Customer value: the next source for competitive advantage[J]. Journal of the Academy of Marketing Science, 1997, 25(2): 139-153.

[290] Zeithaml V A. Consumer perceptions of price, quality, and value: a means-end model and synthesis of evidence[J]. Journal of Marketing, 1988, 52(3): 2-22.

[291] Monroe K B. Pricing-Making Profitable Decisions[M]. New York: McGraw Hill, 1991: 25-27.

[292] Sheth J N, Newman B I, Gross B L. Why we buy what we buy: a theory of consumption values[J]. Journal of Business Research, 1991, 22(2): 159-170.

[293] Hur W M, Kim Y, Park K. Assessing the effects of perceived value and satisfaction on customer loyalty: a “Green” perspective[J]. Corporate Social Responsibility and Environmental Management, 2013, 20(3): 146-156.

[294] 杨晓燕, 周懿瑾. 绿色价值: 顾客感知价值的新维度[J]. 中国工业经济, 2006, (7): 110-116.

[295] de Medeiros J F, Ribeiro J L D, Cortimiglia M N. Influence of perceived value on purchasing decisions of green products in Brazil[J]. Journal of Cleaner Production, 2016, 110: 158-169.

[296] Voss G B, Parasuraman A, Grewal D. The roles of price, performance, and expectations in determining satisfaction in service exchanges[J]. Journal of Marketing, 1998, 62(4): 46-61.

[297] Thaler R. Toward a positive theory of consumer choice[J]. Journal of Economic Behavior & Organization, 1980, 1(1): 39-60.

[298] 张华新. 个体决策行为的经济和心理学分析: 2017年诺贝尔经济学奖获得者研究成果述评[J]. 上海经济研究, 2017, (12): 116-124.

[299] 李爱梅, 凌文辁. 心理账户的非替代性及其运算规则[J]. 心理科学, 2004, 27(4): 952-954.

[300] Prelec D, Loewenstein G. The red and the black: mental accounting of savings and debt[J]. Marketing Science, 1998, 17(1): 4-28.

[301] Soman D. The effect of payment transparency on consumption: quasi-experiments from the field[J]. Marketing Letters, 2003, 14(3): 173-183.

[302] Kamleitner B, Hölzl E. Cost-benefit associations and financial behavior[J]. Applied Psychology, 2009, 58(3): 435-452.

[303] Yeung K L. Exploring the origin of pain of payment in cash and its relevance to computer payment interface[D]. Ames: Iowa State University, 2014.

[304] Li Q, Long R, Chen H, et al. Chinese urban resident willingness to pay for green housing based on double-entry mental accounting theory[J]. Natural Hazards, 2019, 95(1): 129-153.

[305] 翟天昶, 胡冰川. 消费习惯形成理论研究述评[J]. 经济评论, 2017, (2): 138-149.

[306] Rick S I, Cryder C E, Loewenstein G. Tightwads and spendthrifts[J]. Journal of Consumer Research, 2008, 34(6): 767-782.

[307] 李爱梅, 郝玫, 李理等. 消费者决策分析的新视角: 双通道心理账户理论[J]. 心理科学进展, 2012, 20(11): 1709-1717.

[308] 刘威. 绿色食品顾客感知价值维度及其对顾客忠诚的影响研究[D]. 厦门: 厦门大学, 2009.

[309] Sweeney J C, Soutar G N. Consumer perceived value: the development of a multiple item scale[J]. Journal of Retailing, 2001, 77(2): 203-220.

[310] Preacher K J, Hayes A F. SPSS and SAS procedures for estimating indirect effects in simple mediation models[J]. Behavior Research Methods, Instruments, & Computers, 2004, 36(4): 717-731.

[311] Miao K, Yang Q, Wei X, et al. How perceived factors of review contents influence consumers' purchase decision[R]. 2017 IEEE International Conference on Computational Science and Engineering (CSE) and IEEE International Conference on Embedded and Ubiquitous Computing (EUC), 2017.

[312] Sun Y, Wang S Y, Gao L, et al. Unearthing the effects of personality traits on consumer's attitude and intention to buy green products[J]. Natural Hazards, 2018, 93(1): 299-314.

[313] 王大海, 段坤, 张驰, 等. 绿色产品重复购买意向研究: 基于广告诉求方式的调节效应[J]. 软科学, 2018, 32(2): 134-138.

[314] 张立军. 绿色产品标志, 包装环保属性对消费者绿色产品购买意愿影响研究[D]. 济南: 山东大学, 2018.

[315] Drozdenko R, Jensen M, Coelho D. Pricing of green products: premiums paid, consumer characteristics and incentives[J]. International Journal of Business, Marketing, and Decision Sciences, 2011, 4(1): 106-116.

[316] 宗计川, 吕源, 唐方方. 环境态度、支付意愿与产品环境溢价: 实验室研究证据[J]. 南开管理评论, 2014, 17(2): 153-160.

[317] Rao A R, Monroe K B. The moderating effect of prior knowledge on cue utilization in product evaluations[J]. Journal of Consumer Research, 1988, 15(2): 253-264.

[318] Whitehead M. Willingness to pay[J]. The Lancet, 2000, 356(9227): 437.

[319] Delgado M S, Harriger J L, Khanna N. The value of environmental status signaling[J]. Ecological Economics, 2015, 111: 1-11.

[320] Thaler R H, Sunstein C R. Nudge: Improving Decisions About Health, Wealth, and Happiness[M]. New York: Penguin, 2009.

[321] Bergh D D, Ketchen D J, Jr, Orlandi I, et al. Information asymmetry in management research: past accomplishments and future opportunities[J]. Journal of Management, 2019, 45(1): 122-158.

[322] Spence M. Signaling in retrospect and the informational structure of markets[J]. American Economic Review, 2002, 92(3): 434-459.

[323] Priest S H. Risk communication for nanobiotechnology: to whom, about what, and why?[J]. Journal of Law, Medicine & Ethics, 2009, 37(4): 759-769.

[324] Jean R J, Kim D, Zhou K Z, et al. E-platform use and exporting in the context of Alibaba: a signaling theory perspective[J]. Journal of International Business Studies, 2021, 52(8): 1501-1528.

[325] Spence M. Job market signaling[C]//Diamond P A, Rothschild M. Uncertainty in Economics: Readings and Exercises. New York: Academic Press, 1978: 281-306.

[326] Basuroy S, Desai K K, Talukdar D. An empirical investigation of signaling in the motion picture industry[J]. Journal of Marketing Research, 2006, 43(2): 287-295.

[327] Gupta A K. Innovation dimensions and firm performance synergy in the emerging market: a perspective from dynamic capability theory & signaling theory[J]. Technology in Society, 2021, 64: 101512.

[328] Yu S, Lee J. The effects of consumers' perceived values on intention to purchase upcycled products[J]. Sustainability, 2019, 11(4): 1034.

[329] Ogiemwonyi O, Harun A B, Alam M N, et al. Do we care about going green? Measuring the effect of green environmental awareness, green product value and environmental attitude on green culture. An insight from Nigeria[J]. Environmental and Climate Technologies, 2020, 24(1): 254-274.

[330] Lin P C, Huang Y H. The influence factors on choice behavior regarding green products based on

the theory of consumption values[J]. Journal of Cleaner production, 2012, 22(1): 11-18.

[331] Bei L T, Simpson E M. The determinants of consumers' purchase decisions for recycled products: an application of acquisition-transaction utility theory[J]. ACR North American Advances, 1995, 22: 257-261.

[332] Kilbourne W, Pickett G. How materialism affects environmental beliefs, concern, and environmentally responsible behavior[J]. Journal of Business Research, 2008, 61(9): 885-893.

[333] Wang P, Liu Q, Qi Y. Factors influencing sustainable consumption behaviors: a survey of the rural residents in China[J]. Journal of Cleaner Production, 2014, 63: 152-165.

[334] 王建明, 吴龙昌. 绿色购买的情感-行为双因素模型: 假设和检验[J]. 管理科学, 2015, 28(6): 80-94.

[335] Gonçalves H M, Lourenço T F, Silva G M. Green buying behavior and the theory of consumption values: a fuzzy-set approach[J]. Journal of Business Research, 2016, 69(4): 1484-1491.

[336] Saxena R, Khandelwal P K. Can green marketing be used as a tool for sustainable growth?: a study performed on consumers in India-an emerging economy[J]. The International Journal of Environmental, Cultural, Economic and Social Sustainability: Annual Review, 2010, 6(2): 277-292.

[337] Niemeyer S. Consumer voices: adoption of residential energy-efficient practices[J]. International Journal of Consumer Studies, 2010, 34(2): 140-145.

[338] Gadenne D, Sharma B, Kerr D, et al. The influence of consumers' environmental beliefs and attitudes on energy saving behaviours[J]. Energy Policy, 2011, 39(12): 7684-7694.

[339] Yadav R, Pathak G S. Determinants of consumers' green purchase behavior in a developing nation: applying and extending the theory of planned behavior[J]. Ecological Economics, 2017, 134: 114-122.

[340] Yun W, Hanson N. Weathering consumer pricing sensitivity: the importance of customer contact and personalized services in the financial services industry[J]. Journal of Retailing and Consumer Services, 2020, 55: 102085.

[341] Sana S S. Price competition between green and non-green products under corporate social responsible firm[J]. Journal of Retailing and Consumer Services, 2020, 55: 102118.

[342] 盛光华, 岳蓓蓓, 解芳. 环境共治视角下中国居民绿色消费行为的驱动机制研究[J]. 统计与信息论坛, 2019, 34(1): 109-116.

[343] 王大海, 姚唐, 姚飞. 买还是不买: 矛盾态度视角下的生态产品购买意向研究[J]. 南开管理评论, 2015, 18(2): 136-146.

[344] Cicia G, Del Giudice T, Scarpa R. Consumers' perception of quality in organic food: a random utility model under preference heterogeneity and choice correlation from rank-orderings[J]. British Food Journal, 2002, 104: 200-213.

[345] Park C W, Lessig V P. Students and housewives: differences in susceptibility to reference group influence[J]. Journal of Consumer Research, 1977, 4(2): 102-110.

[346] Bearden W O, Netemeyer R G, Teel J E. Measurement of consumer susceptibility to interpersonal influence[J]. Journal of Consumer Research, 1989, 15(4): 473-481.

[347] Audia P G, Rousseau H E, Brion S. CEO power and nonconforming reference group selection[J]. Organization Science, 2022, 33(2): 831-853.

[348] Childers T L, Rao A R. The influence of familial and peer-based reference groups on consumer decisions[J]. Journal of Consumer Research, 1992, 19(2): 198-211.

[349] 贾鹤, 王永贵, 刘佳媛, 等. 参照群体对消费决策影响研究述评[J]. 外国经济与管理, 2008, (6): 51-58.

[350] 张剑渝, 杜青龙. 参考群体、认知风格与消费者购买决策: 一个行为经济学视角的综述[J]. 经济学动态, 2009, (11): 83-86.

[351] Welsch H, Kühling J. Determinants of pro-environmental consumption: the role of reference groups and routine behavior[J]. Ecological Economics, 2009, 69(1): 166-176.

[352] Gupta S, Ogden D T. To buy or not to buy? A social dilemma perspective on green buying[J]. Journal of Consumer Marketing, 2009, 26: 376-391.

[353] Kim S Y, Yeo J, Sohn S H, et al. Toward a composite measure of green consumption: an exploratory study using a Korean sample[J]. Journal of Family and Economic Issues, 2012, 33(2): 199-214.

[354] Sobhanifard Y, Apourvari S M S H. Environmental sustainable development through modeling and ranking of influential factors of reference groups on consumer behavior of green products:the case of Iran[J]. Sustainable Development, 2022, 30(5): 1294-1312.

[355] Biswas A, Roy M. Leveraging factors for sustained green consumption behavior based on consumption value perceptions: testing the structural model[J]. Journal of Cleaner production, 2015, 95: 332-340.

[356] 葛万达, 盛光华, 龚思羽. 消费者绿色价值共创意愿的形成机制: 归因理论与互惠理论的视角[J]. 软科学, 2020, 34(1): 13-18.

[357] Sinha I, Batra R. The effect of consumer price consciousness on private label purchase[J]. International Journal of Research in Marketing, 1999, 16(3): 237-251.

[358] Lichtenstein D R, Ridgway N M, Netemeyer R G. Price perceptions and consumer shopping behavior: a field study[J]. Journal of Marketing Research, 1993, 30(2): 234-245.

[359] Puska P. Does organic food consumption signal prosociality?: an application of schwartz's value theory[J]. Journal of Food Products Marketing, 2018, 25(2): 207-231.

[360] 国合会, 任勇, 罗姆松, 等. 绿色消费在推动高质量发展中的作用[J]. 中国环境管理, 2020, 12(1): 24-30.

[361] 解芳, 盛光华, 龚思羽. 全民环境共治背景下参照群体对中国居民绿色购买行为的影响研究[J]. 中国人口 • 资源与环境, 2019, 29(8): 66-75.

[362] Ohtomo S, Hirose Y. The dual-process of reactive and intentional decision-making involved in eco-friendly behavior[J]. Journal of Environmental Psychology, 2007, 27(2): 117-125.

[363] 史普博 D F. 管制与市场[M]. 余晖, 何帆, 钱家骏, 译. 上海: 格致出版社, 2008.
[364] 淦晓磊, 张群. 基于“公共利益监管理论”两个假设修正提出的政府监管有效性理论: 一个文献综述[J]. 经济研究导刊, 2009, (4): 214-215.
[365] 王健. 中国政府规制理论与政策[M]. 北京: 经济科学出版社, 2008.
[366] 孙杨. 我国公立医院运行监管体系研究[D]. 武汉: 华中科技大学, 2011.
[367] 张红凤. 西方规制经济学的变迁[M]. 北京: 经济科学出版社, 2005.
[368] 曾丽娟. 校园足球推广背景下武汉市新合村小学校园足球发展现状及建议[D]. 武汉: 华中师范大学, 2016.
[369] 王旭. 对新形势下校园足球管理体制和推广现状研究[D]. 福州: 福建师范大学, 2016.
[370] 孔萌萌. 金融监管体系演进轨迹: 国际经验及启示[J]. 改革, 2011, (12): 59-66.
[371] 廖卫东, 何笑. 我国食品公共安全规制体系的政策取向[J]. 中国行政管理, 2011, 10: 20-24.
[372] 王志亮, 杨媛. 环境管制国际比较与借鉴[J]. 财会通讯, 2016, (7): 111-114, 4.
[373] 王俊豪. 中国现代能源监管体系与监管政策研究[M]. 北京: 中国社会科学出版社, 2018.
[374] 阳茜. 个人绿色消费法律问题研究[J]. 现代商贸工业, 2012, 24(4): 218-219.
[375] 施锦芳. 日本的低碳经济实践及其对我国的启示[J]. 经济社会体制比较, 2015, (6): 136-146.
[376] Atkinson C L. Globalization, political institutions and the environment in developing countries[J]. Journal of Environmental Policy & Planning, 2015, 17(1): 153-155.
[377] 崔成, 牛建国. 日本绿色消费与绿色采购促进政策[J]. 中国能源, 2012, 34(6): 22-25.
[378] 张雪. 绿色消费法律问题研究[D]. 上海: 华东政法大学, 2012.
[379] 解兰兰. 促进汽车绿色消费的财税政策研究[D]. 大连: 东北财经大学, 2011.
[380] 刘学锋. 山东省绿色食品产业发展研究[D]. 泰安: 山东农业大学, 2007.
[381] 王建华, 包含, 路璐. 标签信号、价格信号与信任品市场均衡形态分析[J]. 软科学, 2014, 28(10): 91-95.
[382] 拉丰 J J, 梯若尔 J. 政府采购与规制中的激励理论[M]. 石磊, 王永钦, 译. 上海: 上海人民出版社, 2004.
[383] He H, Zhang S Y, Zhu L L. Green product quality supervision strategy in online shopping with consumer evaluation and complaint[J]. Frontiers in Environmental Science, 2021, 9: 702151.
[384] 吴元元. 信息基础、声誉机制与执法优化: 食品安全治理的新视野[J]. 中国社会科学, 2012, (6): 115-133, 207-208.
[385] 赵翠萍, 李永涛, 陈紫帅. 食品安全治理中的相关者责任: 政府、企业和消费者维度的分析[J]. 经济问题, 2012, (6): 63-66.
[386] Lynch-Wood G, Williamson D. Civil regulation, the environment and the compliance orientations of SMEs[J]. Journal of Business Ethics, 2014, 125(3): 467-480.
[387] Campbell H F, Brown R P C. Introduction to cost-benefit analysis[J]. Monthly Labor Review, 2016, 96(8): 94-95.

[388] 江飞涛, 李晓萍. 改革开放四十年中国产业政策演进与发展: 兼论中国产业政策体系的转型[J]. 管理世界, 2018, 34(10): 73-85.

[389] Eluwole K K, Akadiri S S, Alola A A, et al. Does the interaction between growth determinants a drive for global environmental sustainability? Evidence from world top 10 pollutant emissions countries[J]. Science of The Total Environment, 2020, 705: 135972.

[390] Liu J, Ouyang Z, Pimm S L, et al. Protecting China's biodiversity[J]. Science, 2003, 300(5623): 1240-1241.

[391] Wang S, Li C, Zhou H. Impact of China's economic growth and energy consumption structure on atmospheric pollutants: based on a panel threshold model[J]. Journal of Cleaner Production, 2019, 236: 117694.

[392] Nicolae F, Roman I, Cotorcea A. Ecological model to sustainable development of maritime affairs[J]. Journal of Environmental Protection and Ecology, 2018, 19(2): 803-813.

[393] Song Y, Li Z, Yang T, et al. Does the expansion of the joint prevention and control area improve the air quality?−evidence from China's Jing-Jin-Ji region and surrounding areas[J]. Science of The Total Environment, 2020, 706: 136034.

[394] 张国兴, 张振华, 管欣, 等. 我国节能减排政策的措施与目标协同有效吗?: 基于 1052 条节能减排政策的研究[J]. 管理科学学报, 2017, 20(3): 162-182.

[395] 刘民权, 张玲玉. 中国资源节约型、环境友好型生活方式的构建[J]. 开放时代, 2019, (4): 173-190, 8.

[396] Shittu O. Emerging sustainability concerns and policy implications of urban household consumption: a systematic literature review[J]. Journal of Cleaner Production, 2020, 246: 119034.

[397] Zhu B Z, Zhang M F, Zhou Y Q, et al. Exploring the effect of industrial structure adjustment on interprovincial green development efficiency in China: a novel integrated approach[J]. Energy Policy, 2019, 134: 110946.

[398] Young W, Hwang K, McDonald S, et al. Sustainable consumption: green consumer behaviour when purchasing products[J]. Sustainable Development, 2009, 18(1): 20-31.

[399] Lehne J, Preston F. Making concrete change: innovation in low-carbon cement and concrete[R]. London: Chatham House Report, 2018.

[400] Yu M, Wiedmann T, Crawford R, et al. The carbon footprint of Australia's construction sector[J]. Procedia Engineering, 2017, 180: 211-220.

[401] 李鑫. 分享经济监管困境与信用监管体系构建[J]. 学习与实践, 2017, (8): 82-89.

[402] 李薇辉, 茆训诚. 流通经济理论与政策[M]. 上海: 华东理工大学出版社, 2008.

[403] Uzzi B. Social structure and competition in interfirm networks : the paradox of embeddedness[J]. Administrative Science Quarterly, 1997, 42(1): 35-67.

[404] Karl P. The Great Transformation: Economic and Political Origins of Our Time[M]. New York: Rinehart, 1944.

[405] Granovetter M. Economic Action and Social Structure: The Problem of Embeddedness[M]. Hoboken: Wiley-Blackwell, 1985.

[406] Granovetter M. Economic action and social structure: the problem of embeddedness[J]. The American Journal of Sociology, 1985, 91(3): 481-510.

[407] Halinen A, Törnroos J Å. The role of embeddedness in the evolution of business networks[J]. Scandinavian Journal of Management, 1998, 14(3): 187-205.

[408] Gulati R, Gargiulo M. Where do interorganizational networks come from?[J]. American Journal of Sociology, 1999, 104(5): 1439-1493.

[409] Hagedoorn J. Understanding the cross-level embeddedness of interfirm partnership formation[J]. Academy of Management Review, 2006, 31(3): 670-680.

[410] Simsek Z, Lubatkin M H, Floyd S W. Inter-firm networks and entrepreneurial behavior: a structural embeddedness perspective[J]. Journal of Management, 2003, 29(3): 427-442.

[411] Zukin S, Dimaggio P. Structures of Capital: the Social Organization of Economy[M]. Cambridge: Cambridge University Press, 1990.

[412] 赵霞蔚. 嵌入式社会组织管理体制研究[D]. 上海: 华东政法大学, 2013.

[413] Sassen S. Embedded borderings: making new geographies of centrality[J]. Territory, Politics, Governance, 2018, 6(1): 5-15.

[414] Crivits M, de Krom M P M M, Dessein J, et al. Discursive representation within the institutional void: the rise and fall of a governance network on sustainable food in Belgium[J]. Sociologia Ruralis, 2018, 58(3): 475-499.

[415] 李文博. 电动汽车激励政策的消费者响应及其体系优化研究[D]. 徐州: 中国矿业大学, 2018.

[416] Schmidt K. Predicting the consumption of expired food by an extended theory of planned behavior[J]. Food Quality and Preference, 2019, 78: 103746.

[417] de Groot J I M, Steg L. Morality and prosocial behavior: the role of awareness, responsibility, and norms in the norm activation model[J]. The Journal of Social Psychology, 2009, 149(4): 425-449.

[418] Ajzen I. From intentions to actions: a theory of planned behavior[C]//Kuhl J, Beckmann J. Action Control. Berlin: Springer, 1985: 11-39.

[419] Tian M, Pu B, Chen Y N, et al. Consumer's waste classification intention in China: an extended theory of planned behavior model[J]. Sustainability, 2019, 11(24): 6999.

[420] Sun L Y, Zhou X, Sun Z H. Improving cycling behaviors of dockless bike-sharing users based on an extended theory of planned behavior and credit-based supervision policies in China[J]. Frontiers in Psychology, 2019, 10: 2189.

[421] Yang S, Li L, Zhang J M. Understanding consumers' sustainable consumption intention at China's double-11 online shopping festival: an extended theory of planned behavior model[J]. Sustainability, 2018, 10(6): 1801.

[422] 王帮俊, 朱荣. 产学研协同创新政策效力与政策效果评估: 基于中国 2006～2016 年政策文本的量化分析[J]. 软科学, 2019, 33(3): 30-35, 44.

[423] 彭纪生, 仲为国, 孙文祥. 政策测量、政策协同演变与经济绩效: 基于创新政策的实证研究[J]. 管理世界, 2008, (9): 25-36.

[424] 芈凌云, 杨洁. 中国居民生活节能引导政策的效力与效果评估: 基于中国 1996-2015 年政策文本的量化分析[J]. 资源科学, 2017, 39(4): 651-663.

[425] van der Doelen, F C. The “give-and-take” packaging of policy instruments: optimizing legitimacy and effectiveness[C]//Bemelmans-Videc M-L, Rist R C, Vedung E. Carrots, Sticks and Sermons: Policy Instruments and Their Evaluation. Somerset: Transaction Pub, 1998: 129-146.

[426] McDonnell L M, Elmore R F. Getting the job done: alternative policy instruments[J]. Educational Evaluation and Policy Analysis, 1987, 9(2): 133-152.

[427] Howlett M, Ramesh M, Perl A. Studying Public Policy: Policy Cycles and Policy Subsystems[M]. Oxford: Oxford University Press, 2009.

[428] 孙悦, 郭松洋. 走向柔性社会管理[J]. 兰州学刊, 2013, (7): 213-215.

[429] 马永红, 王展昭, 李欢, 等. 网络结构、采纳者偏好与创新扩散: 基于采纳者决策过程的创新扩散系统动力学模型仿真分析[J]. 运筹与管理, 2016, 25(3): 106-116.

[430] Wu B, Liu P F, Xu X F. An evolutionary analysis of low-carbon strategies based on the government-enterprise game in the complex network context[J]. Journal of Cleaner Production, 2017, 141: 168-179.

[431] Mussa M, Rosen S. Monopoly and product quality[J]. Journal of Economic Theory, 1978, 18(2): 301-317.

[432] Fan R, Dong L, Yang W G, et al. Study on the optimal supervision strategy of government low-carbon subsidy and the corresponding efficiency and stability in the small-world network context[J]. Journal of Cleaner Production, 2017, 168: 536-550.

[433] Chen F, Wu B, Lou W Q. An evolutionary analysis on the effect of government policies on green R & D of photovoltaic industry diffusion in complex network[J]. Energy Policy, 2021, 152: 112217.

[434] Szabó G, Tőke C. Evolutionary prisoner’s dilemma game on a square lattice[J]. Physical Review E, 1998, 58(1): 69-73.

[435] Wang Q, Wang H C, Zhang Z X, et al. Heterogeneous investments promote cooperation in evolutionary public goods games[J]. Physica A: Statistical Mechanics and its Applications, 2018, 502: 570-575.

[436] 黄凯南. 演化博弈与演化经济学[J]. 经济研究, 2009, 44(2): 132-145.

[437] Sheng J C, Webber M, Han X. Governmentality within China’s south-north water transfer project: tournaments, markets and water pollution[J]. Journal of Environmental Policy & Planning, 2018, 20(4): 533-549.

[438] Song H, Zhao C G, Zeng J P. Can environmental management improve financial performance: an empirical study of a-shares listed companies in China[J]. Journal of Cleaner Production, 2017, 141: 1051-1056.

[439] 张新宁, 王敏达. 绿色消费行为影响机制与法律框架研究[M]. 天津: 南开大学出版社, 2014.